苏·区·振·兴·八·周·年

U0516176

赣南老区特色农业研究

Research on Characteristic Agriculture in
Ganzhou City in Jiangxi Province

刘善庆◎主编 刘善庆 周 琪 张萍娥 宣胜强 石小茹◎著

经济管理出版社
ECONOMY & MANAGEMENT PUBLISHING HOUSE

图书在版编目（CIP）数据

赣南老区特色农业研究/刘善庆主编，刘善庆等著. — 北京：经济管理出版社，
2020.10
ISBN 978-7-5096-7630-1

Ⅰ.①赣…　Ⅱ.①刘…　Ⅲ.①特色农业—农业发展—研究—江西　Ⅳ.① F327.56

中国版本图书馆 CIP 数据核字（2020）第 237187 号

组稿编辑：丁慧敏
责任编辑：丁慧敏　张莉琼　康国华
责任印制：黄章平
责任校对：陈晓霞

出版发行：经济管理出版社
　　　　　（北京市海淀区北蜂窝 8 号中雅大厦 A 座 11 层　100038）
网　　址：www.E-mp.com.cn
电　　话：（010）51915602
印　　刷：北京虎彩文化传播有限公司
经　　销：新华书店
开　　本：710mm×1000mm/16
印　　张：12.5
字　　数：218 千字
版　　次：2020 年 12 月第 1 版　2020 年 12 月第 1 次印刷
书　　号：ISBN 978-7-5096-7630-1
定　　价：68.00 元

目 录·CONTENTS

第一章

绪论

第一节　研究背景、目的与意义

一、研究背景

2012 年 6 月 28 日，《国务院关于支持赣南等原中央苏区振兴发展的若干意见》（以下简称《若干意见》）正式出台，强调支持赣南等原中央苏区振兴发展，确保与全国同步实现全面建设小康社会目标的迫切要求，支持赣南等原中央苏区尽快摆脱贫困局面是确保其与全国同步建成小康社会的底线目标。为此，《若干意见》从多个方面着手，在发展特色农业方面提出了五大举措：一是优化农产品区域布局，推进农业结构调整。积极发展具有竞争力的特色产业、产品，做强脐橙产业，从品种选育、种植、贮藏、加工和销售等各个环节给予支持，着力延长脐橙产业链，不断提升附加值；大力发展油茶、毛竹和花卉苗木等特色林业，积极发展蜜桔、茶叶、白莲、生猪、蔬菜、水产品和家禽等特色农产品。二是大力扶持新型农业经营主体发展。扶持农业产业化龙头企业和农民专业合作社发展。三是大力支持平台建设。积极推进国家脐橙工程（技术）研究中心建设，建立脐橙交易中心，支持油茶示范基地县建设，支持畜禽标准化规模养殖场（小区）建设，支持赣州、吉安和抚州等市建设国家现代农业示范区。四是维护特色农业产业安全，促进特色农业稳步发展。研究脐橙、蜜桔和白莲保险，支持动植物疫病防控、农产品质量安全检测等体系建设。五是明确特色农业发展的战略定位。加快发展特色农业，建设面向东南沿海和港澳地区的重

要农产品供应基地；建设世界最大的优质脐橙产业基地和全国重要的特色农产品、有机食品生产与加工基地。支持政策的出台，势必会促进赣南农业特色产业的快速发展，但实际情况如何呢？尽管政策已实施八年，但截至目前，学术界并没有对此进行系统研究。为弥补这一缺憾，江西师范大学苏区振兴研究院组织研究人员就赣南等原中央苏区的特色农业产业、新型农业经营主体等问题进行了专题研究，本书就是该研究的最终成果。其中，刘善庆撰写了第一章，宣胜强撰写第二章，共计5万1千字，周琪撰写了第三章共计5万3千字，石小茹撰写了第四章共计5万1千字，张萍娥撰写了第五章，共计5万2千字。

二、研究目的与意义

在建设时期，尤其是改革开放时期，交通等基础设施落后、区位优势不明显等因素成为制约生产要素自由流通的障碍，由于失去了比较优势，虽然广大革命老区的经济社会发展在纵向上进步明显，但是从横向来看，尤其是与沿海发达地区相比，存在较大的差距。在生产力高度发达的21世纪，如不进行人为干预，这种差距将越来越大。

习近平总书记对革命老区怀有深厚感情，他指出革命老区是党和人民军队的根，我们要饮水思源，不要忘了革命先烈，不要忘了党的初心和使命，不要忘了我们的革命理想、革命宗旨，不要忘了我们中央苏区、革命老区的父老乡亲们。在习近平同志的亲自指导下，《若干意见》顺利出台。《若干意见》要求将赣南等原中央苏区建设成为全国革命老区扶贫攻坚示范区。农业是广大革命老区的支柱产业、传统产业，发展特色农业是革命老区走向致富之路的重要举措。《若干意见》实施八年来，赣南等原中央苏区的特色产业得到了较快发展，特色农业成为了赣南等原中央苏区发家致富的重要产业，致富成效非常显著，老区人民的精气神发生了根本性改变，精神饱满。本书对此展开系统研究，通过记录赣南等原中央苏区发展特色农业的历程，一方面为全国其他革命老区振兴发展提供经验借鉴，另一方面表达老区人民对党中央、国务院的感恩之情。

第二节　研究方法与研究内容

一、研究方法

（一）资料收集方法

本书涉及的资料收集方法主要有四种：一是通过深度访谈收集资料。这是一种无结构的、直接的、个人的访问，在访问过程中，一个掌握了高级技巧的调查员深入地访谈一个被调查者，以揭示对某一问题的潜在动机、信念、态度和感情。该方法适合于了解复杂、抽象的问题。这类问题往往不是三言两语就可以说清楚的，只有通过自由交谈，对所关心的主题进行深入探讨，才能从中概括出所要了解的信息。例如，为了研究井冈蜜柚产业的发展情况，承担部分写作任务的研究人员多次对有关人员、机构进行深度访谈，从而掌握该产业比较翔实的研究资料，这些资料既包括文字资料，又包括图片、音频资料。

二是通过实地调研收集资料。作为专门服务于赣南等原中央苏区振兴发展的智库，江西师范大学苏区振兴研究院一直深耕于赣南等原中央苏区的振兴发展问题，每年利用各种机会前往赣南等原中央苏区开展实地调研，足迹遍及赣南等原中央苏区的多数老区。研究人员非常珍惜调研机会，尽量收集各种数据、资料，而且寒暑假红色原野调研社也经常开展学生回乡调研活动，资料库不断充实。本书就使用了资料库中的部分资料。

三是通过机构提供资料。深度访谈是资料收集的好方法，此外，通过政府机关及其他有关机构收集资料也是一种有益的补充。在研究南丰特色农业时，虽然前期的实地调研收集了不少相关资料，但是仍然不足以支撑本研究的开展，为此，借助有关渠道获取有关资料就成为了一种不可或缺的方式。此外，安福县有关机构也为本书提供了丰富的资料。

四是通过网络收集资料。现代社会的典型特征是网络发达，网络资料繁多，信息量巨大。除了通过上述途径收集研究所需的各种资料外，研究人员也可通过网络收集资料，本书就有相当部分的资料来自于赣南等原中央苏区的政府官网。在使用这些资料时，均对资料来源进行了标注，以保证资料来源真实

可靠。

(二) 主要研究方法

本书从政治学、社会学、经济学和管理学等多个视角，综合运用了多种方法进行研究，其中，主要研究方法是文献研究法和案例研究法。

案例研究法。这是实地研究的一种方法，通常情况下，案例研究就是研究者选择一个或几个场景为对象，系统地收集数据和资料，进行深入研究，用以探讨某一现象在实际生活环境中的状况。得到政策支持的赣南等原中央苏区特色产业、产品有多种，有些产业虽然当时没有被列入支持行列，但是近年来在国家部委对口支援下也获得了长足发展。出于对容量限制的考虑，本书重点选取了若干个具有代表性的产业、产品进行研究，期望通过系统的研究，挖掘有价值的东西，或将系统研究转化为价值研究，从而实现本次研究的初衷。

文献研究法。文献研究法广泛运用于各种学科研究，是经典的常规性研究方法。该方法是根据某种目的，通过查阅文献来获取研究资料，从而全面、正确地了解和掌握所要研究问题的一种方法。综上所述，本书通过多种方式收集了相当丰富的研究资料，这些资料需要经过研究人员的整理、分析，才能为我所用。本书的研究人员基于对各种文献资料的深入分析，建立了研究框架，并在此基础上运用所收集的资料佐证了研究观点，形成了研究结论。

二、研究内容

本书共分五章。第一章，绪论。主要介绍了研究背景、目的、意义和主要研究方法等内容。

第二章，特色农业在赣州老区致富过程中的作用。主要选取了赣南脐橙、油茶和蔬菜三大产业作为代表，分析了三大产业在国家政策支持下的发展情况，以及通过产业发展实现的脱贫情况。

第三章，特色农业在吉安老区增收致富中的作用。主要选取了井冈蜜柚、狗牯脑茶和泰和乌鸡三大产业作为研究对象，分析了三大产业在政策支持下产业发展的情况，以及在贫困治理中所起的作用。

第四章，特色农业在抚州老区增收致富中的作用。主要选取了南丰蜜橘、龟鳖和广昌白莲三大产业作为研究对象，系统分析了三大产业在《若干意见》支持下的发展情况，以及在致富过程中所起的作用。

　　第五章，特色农业在其他老区增收致富中的作用。主要选取了樟树中药材和弋阳雷竹作为代表，分析了两大产业在《若干意见》支持下的发展情况，以及在致富道路上两大产业发挥的作用。

第二章

特色农业在赣州老区致富过程中的作用

近年来，赣州始终把致富作为头号民生工程以及年度重点工作，始终坚持以勤劳致富助推全市经济社会发展，守初心、担使命，强攻坚打硬仗，以高标准要求、高水平开放、高质量发展，打好贫困治理战，从而实现了成效显著的"成绩单"。如此丰硕成就的背后，离不开特色农业发展的"造血"作用。赣州改革创新，按照"五个一"的产业发展思路，即"选准一个产业、打造一个龙头、建立一套利益联结机制、扶持一笔资金、健全一套服务体系"，因地制宜地发展蔬菜、脐橙和油茶等特色农业，通过农户直接发展产业或与新型农业经营主体联结等方式，带动农户稳定增收，让农户走好"产业致富之路"。

第一节　金色脐橙成致富"黄金果"

一、国家政策的支持背景

2012年6月28日对赣南人民来说是个重要的日子，在这一天，《国务院关于支持赣南等原中央苏区振兴发展的若干意见》正式出台，其中提到：做强脐橙产业，实施多种举措，包括品种的选育与改良、有机果园的标准化建设；积极推进"两个中心"建设，即国家脐橙工程（技术）研究中心和脐橙交易中心；实施"两项重要"政策，即实行柑橘苗木补贴政策和"西果东送"政策。这无疑为赣南特色农业的发展指明了前进的方向。

二、产业发展的历史脉络

通过梳理脐橙产业的历史发展脉络，我们可以发现，赣南脐橙实现了从无到有、种植面积由小到大、整个产业由弱到强的过程，经历了探索、推动、砥砺和提升四个阶段。如今，赣南脐橙成为了赣州的知名特产，成了农业发展的产业抓手和农民致富的"摇钱树"。

（一）探索阶段

提到赣南脐橙，绕不开一个人，即被称为"赣南脐橙第一人"的袁守根，他是赣南脐橙产业发展的亲历者、见证人。袁守根来自浙江，为信丰安西脐橙场工作的果农，他以意想不到的孤勇姿态开启了赣南脐橙的历史。1970年，经过湖南衡阳的袁守根，本打算前往邵阳选购一批柑橘苗木，在与商人的交谈中了解到一种名为"华盛顿"的脐橙品种，知情人告诉他，在中国，脐橙的挂果率极低，非常难种植，压根不划算。敢于尝试的袁守根在那里选购了3捆脐橙幼苗，将其与另外2万多株柑橘苗一块带回了信丰。1971年春天，袁守根在离家不远的一座荒山上，亲手种下了这156株脐橙苗。之后，日复一日地浇灌、剪枝、管理、观察。和所有农作物一样，欲收获好的果实，必然要付出艰辛的努力。慢慢地，他和乡亲们摸索出了一套朴素的种植管理技术——橙树与橙树之间，应该保持约2米的距离，这样橙子可以得到足够的阳光和养分。每年春天，橙树开花要摘除约70%的花，这样剩下的花朵才能结成优质的果实。在袁守根的悉心呵护下，一开始不被看好的156株脐橙，在3年后，终于结出了金灿灿的果实。

1975年11月，袁守根带着脐橙参加了赣南六个国营林场进行的农产品大比武，让他意想不到的是，他呵护的脐橙大放异彩。在1976年4月15日的广交会上，脐橙这一果品才真正开始崭露头角。在这场广交会上，脐橙得到了客商们的高度评价，他们误以为是美国进口的果品，怎么也没想到这竟然是"本土货"。于是在1976年，江西省决策层决定在信丰发展千亩脐橙园，果品专供外贸出口。

为了保证完成全省的脐橙发展任务，袁守根前往重庆，到中国柑橘研究所进行学习，在那里与专家探讨了嫁接育苗技术，以此来节省经营成本。1977年，他参照标准，挑选了一批脐橙进入香港市场。出乎意料的是，这批脐橙一下卖到了36港元/公斤的高价，在当时引起了巨大的轰动。

（二）推动阶段

江西本土产出的脐橙在香港市场卖出"天价"，这鼓舞了人心。于是在1979年1月3日，外贸部与原国家卫计委特批在大余、宁都和信丰三地建立起三个外贸脐橙基地，其中，信丰脐橙基地规划面积为2万亩。批复中讲道，搞好基地建设是一项艰巨的工作，请各级革委会加强领导，充分发挥农场和社员的生产积极性，认真开展科研工作，努力做到优质、高产，搞好出口供应，多创外汇，为"四个现代化"做出贡献。

为完成2万亩外贸脐橙基地建设，信丰县印发了《关于县办安西脐橙基地大会战的通知》，同时成立了会战指挥部。当时，在基地现场上，数千民兵"头顶蓝天战荒山，脚踏黄土建果园"，为完成目标奋力"战斗"。1980年，信丰组织了三次"大会战"，分别在茶园、龙水和桐梓摆开战场，共开垦梯田1.02万亩，脐橙种植面积1200亩。这种以基地为依托的模式从此拉开"序幕"，集中连片式地带动着周边村子发展果园、种植脐橙。

随着脐橙种植的规模化发展，"第一人"袁守根被任命为信丰县柑橘研究所所长。也是在那时，他获得了一次出国学习的机会，也因此与来自华中农业大学的柑橘栽培学专家章文才教授结识。这次相识，让袁守根大开眼界，与章教授沟通后，他决定为赣南引进新品种，其中包括"纽荷尔"等八个脐橙新品种。这八个引进的新品种在三个脐橙基地展开了试验。经过多年的技术刷选与推广种植，一些新品种逐渐被淘汰，其中的"纽荷尔"品种以其强大的适应能力成为首选品种，种植面积占赣南脐橙的95%以上。1987年，袁守根参评的朋娜脐橙，在全国脐橙新品种评比大赛中一举夺魁。从此，信丰脐橙的美名传遍全国。赣南脐橙开始于安西，逐渐走向赣南，名声也一步步走向全国乃至全世界。

脐橙的发展开始于20世纪90年代，当时实施的"山上再造"和"兴果富民"战略标志着脐橙的第一轮发展高潮，至此开启了柑橘品种大调整，从以宽皮柑橘为主转变为以脐橙为主。在21世纪的头五年，信丰脐橙进入了第二轮发展高潮，采取的是全面转换果园经营机制，这是脐橙产业的大发展时期；2005年之后，脐橙产业转型升级，培育出了超百亿元的产业集群，赣州开启了建设具有国际影响力与市场话语权的优质脐橙产业基地的新征程。

从袁守根的试种探索，到新品种的引进调整、兴果富农、发展壮大，再到产业的转型升级，通过几十年的发展培育，赣州的脐橙种植面积已是世界第一,年产量居世界第三。赣州成为了全国最大的脐橙主产区,获得了"世界橙乡"的美誉。

(三)砥砺阶段

随着脐橙品牌的打响,赣州所辖的安远、寻乌和信丰以最大的种植规模及最早的种植时间成为了赣南地区的三大主产区。但在2012年,受到黄龙病大面积暴发的影响,在之后的几年中,这三大产区的脐橙减产了70%~80%。据安远县相关部门统计,从2012年冬季起,这里的脐橙开始遭受严重的黄龙病侵害,侵害的范围覆盖所辖的18个乡镇。其中,几百株病树的占比为1/3,几千株病树以上的占比为2/3,南片乡(镇)受侵害较为严重,而最严重的乡镇发病率在5%左右。2012年冬,安远县受黄龙病侵害的果树共计20万株;2013年8月,全县染病树木达60万株(其中,脐橙病树所占比重在98%以上),新染病树共计40万株,给果农造成了难以预计的经济损失。

为了解决这一大难题,赣州市痛定思痛,按照"砍病树、灭木虱、应用脱毒苗木"的技术路线对黄龙病进行持续治理,并将黄龙病的防控工作列入每年各县综合考核内容。2016年,赣南脐橙病株率为7.21%,比2014年减少了63.4%。

目前,整个赣南脐橙产区已经向北转移到了宁都、兴国、瑞金和崇义等地区,一方面是因为这些地区的温度相对较低,对黄龙病的蔓延有一定的遏制作用。另一方面是因为经过几年的经验总结,果农们对其的认识也在逐渐地加深,加之平时加强了对病虫害的预防治理和肥料的合理施用等,在黄龙病的防治防控上,已经能做到有效管控。

2013年8月,《中央国家机关及有关单位对口支援赣南等原中央苏区实施方案》文件出台,明确指出原农业部对口支援信丰县。2014年4月,原农业部针对赣南脐橙的黄龙病等情况,紧急下拨柑橘(脐橙)脱毒苗木繁育基地建设资金120万元,帮助信丰建成一个年提供柑橘(脐橙)脱毒苗木100万株的繁育基地,为赣南脐橙再次振兴打下了坚实的基础。2014年6月,为了进一步指导赣南脐橙的黄龙病防治工作,中国农科院柑橘研究所周常勇一行来到信丰县专题调研黄龙病的防控工作情况。随后,原农业部发文认定信丰县为第三批"国家现代农业示范区",这为信丰农业现代化的跨越式发展提供了强有力的助推。

2015年4月,原农业部加大对赣南主导产业——脐橙的扶持力度,下拨

农业综合开发资金 500 万元，帮助赣州市建设一个柑橘（脐橙）繁育基地。2015 年 6 月，为了推动信丰县国家现代农业示范区进程，原农业部发展计划司派出调研组到信丰，了解信丰县的经济社会发展情况、农业发展现状及黄龙病防控等工作情况，并与相关人员进行了座谈。2015 年 11 月，为了更好地解决赣南脐橙的黄龙病防控问题，原农业部在赣州市召开全国重大植物疫情阻截防控现场会，会后原种植业管理司副巡视员陈友权带领中国农科院和中国农业大学的专家学者再次来到信丰县和大余县指导黄龙病防控工作。在赣南脐橙产业遭受"灭顶之灾"时，国家部委及时支援，扎根红土，送来"及时雨"，帮助脐橙产业渡过难关。

（四）提升阶段

当前，国内农业的发展还受限于传统的农业发展模式，品牌意识、标准化意识、规模化意识与工业智能化意识缺乏的现象还大量存在，而消费者在市场上所能见到的农产品大多以地域名称命名，其品质难以保障。

品牌提高了产品的附加值，赋予了产品灵魂。一个产品如果离开品牌，就只能进行低层次的价格战。品牌是产业发展壮大的标志，是开拓市场的通行证。如今，赣南脐橙成为了农产品区域公用品牌价值第一。品牌价值实现的深层次缘由，是产业链的延伸和科技含量的增加。

2015 年 6 月 2 日，农夫山泉信丰脐橙加工生产基地建设项目签约，计划投资 5 亿元，用地约 450 亩，兴建年加工脐橙 7.5 万吨以上的脐橙分选、榨汁及终端品灌装生产线。可以说，信丰县迈出了探索农业现代化之路的第一步，进入了赣南脐橙产业提质升级转型阶段。

在江西脐橙种植基地，每一个农夫山泉 17.5° 橙都拥有独立的二维码"身份证"。消费者只需用手机扫描，便可获知橙子的种植区域、生产过程和生产环节，甚至专属农业管理人员的信息等。

农夫山泉十年来积极探索现代化农业。在果园管理系统中，引入标准化选育、GPS 定位等技术手段，通过一系列的精准定位与追溯，对每一个果园的数据进行量化统计收集。在传统果园中，施肥主要依靠长期的经验，缺乏一定的标准。而农夫山泉以数据为依托，对比诊断叶片营养、土壤肥力等，随之每一个果园会有一套针对性的施肥标准。而且，公司通过对全年全天候基础气候数据的采集，记录存档各个果园一整年的日照时长、大气温湿度和土壤温湿度等数据。

四大标准体系、34 道作业流程、79 类管控内容以及 148 项监控细项，这是该公司科技筛选脐橙鲜果的"组合拳"。每个鲜果的采摘也会有相应的标准，只有糖酸比符合标准才允许被采摘。采摘之后会直接运往信丰工厂，在那里完成智能化分选（时间控制在 24 小时内）。在全自动生产线上，科技也发挥着重要的作用，每个鲜果被要求采集 40 张照片，通过计算机程序精确测算每个疤点的大小，以此筛选出最符合标准的优质鲜果。每个橙子在自动称重感应系统测重分级后，还需进行无损红外扫描。经历这些标准化筛选的 17.5° 橙表皮完整度统一、个头均匀，且外观和口感处于业内顶级品质。

脐橙中含有大量的柠檬苦素前体物，加工后会转化成柠檬苦素，这种物质带有浓重的苦味，会使大部分消费者"望而却步"。脐橙榨汁曾是世界饮料行业公认的榨汁"禁区"。农夫山泉经过多年的研究，终于在 2014 年取得了突破，第一批橙汁在 2015 年底上市。2016 年，农夫山泉推出以 17.5° 橙为原料的 NFC（Not Frow Comentrate）果汁，并将无菌灌装技术引入生产。同时，还解决了 NFC 常温存储的难题，推出了常温 NFC 果汁系列。

2014~2016 年，农夫山泉开发出了三种脐橙新产品。2014 年，一款名为 17.5° 橙的产品面市，瞬间受到了消费者的青睐。据产品负责人介绍，能够获得消费者青睐的最大原因还是产品的品质。因为每箱 17.5° 鲜橙都须经过严格筛选，每个鲜橙的个头、大小和口味保持在基本一致的水平，这样有品质保障的农产品肯定受欢迎。

随后，该公司推出脐橙汁 NFC 产品。脐橙榨汁是已困扰业界 50 多年的难题，在农夫山泉技术人员的研究下，这个未解难题被解决。2016 年，常温 NFC 果汁产品开发面市。农夫山泉将无菌灌装技术带入橙汁生产线，使 NFC 果汁不再全程冷链保存，但仍能保持其口感与风味，在大大降低价格的同时，让利消费者，使其能够品尝到如此优质的橙汁。

148 项监控细项智能筛选，红外线自动测定糖酸比，攻克脐橙榨汁的储运难题。近年来，农夫山泉接连推出了 17.5° 鲜食橙及包括 NFC 橙汁在内的衍生产品。在 2016 年 G20 杭州峰会、2017 年"一带一路"国际合作高峰论坛及 2017 年金砖国家领导人厦门会晤等各种高规格国际会议中，农夫山泉 NFC 果汁均作为指定果汁用于招待各国元首及贵宾，向世界展现"中国制造"的魅力。

农夫山泉不仅扩展了脐橙的产业链与市场，而且还为这一产业带来了新价值，促进了果农增收，营造了新型农商关系。其中，企业系统化管理之下的个人合作制是一大创新。果园承包给果农后,与优质的本土果园建立联系,通过统一管理,进行一并收购。收购价格随行就市,真正提升了果农们的收入。据农夫山泉介绍,脐橙榨汁这一难题解决后,一、二、三产业的全产业链也随之打通。2016 年,农夫山泉与当地近千户果农签订合约,建立起合作关系,预计每年能为一户果农带来 26 万元的收益。这一发展将直接带动至少 5000 名果农实现增收致富,人均收益可达 4.8 万元。

同时,信丰工厂建有赣南脐橙博览馆,这是全国首家以"脐橙"为主题的大型参观展馆,这里有 3D 动态的脐橙树、景区实景沙盘和脐橙大数据展示屏等生动的数字化呈现方式。此外,还有脐橙发展史、脐橙文化、脐橙育苗技术、橙园生态环境的知识与故事。馆内还有农夫山泉的迷你流水线,可供游客在 17.5° 区体验榨汁的乐趣。

三、助力致富妙招连连

(一) 现代农业产业园模式

信丰县现代农业产业园总面积 606 平方千米,年产值为 47 亿元。产业园的整体空间布局为"一心两带三区五园","一心":核心区——中国赣南脐橙产业园;"两带":沿 105 国道的脐橙产业示范带和沿 317 省道的脐橙产业示范带;"三区":大塘埠长岗万亩脐橙技术集成与农业科技应用先行示范区、赣南(信丰)脐橙产业基地三产融合发展示范区与龙舌——古陂片 5 万亩脐橙产业绿色安全示范区;"五园":现代脐橙产业融合示范园、前山——老屋场和红金橙合作社标准示范园、山地脐橙特色"农旅"结合示范园、农友合作社和丰盛农场的标准化脐橙生态示范园。

产业园的脐橙种植面积为 15.64 万亩,核心区的中国赣南脐橙产业园总投资为 2.2 亿元,另建有 1 个 5 万亩连片果园、3 个万亩脐橙连片果园和 61 个千亩脐橙种植基地。其中,还包括精准测土施肥、高标准规划建设和节水灌溉等设施,规范化管理果园。依托柑橘无病毒良种苗木繁育场,从源头上防控黄龙病,确保脐橙产业健康发展。依托果园全程机械化基地,推广果园生产管理机械化、物联信息化技术,把先进的科学技术和成熟的经验转化成生产力,达到高产、高效、优质的目的。

信丰县在产业园的发展过程中,始终坚持把脐橙产业作为"黄金产业"和"钱袋产业",出台了从种苗供应、技术培训到加工销售、产品追溯全产业链的相应扶持政策，采用"五统一"的方式（统一品种、统一技术、统一管理、统一品牌、统一销售），运用"电商+基地+贫困户"和"龙头企业+示范园+贫困户"等模式，构建起产业利益共同体，发展脐橙产业，辐射带动贫困户"造血"。

产业园依托脐橙标准生态果园和脐橙产业基地，加强脐橙专业市场、冷链贮藏物流、市场信息监控、电子结算、网上交易、食品和产业安全、生态旅游和脐橙文化等项目建设，结合优美的自然生态与人文资源以及前期美丽乡村的建设成果，成功探索出了一条有风景、有前途的乡村振兴之路。

该现代农业产业园打造了"三大平台""三大环节"和"三大中心"，志在做大做强果蔬产业。依托农业物联网云平台、农产品电商平台和农产品质量安全监管追溯平台这三大平台，关注生产、质量和销售三大环节，严格把控。同时，规划建设了智慧农业展示中心、蔬菜储藏配送中心和蔬菜销售中心三大中心，采用"订单式"和"直销式"的销售模式，注册运用 APP 平台，开办线下实体店，确保脐橙等产品直达居民生活小区。

（二）"合作社＋基地＋贫困户"模式

在瑞金市黄柏乡，有着万亩脐橙基地，目前的种植面积为 1.5 万亩。该基地探索出了"合作社+基地+贫困户"的产业扶贫模式，直接带动当地的 287 户农户实现增收致富。脐橙基地的统一规划流转、统一技术培训、统一农资供应、统一病虫害防治、统一市场销售的"五个统一"管理模式，关注果农资金少、技术弱、销路窄、风险大的薄弱环节，帮助果农真正实现小康。

当地目前有八家脐橙合作社与一个产业协会，合作社的任务就是统一组织、市场开发、品牌塑造和包装入市，从而解决销售难的问题。该基地 2016 年的脐橙收购价约为 2 元 / 斤，目前，已稳定在 3.5 元 / 斤，基本做到了全部售完。

遍山的脐橙树披上了金黄色的"脐橙装"，瑞金市黄柏乡龙湖村的一位村民在基地忙着采摘脐橙，他家承包了近 30 亩的脐橙树。在前些年，因青梅、宽皮柑橘种植失败，他家欠下近 20 万元的外债。2012 年的一天，村干部来到他家，希望给予帮助。于是，这位村民通过借贷，承包了家附近的 16 亩脐橙，一家人的生活也随着树苗的成长结果逐渐出现好转。

这位村民就是脐橙产业的直接受益者。在产业奖补、贴息贷款和医疗保障等多项政策扶持下，通过种植脐橙，他家在 2015 年实现了 6 万多元的收益。

如今，他家拥有 30 多亩脐橙树，2019 年全家纯收入就达到了 20 多万元。之前欠下的债务和贷款也都已归还。

脐橙是当地百姓的"致富果"，据龙湖村党支部书记介绍，这个基地上的农户，不管是务工还是入股，都实现了增收致富。成立的合作社进行统一的农资供应、技术培训、果园管理、市场开拓与果品销售，真正实现了"抱团致富"的良好局面。

2017 年，整个基地的脐橙总产量为 1.3 万吨，总产值为 1.2 亿元；2018 年受环境影响产量略减，总产量为 1.2 万吨，总产值为 8400 万元。基地上的果农人均年收入在万元以上，其中，十万元以上的有 256 户，赣南脐橙是革命老区群众增收致富的"黄金果"，这是名副其实的。

第二节　油茶成增收致富"摇钱树"

一、国家政策的支持背景

2019 年 9 月，习近平总书记来到河南革命老区光山县的司马光油茶园，提出："利用荒山推广油茶种植，既促进了群众就近就业，带动了群众致富，又改善了生态环境，一举多得。要把农民组织起来，面向市场，推广'公司＋农户'模式，建立利益联动机制，让各方共同受益。要坚持走绿色发展的路子，推广新技术，发展深加工，把油茶业做优做大，努力实现经济发展、农民增收、生态良好。"

油茶产业发展如何，习近平总书记一直放在心上。在 2015 年的两会期间，习近平总书记参加江西代表团时，要求有关部委在调研基础上，积极扶持赣南的油茶产业发展。2019 年两会上，习近平总书记在参加河南代表团时提到："茶油是个好东西，我在福建时就推广过，要大力发展好油茶产业。"

习近平总书记对油茶产业发展的嘱托，为这一产业指明了方向，凝聚了发展的信心。近十年来，我国油茶产业蓬勃发展，规模不断扩大，效益不断增加，全国 6700 多万亩油茶林成为"绿水青山就是金山银山"的生动写照。

全国性油茶产业的推广还要追溯到 2008 年，当年首届全国油茶产业发展现场会召开，会后油茶产业便在全国进行了大规模推广。截至目前，全国油茶种植面积共 6700 万亩，比十年前净增加了 2000 多万亩。2018 年，全国油茶产业总产值达到 1024 亿元，是十年前的 12.6 倍。现在，国内油茶良种的使用率已经达到 95% 以上，这为油茶产业的发展提供了坚实保障。毫无疑问，茶油已成为我国高端植物油的重要来源，在国产高端植物油中的占比可达 80%。我国目前已与泰国合作，中国—东盟国家油茶产业促进中心建设成立，茶油及其衍生品已经打开国际市场，油茶产业的发展空间变得无比广阔。

产业的发展离不开政府的支持，从中央到地方，油茶这一产业的扶持政策可谓不断完善，这是产业发展的根本保障。国家林业和草原局坚持将加快油茶产业发展当作年度重点工作，同时相关部门整合统筹退耕还林等十项资金，以支持木本油料相关产业的发展。相应的文件有《全国油茶产业发展规划（2009–2020 年）》《关于加快木本油料产业发展的意见》和《全国大宗油料作物生产发展规划（2016–2020 年）》等，这些举措为全国油茶产业的发展指明了前进路径。目前，全国共有 15 个省份印发了关于支持油茶产业发展的规划，也出台了支持这一产业发展的相应配套政策。

二、江西油茶产业的现状

江西在推进农业结构调整进程中，将油茶产业列为九大产业之一。2010年，江西省财政专门设立了 5000 万元的油茶产业发展专项资金，到了 2016 年，这一专项资金提高到了 8000 万元。一个个油茶致富的感人事迹在赣州为人传颂，遍山的油茶成为了革命老区增收致富的"希望林"。

说起全国重要的油茶种植区，赣州市是其中之一，赣州被国家列为"全国油茶产业发展示范市"。油茶作为我国南方特有的木本食用油料植物，具有很高的经济价值。发展油茶产业能够促进林业发展方式的转变，对于构筑整个生态屏障来说意义重大。培育区域经济发展优势产业，促进农民增收致富具有重要而深远的实践意义。

赣州市土壤肥沃，气候宜人，有着 2000 多年的油茶种植历史，具有发展油茶产业得天独厚的优势，是江西省最大的油茶主产区之一。20 世纪 50~70年代，赣州市大力推广油茶种植，油茶林面积最多时达 400 万亩。20 世纪 80年代后，由于品种老化、比较效益下降及农村劳动力外出等原因，油茶产业经

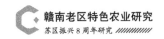
历了 20 多年的萎缩期，大量油茶林失管、荒芜、老化，面积逐年减少。近年来，赣州市将油茶产业作为全市重要的致富产业来培育，通过科学规划、加大投入和创建品牌等举措，有力推动了油茶产业的快速发展。

三、政府高度重视这一"摇钱树"

多年来，江西省以及赣州市高度重视油茶产业发展，采取了一系列支持举措。

第一，抓规划。江西省委、省政府高度重视油茶产业的发展，成立了以省领导为组长的全省油茶产业发展领导小组。以建设全国油茶发展示范市与全国优质木本食用油安全保障基地为目标，2010 年，江西省政府下发了《关于加快油茶产业发展的意见》。2015 年，江西省发改委、省财政厅和原省林业厅联合印发了《江西省油茶产业发展规划（2015-2020 年）》。

第二，强资助。2016~2018 年，赣州市每年投入 2000 万元支持油茶产业的发展壮大。针对新造和低改油茶户，市、县财政分别给予每亩 200 元至 1000 元不等的补助，针对经济不富裕的农户还相应提高 30% 的补助金额。从 2012 年开始，积极争取国家、省油茶产业发展专项资金 8 亿元，筹措市、县两级财政补助资金 3 亿元，通过"金穗油茶贷"等金融产品共贷款 26 亿元，直接带动社会资金投入约 50 亿元。2017 年，国家开发银行等金融机构给赣州市授权 60 亿元贷款，支持赣南油茶产业发展。自 2016 年起，江西省在 25 个县开展"一县一品"特色农业保险试点，采用"以奖代补"方式，由试点县财政给予保费补贴，省财政连续三年每年统筹安排 2000 万元，奖励比例不低于当地财政保费补贴资金的 60%。瑞金和上犹等县将油茶作为试点险种，保险金额高达 3000 元 / 亩。

第三，重科技。强化企业、高校与科研机构的产学研合作，对茶籽压榨制油、茶油精炼、茶皂素进行深加工，运用乙醇辅助水酶法提取油茶籽油及茶皂素技术，茶油提油率可达 92% 以上，目前，该项技术已获国家发明专利。研究培育良种，赣州市选育出 23 个优良无性系油茶品种，油茶发明专利 30 多个，其中，赣州油茶的 11 个品种被认定为国家级良种，年产茶油量均超过 50 公斤 / 亩。

第四，升品牌。2019 年 5 月，"2019 中国品牌价值评价信息发布暨中国品牌建设高峰论坛"顺利召开，赣南茶油登上中国地理标志产品区域品牌百强榜，位列第 46，比上一年进步了 9 名。赣南茶油从一个普通商标，升级到国家地理标志证明商标，这一步步走来，是赣州市实施品牌发展战略、努力为油茶产业提质增效的成果。另外，赣州市采用母子品牌的方式，赣南茶油品牌一体，已有 12 家加工企业进入申请使用阶段。

第五，新型经营主体参与。江西省贫困人口主要集中在边远山区和林区，种植和经营油茶是各地增收致富的重要渠道。随着江西省油茶产业扶持力度的加大，农业龙头企业、合作社和农民积极参与到油茶产业的发展中来。目前，全省从事油茶种植的专业大户 1128 户，家庭林场 145 个，林业合作社 185 个，龙头企业 55 家，带动参与农户超过 6 万户。在油茶产业化发展过程中，不断涌现出"村民自营""龙头企业＋基地""党建＋合作社""股份制＋基地"和"龙头企业＋基地＋农户"等模式。

四、油茶产业致富成效显著

油茶产业化是农户获得"造血"能力的关键，因此，赣州市以最大努力将农户纳入油茶产业化的帮扶链条，建立了油茶产业发展与农户的利益联结机制。通过成立油茶专业合作社，将离散的林地统一集中起来，实施统一规划、统一整地、统一购苗、统一栽植、统一抚育和分户管理的"五统一分"模式，实现了林地资源的整合，提高了产业的经济效益，更提高了农户发展产业的热情与积极性。农户和油茶企业一并造林，林农以林地入股企业，企业负责投资与相应的经营管理，林农理事会监督公司的经营管理、收入分配，这实现了油茶产业发展公司化的发展路径。2017 年，赣州市通过发展油茶产业，帮助 4.7 万余户农民增收，实现人均增收 800 元。目前，赣州全市共有 270 万亩油茶林基地，按照每个劳动力管护 10 亩油茶林测算，可满足近 27 万户农民的就业需求，能够助力增收致富。

兴国县是苏区模范县、中国烈士第一县和有名的将军县。在新时代，兴国县深入学习贯彻习近平总书记的系列重要讲话精神，按照"三个着力、四个坚持"的总体要求，全力打好六大攻坚战。

兴国县杰村乡的油茶基地共有 1.3 万亩，已完成林地流转、人工整带、苗木定植 8500 亩。追溯历史，可了解到兴国县是名副其实的"油茶之乡"，油茶已成为村民增收的主要途径之一。进入 21 世纪后，怎样将油茶打造成致富产业，是属地政府需要考虑的现实问题。在一代代的努力下，已开启了油茶产业发展的良好局面。种植油茶与保护环境如何达到平衡？生态开发是一项重要举措，油茶基地以 300 亩为一个单元，各单元隔带树立防护林，运用竹节沟、反向坡和边坡种草等技术方法，来防止水土流失。另外，杰村乡采用"山上种油茶、林下养鸡、山窝养鱼"这样的立体式空间利用模式。每一基地单元配套 15 个养鸡棚，周边山塘发展水面养殖，实现了园区变景区的良好局面。

五、油茶产业发展升级面临的突出问题

（一）分散化的小农生产模式，制约了油茶产业的规模扩张

据林业部门统计，江西省还有约 3200 万亩南方丘陵地适合种植油茶，油茶种植资源潜力巨大。实施林权改革后，组织千家万户小林农共同发展油茶产业非常困难，分散化的小农生产仍然是江西省油茶生产的基本方式，油茶产业难以实现规模扩张。到 2020 年，江西省实现 2000 万亩油茶林的造林目标任务艰巨。袁州区总结出了一套新造高产油茶"五统一分一委托"模式，即统一规划、统一整地、统一购苗、统一标准、统一栽植、分户管理和受益。委托有大型整耕机械的专业户按林业局的规划，统一帮助群众耕整山地，油茶种植补贴的钱直接归中介所得，农户不用前期投入。这种模式有效解决了林权分散化制约油茶产业规模化的矛盾，非常值得推广。许多地方的林农思想观念都比较保守，油茶致富的积极性不高，如何组织千家万户小林农共同发展油茶产业，实现规模扩张是一件紧迫的事情。

（二）加工企业原料供应不足，原料市场价格波幅增大

2017 年，江西省规模以上油茶加工企业有 50 多家，年茶油生产能力 21.2 万吨，但茶油产量不足 11 万吨，加工能力远高于油茶原果的产量。由于海外茶油需求量的增大，一批台湾商人在江西、湖南和广西等油茶大省大量收购油茶原果，抬高了油茶原果的价格。龙头企业获取油茶原料供应非常困难。万年县香云河油茶有限公司以"农户荒山入股、企业投资经营、三七分成"的合作模式，建设 3 万亩高产有机油茶基地。由于公司与农户的利益一致，有效解决了油茶原料供应不足的难题。江西省大部分油茶企业与农户利益机制不紧密，在原料价格普遍上涨的背景下，显得非常被动，许多油茶企业难以获得加工原料，部分加工企业经营困难，处于倒闭边缘。

（三）油茶产品缺乏标准，导致市场"毛油"泛滥

目前，我国茶油市场存在浸出油、压榨油和调和油等多种油品。由于缺乏调和油的产品标准和检测方法，茶油产品市场上存在较严重的欺骗行为。例如，许多加工企业故意混淆压榨油和浸出油的区别，有的加工企业为降低价格，在茶油中加入其他食用油，生产所谓的调和茶油（实际上，从科学上来讲，茶油不能和其他油混合）。此外，由于市场监管部门和林业部门对油茶产品的执法监督责任不清，存在一定的推诿现象，导致无证无照的加工生产经营企业有很多，油茶批发市场和集贸市场存在大量低值茶油和仿冒品牌茶油。消费者面对真假难辨的精炼茶油，感觉"毛油"更可靠、更实在，多愿选择粗加工的"毛油"，导致市场上"毛油"泛滥，价格上升。当前，市场上的"毛油"价格涨到每斤60~70元，接近精炼茶油的价格。许多油茶加工企业因此销售困难，利润微薄，甚至出现倒闭的情况。

（四）品牌林立，企业之间存在恶性竞争

江西有油茶经营加工企业130多家，共注册商标160多个。企业之间竞争激烈，真正有影响力的大企业不多，"价格战"成为企业之间的竞争常态。总体来说，江西省油茶产品的附加值不高，以次充好、假冒伪劣茶油较多，严重影响了茶油整体品牌形象。如何规范市场，建立行业准入制度，避免企业之间恶性竞争是当前江西省油茶产业面临的重要问题。

（五）油茶产业素质不高，迫切需要"换挡升级"

从油茶基地的生产条件来看，不通路、不通水、不通电的低产油茶林还非常多，需要政府加大基础设施投入，提升油茶产业的基础条件。从加工环节来看，大部分茶油加工企业仍采用粗放式的压榨技术，许多地市尚无茶油检测中心，油茶品质难以把控。除星火农林等少数油茶企业具备综合利用油茶饼的能力外（利用茶粕种植海鲜菇），大部分油茶深加工企业在医疗、日化、生物、纺织和洗涤等方面应用非常少，江西省科技界非常缺乏将油茶原料"吃干榨尽"的高端研究成果。从销售环节来看，全国尚未形成一个统一的油茶原料、油茶产品交易中心和价格指数中心，价格波动较大。从品质安全来看，江西省尚未形成从生产源头到餐桌的可追溯质量体系，物联网和互联网的运用还不广泛。

六、促进油茶产业发展升级的策略

（一）重视油茶产业对乡村振兴的意义，尽快修订油茶产业规划

油茶比较耐寒、耐旱，好管理，重体力劳动投入不多，更适合中老年农民。油茶种植类似资产积累，每年可产生收入。更为重要的是，油茶产业不与粮争地。江西省粮食年产量不超过 500 亿斤，按照每斤 1.2 元折算，年总产值 600 亿元。现在，油茶种植面积 1400 万亩，产值 230 多亿，如果再种 3200 万亩，产值将达 772 亿元。加上油茶产业链延伸价值，油茶产业产值可超过 1000 亿元。因此，发展油茶产业是实现江西省乡村振兴的重要抓手。

江西省已制定《江西省油茶产业发展规划（2015–2020 年）》，但该规划没有回答江西油茶产业在未来我国油茶产业中的地位。当前，湖南油茶产业在许多方面领先江西，广西、浙江和福建油茶产业正在谋划赶超。湖南正积极构建全国油茶产业技术创新中心，浙江希望借助中国油茶文化抢占油茶交易中心和价格指导中心。面对如此严峻的竞争态势，江西省应围绕江西独特的生态优势和悠久的历史文化，尽快修订油茶产业规划，明确江西省油茶产业在全国的引领地位，积极打造全国油茶生产中心、市场交易中心和技术研发中心。

（二）借鉴茶叶品牌整合经验，打响"江西山油茶"公共品牌

江西省从近 700 个茶叶品牌中选出"四绿一红"——"狗牯脑""婺源绿茶""庐山云雾""浮梁茶"和"宁红"五大品牌重点扶持，有效推动了江西省茶叶产业的快速转型升级。经历过快速发展的江西油茶产业，也到了产业转型升级关键期。许多地市率先做出构建区域品牌的行动，如赣州已经成功申报"赣南油茶"地理标志，宜春市申报了"袁州茶油"中国地理标志证明商标。江西省应尽快申报公共品牌"江西山茶油"，从而避免省域内的竞争。建立"江西山茶油"品牌的油茶种植标准和加工标准；建立山茶油全产业链的可追溯技术体系；整合全省的市场监管、农业执法和林业执法力量，加大抽查力度，建立黑名单制度，打击假冒伪劣茶油商品；下大力气淘汰一批品质差、品牌杂的加工小企业，推进油茶产业的转型升级；建立"江西山茶油"品牌推广专项资金，突出江西的生态特色，在网络媒体、《新闻联播》和高端报纸上进行宣传；积极承办中国油茶节，创设江西油茶文化旅游节；支持油茶企业将生产基地打造成油茶公园，打响"江西山油茶"公共品牌。

（三）申报国家级油茶研究平台，构建油茶技术创新联盟

《全国油茶产业发展规划（2009—2020年）》提到，2009～2010年，广西、湖南、江西和浙江相继成立了四个国家级油茶研究开发推广中心。2013年，湖南省获批全国油茶工程研究中心；之后，广西建立了国家级油茶种质资源库。到目前为止，江西省还没有构建一个国家级油茶创新平台。赣州市建立的江西省油茶产业综合开发工程研究中心属于省级中心，明显落后于相关省份。因此，江西省要尽快抓住国家支持老区建设的窗口期，以江西省林科院、赣州市省级油茶中心和江西农业大学等机构为基础，找准定位，协同申报国家级油茶研究中心，使江西省的油茶深加工技术、油茶生产机械化技术和茶油检测技术、油茶辅料循环利用技术等全面提升。另外，江西省油茶研究机构要与中国林科院亚林研究中心（在油茶育种栽培、油茶深加工技术等多方面处于世界顶尖水平）积极合作。一方面在江西农业大学和江西省林科院建立研究分院，大力培养油茶方面的专业人才，通过知识溢出效应，实现技术层面的弯道超车；另一方面积极促进其在星火农林、青龙高科等油茶龙头企业中设立中试基地，促进油茶前沿技术在江西省最先转化。

（四）联合兄弟省份，推进油茶产业纳入国家致富项目

油茶作为我国重要的木本油料树种，在全国18个省（区、市）适宜生长，且有良好的群众基础，是实现增收致富的有效抓手。尽管国家和地方政府出台了一系列鼓励和支持政策，但力度还够。为此，建议省政府牵头，联合湖南和广西等油茶主产区向国家提出建议，将油茶产业列为国家致富项目，提高油茶新造林补助标准，扩大贴息贷款规模，提高群众经营油茶的积极性，切实维护国家粮油安全。

（五）积极组建"中国（赣州）国际油茶交易中心"

当前，浙江舟山正在积极谋划组建"国内油茶交易中心"，但尚处于起步阶段。江西省应充分利用江西独特的生态优势和油茶生产的悠久历史文化，依据赣州市油茶种植及加工的规模优势和技术优势，紧紧抓住国家支持老区振兴发展的机会，凭借赣州港的便利条件，积极谋划建设"中国（赣州）国际油茶交易中心"，使赣州成为国内外油茶原料和产品的价格指数中心。

（六）扩大资金投入力度，强化油茶产业支撑体系

在资金投入方面，应重点关注两点：一是加大财政扶持力度。省市县各级财政要加大扶持力度，分别设立油茶产业发展专项资金，重点用于油茶良种苗木繁育基地建设，提高油茶造林补助和低改补助标准，新造油茶每亩补助 600 元，并在投产前第 2~6 年每年安排 100 元/亩的抚育管理费用，使总补助达到 1100 元/亩。建议政府财政实施油茶产业发展专项补贴政策。二是加大金融支持力度。根据中央相关文件依据油茶经营企业与大户的产业规模和实际需求，为满足资金需求，可适当提高油茶贷款的限额。运用奖励措施引导和激发更多的金融机构设立油茶林专项贷款。

在产业支撑体系建设方面，应从以下三方面着手：一是良种育苗。要加大油茶良种选育、引进及推广力度，加快油茶良种繁育和苗木基地建设，实行油茶良种苗木培育定点准入制度，选育本地丰产性能好、品质好、出油率高的优良品种，逐步培育适合全省栽培的高产优质油茶品种。二是人才培训。一方面积极推进江西省林科院、江西农业大学与中国林科院亚林研究中心联合培养高层次油茶专业研究人才；另一方面鼓励高职和中职学校培养油茶专业实用技术人才。同时，开展户外教学培训活动，增强农村实用人才的科技指导水平和专业技术水平。三是技术支持。大力开展油茶技术知识宣传活动，推广油茶容器育苗盒嫁接技术、无系性繁殖和病虫害防治等相应管理技术，能够让广大林农熟练掌握应用。同时，技术人员对林户展开跟踪对接服务，随时随地对油茶培育的相关技术问题进行解答。

第三节　赣南蔬菜成致富"金篮子"

一、国家政策的支持背景

为深入贯彻落实习近平总书记视察江西和赣州时的重要讲话精神，以及市委、市政府推动蔬菜产业高质量发展的部署安排，根据《赣州市蔬菜产业发展规划（2017-2025 年）》，赣州市人民政府办公室印发《赣州市 2020 年蔬菜产业发展工作方案》。围绕扩大规模、提升质量和补好短板等重点，以推动蔬菜产业高质量发展为主线，全年计划新（扩）建规模蔬菜基地 8 万亩，规模露地蔬菜基地 4 万亩；同时，改造升级原有设施与基地，提高基地的运营管理水平；弥补分级包装、保鲜冷藏和销售管理等短板，助推服务体系向产前产后延伸；培育一批重点乡镇、专业村（组），突出打造宁都等六个重点县（市），带动更多农民加入种菜主体和基本菜农队伍。

（一）工作重点

1. 持续扩大生产规模

按照一县一主导品类、一乡一特色品种的布局，加快发展外向型蔬菜基地，推动形成产业集聚区、优势产区。落实《赣州市设施蔬菜基地建设规范（试行）》，坚持科学选址，规范建设流程，严格把控基地建设质量和标准。

2. 加强基地运营管理

大力推广"龙头企业＋合作社＋基本菜农"的组织模式，推进适度规模蔬菜生产。推行规模蔬菜基地生产种植计划制度，引领生产基地压茬种植。发挥大棚设施功能，主攻春提早、秋延后茬口，推广土壤改良、吊蔓栽培等技术，种植高质、高效的蔬菜品种。改造提升原有的设施和基地，提高运营质量与效益。用好农机购置补贴政策，推广小型蔬菜耕作机械，提高耕种收综合机械化水平。推进清洁生产，减少蔬菜生产的面源污染。加强基地病虫和气候灾害监测，做好防灾减灾工作。

3. 完善技术服务体系

落实人才培育"三项计划"，充实和加强蔬菜产业技术力量。用好市蔬菜产业技术顾问团资源，加强关键性问题的研究与咨询。推进政府购买服务，聘请蔬菜技术员开展指导服务。引导专业村建立蔬菜服务站，开展技术承包、农机租赁等服务。加快推进县级高效种植和品种示范基地建设。用好宁都、于都和南康蔬菜院士工作站平台，提升赣南科学院和市、县两级蔬菜产业"两中心一基地"团队能力。

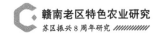
4. 延伸产业发展链条

加快培育种苗繁育、全程植保、加工冷链以及农资等相关配套产业，推动蔬菜全产业链发展。发展产、贮、销冷藏链设施，推行分级包装等采后商品化处理，提高产品的品相和市场竞争力。大力发展蔬菜加工业，增强应对蔬菜市场波动的能力。积极培育区域性蔬菜劳务市场，解决用工难、效率低等问题。拓展蔬菜美食、科普和农事体验功能，做活产业融合文章，推进"接二连三"，提高蔬菜产业附加值。

5. 唱响富硒蔬菜品牌

利用富硒资源分布调查成果，建设田间富硒土地标识。加快编制市、县富硒产业发展规划，统筹布局富硒蔬菜种植区域。发挥富硒土壤资源的优势，突出丝瓜、辣椒等吸硒能力强的蔬菜品种，建设一批富硒蔬菜基地。鼓励企业制定富硒蔬菜生产技术规程，打造富硒蔬菜特色品牌。积极推动富硒国检中心筹建，加快创建全国蔬菜质量标准中心赣州分中心，启动宁都辣椒、于都丝瓜、会昌小南瓜、信丰黄瓜和兴国芦笋等区域性蔬菜标准制定工作。把好投入品准入关口，强化蔬菜生产过程监管。推广"赣南蔬菜"品牌认定及评价标准，大力发展绿色食品、有机农产品和地理标志产品。

6. 畅通市场流通渠道

搭建市场信息交流平台，发展适销对路的蔬菜产品。在基地集中区、专业村（组）发展一批田间市场。扶持流通型蔬菜企业和合作社，大力培育蔬菜经纪人队伍。出台扶持政策，引进和培育"赣南蔬菜"营销团队。引导重点蔬菜产区与目标市场建立稳定的产销关系，鼓励发展蔬菜订单生产。加快建设赣州（信丰）粤港澳大湾区"菜篮子"产品配送中心，引导规模基地开展市场准入认证。举办蔬菜交易展销会，鼓励各地举办主导品种展示推介会，参加国内各类蔬菜博览会、展销会，促进高端品质蔬菜的外销。

（二）主要扶持政策

采取工业政策理念扶持蔬菜产业，坚持公共服务导向，科学设置扶持项目和标准，着力解决关键环节的"瓶颈"问题。2020年，市财政继续统筹安排资金，持续加大对蔬菜产业的支持力度（见表2-1）。

表2-1　2020年赣州市新（扩）建规模蔬菜基地指导计划

区县	新（扩）建规模蔬菜基地钢架大棚面积（亩）	新发展露地蔬菜基地面积（亩）
信丰县	10000	4000
兴国县	8500	4000
宁都县	10000	4200
于都县	10000	4000
瑞金市	7000	3500
会昌县	7000	3500
章贡县	600	500
南康区	3000	2000
赣县区	3000	2200
大余县	2300	1300
上犹县	2200	1200
崇义县	2200	1200
安远县	3000	1600
龙南县	2500	1300
全南县	2200	1200
定南县	1500	1300
寻乌县	2500	1500
石城县	2500	1500
合计	80000	40000

第一，对大棚设施进行奖补。对于新（扩）建集中连片100亩及以上的蔬菜钢架大棚，根据先建后补的原则，进行相应的奖补政策。在同一行政村范围内分户建设经营，并联合组建合作社，达到市级验收标准的，可以合作社为主体申报奖补。乡镇落实基本菜农后，鼓励县（市、区）国有企业、村集体经济组织承建设施大棚，返租给基本菜农生产经营，面积达到验收标准的，可由承建的国有企业、村集体经济组织申报市级奖补。对信丰、兴国、宁都、于都、会昌和瑞金六个蔬菜产业重点县（市），按7000元/亩的标准进行奖补；对其他县（区），按5000元/亩的标准进行奖补。原建成并通过验收的基地，继续按原奖补政策执行第二批奖补。2019年基本建成，但尚未验收的蔬菜基地大棚，继续按2019年的验收标准和奖补标准执行奖补政策。具体验收方法与程序，由市农业农村局和市财政局另行制定下发。

第二，引进人才，培育职业菜农。针对当前蔬菜产业发展的人才瓶颈，制定针对性的分类政策，大力引进人才，培育职业菜农，支持发展种植示范带动型、流通型蔬菜企业和合作社。通过 3~5 年的努力，做大做强人才队伍基本盘，为产业发展提供坚实的人才支撑。

第三，支持体系建设、技术研发和正向激励。继续执行《赣州市政府办公厅关于进一步完善全市蔬菜生产经营与技术服务体系的意见》（赣市府办发〔2018〕34 号）等相关政策。通过政府购买服务等方式，加强蔬菜产业发展技术指导，优先支持赣南科学院等本地科研团队开展技术研究与服务。加大正向激励，推荐发展较好、引领作用强的县（区、市）申报市级及时奖，并给予一定的资金奖励。

各县（区、市）要加大对蔬菜产业发展的资金投入，优化奖补具体项目设置，除适当奖补大棚建设与规模露地蔬菜基地外，重点在土壤改良、良种良法和品牌培育等环节开展奖补。积极撬动农发行等金融机构信贷资金，拓宽资金的筹措渠道。

（三）保障措施

第一，强化组织领导。把蔬菜作为产业兴旺的主抓产业，持续加大工作力度。继续强化工作力量，各县（区、市）长要注重蔬菜产业发展，保障工作人员和经费，定期调度工作进展，解决重大问题，切实推动蔬菜产业的发展。

第二，压实工作责任。根据《关于切实抓好蔬菜产业高质量发展的通知》（赣市办字〔2019〕94 号）明确的职责，进一步压实各地和各有关部门的职责，形成齐抓共管的强大合力。乡镇落实属地责任，负责基本菜农的动员培育、地块落实和基地日常监管等工作。

第三，强化监督指导。继续将蔬菜产业发展纳入现代农业攻坚战考核内容。市蔬菜产业高质量发展监督指导组将不定期对各地的工作开展和基地运营情况进行监督。各地要安排专门力量，督促蔬菜基地科学组织生产，切实提高运营管理水平。

第四，切实改进作风。抓紧抓实蔬菜产业发展的各项工作，坚决杜绝应付式、简单引进企业式的发展。规范蔬菜基地项目管理，做到程序规范、手续齐全。强化资金使用绩效管理，防止虚报冒领、截留挪用套取专项资金等问题发生。

二、赣南蔬菜的致富成效

（一）于都县梓山万亩富硒绿色蔬菜产业园

2019 年 5 月 20 日，习近平总书记视察于都县梓山万亩富硒蔬菜产业园时，对当地的富硒蔬菜赞赏有加，鼓励村民们积极生活劳作。之后，于都县牢记总书记的殷殷嘱托，将富硒蔬菜作为首位产业，依据"龙头企业＋合作社＋菜农"的发展模式，助推蔬菜产业的高质量发展。目前，该县建有一个万亩富硒蔬菜产业园和四个千亩富硒蔬菜基地，设施蔬菜面积达 3.51 万亩；全县蔬菜年播种面积 21.8 万亩，蔬菜产量 45 万吨，产值约为 22 亿元。

习近平总书记说，"党中央想的就是千方百计让老百姓过上好日子"。听了总书记的话，心里暖暖的，更好的日子还在后头呢！回想起习近平总书记的亲切话语，梓山镇岗脑村村民仍抑制不住激动的心情。

"以前我在这里做工，每小时可以赚 10 块钱，现在我以技术入股的方式管理着三个大棚，每年还能有分红，日子真的如总书记说的芝麻开花节节高。"某村民介绍说。

以农心为心，富硒蔬菜产业园联系农技专家和销售公司为农户提供上门服务，种植与销售环节的问题都得到了较好处理。农户们种植蔬菜的热情愈发高涨，惠民政策的号召力以及于都富硒品牌的影响力让申请承包大棚种植的人数不断增长。

随着于都富硒品牌影响力的提升，于都富硒蔬菜的销售范围随之不断扩大。一年前，赣州市是于都富硒蔬菜的主要销售地，而今这一市场涵盖了广州、深圳和长沙等大城市。于都县还与江西赣南铭宸蔬菜运营管理集团有限公司签订了合约，于都富硒蔬菜将通过中欧班列运往他国。于都富硒蔬菜将借"一带一路"东风，走进国际市场。如今，富硒蔬菜已经真正托起了当地的富民经济。

（二）龙南供港蔬菜基地

龙南县渡江镇岭下村永源蔬菜基地获批"供港蔬菜基地"，成为江西离港澳最近的供港蔬菜基地。该蔬菜基地日销量达 10 吨，蔬菜当天就能运送至港澳居民的餐桌。

走进永源供港蔬菜基地大棚内，只见工作人员将采摘下来的蔬菜运至冷藏保鲜区，有序地将蔬菜打包装车。为保障蔬菜的新鲜，蔬菜从摘下到存放需在

一个小时内完成。供港澳蔬菜基地的蔬菜在食品安全保障、监管力度上更严格，产品品质更具标准化，具备完善的质量可追溯体系。目前，该基地已种植上海青、小白菜、春芥、水白、包芥和菜心等蔬菜品种。当地计划在渡江镇再扩建 700 亩蔬菜种植基地，土地流转等相关前期工作正在准备当中。

永源供港蔬菜基地占地 500 余亩，建有标准温室大棚、检测室、溯源室、冷藏保鲜库、加工中心及冷链配送等功能区。方龙南合丰上品农业发展有限公司由香港永盛农业发展有限公司和广州永丰农业发展有限公司共同投资建设。作为一家蔬菜种植、加工、销售及进出口配送等一体化发展的企业，该公司种植蔬菜以连锁商超和大型团餐机构公司为主要销售路径，销往粤港澳大湾区。同时，采用订单式种植配送方法，实现从田头到餐桌的高端销售模式。

近年来，龙南坚持"富民、高质、可持续"的发展理念，围绕"将龙南打造成供粤港澳大湾区精品蔬菜优质产区"的发展定位，持续加大蔬菜企业的招商力度。2019 年 5 月，渡江镇永源供港蔬菜基地开工建设，通过"公司＋合作社＋农户"的经营模式发展，在带动周边基地发展的同时，该基地还帮助当地 20 多户村民实现家门口就业。据了解，龙南县已发展规模大棚蔬菜基地超过 6000 亩。

（三）宁都县"七统一分"发展蔬菜大产业

宁都县是农业大县，除了三黄鸡、水稻、白莲、脐橙、油茶、烟叶等传统产业外，还因地制宜地大力发展蔬菜产业。近年来，蔬菜产业由小、散、少向标准化、无害化、品牌化发展，并向"规模化"迈进。该县蔬菜种植面积达 15 万亩，总产量达 32 万吨，年产值达 7 亿元，带动 5000 名农户增收致富。蔬菜大棚已经成为宁都增收致富的高效"工厂"，小蔬菜成就的致富大产业正在 4053 平方千米的土地上全面铺开。

蔬菜基地是致富的"引擎车间"。宁都县创新出台了"七统一分"政策（即统一规划设计、统一搭建大棚、统一设施配套、统一政策扶持、统一种植品种、统一技术指导、统一产品销售和分户经营），给予高标准大棚 2 万 / 亩元的政策补贴，同时，给予 2.5 万元 / 亩的贴息贷款等，基础设施由政府统一投资规划建设。

在宁都县东山坝镇石上镇游家坊基地和东山坝小源基地，标准化的乳白色蔬菜大棚一片连着一片。在游家坊基地，大棚内外一群忙碌身影，分不清是干部还是当地承包户，他们将富硒泡椒过称封箱，装好车即发车，第二天，福建、南昌和赣州等地，甚至江浙和珠三角地区居民的餐桌上都已摆上了宁都富硒蔬菜。

承包了 8.5 亩菜园的曾某是新型农民，白天蹲在大棚里，晚上利用手机互联网学习种植技术。他结合本地气候、土壤等情况，通过不断摸索，总结出了一套切实可行的泡椒种植技术，泡椒苗成活率达 95% 以上，远远超过了其他承包户。附近承包户纷纷前来讨教，他不厌其烦告诉他们。自学成才的曾某被宁都县蔬菜办纳入技术人才库。

曾某表示，种的是泡椒，田间管理、种植技术很重要，需要科学的头脑来管理。土地承包下来后平时需要请附近村民一起打理，每天工作 8 小时，每人工资 80 元。根据行情推测，年总收入在 30 万元以上。这泡椒树很特别，可以一直采摘到第二年 1 月，长到 2 米左右高时，打掉椒尖，又发新枝又长新椒。这泡椒微甘，能生吃。

2019 年，宁都县继续按照"七统一分"模式，大力发展蔬菜产业，全县计划建设规模以上（50 亩以上）蔬菜基地 90 个左右，总面积 2 万亩。截至 8 月底，全县 24 个乡镇共建设规模以上蔬菜基地 56 个，面积 1.2 万多亩；建设规模以下蔬菜基地 3000 多个，总计 1.5 万多亩。

从宁都县农业农村局负责人处了解到，该县建成的 2700 亩示范基地已全面结束产季，平均亩产达 8000 斤左右，亩产值达 2.5 万元左右，平均亩纯收入在 1 万元左右。管理水平较高的产量达每亩 1.2 万斤，每亩产值超过 3 万元，每亩纯收入近 2 万元。目前，该批基地正进行换茬准备，已订购种苗，计划在 9 月上、中旬完成定植。第二批的 3000 余亩基地已全面建成，并于 7 月底前全部完成了种植，主要种植泡椒（先红 5 号）和黄瓜（博新 191），现已上市销售，主要销往福建、南昌和赣州等市场。第三批的 25 个基地已基本建成 23 个，并已完成种苗订购，计划在 9 月中旬前完成定植，主要以辣椒（黄椒、线椒、泡椒、螺丝椒）为主，还有部分茄子、丝瓜和苦瓜等。第四批的 4500 多亩基地，目前已基本进入拱杆安装阶段，计划在 10 月上旬前全面完成定植。

宁都县所有乡镇都建设有大棚蔬菜，各具特色。除了石上镇游家坊基地和东山坝小源基地外，还有东韶乡琳池基地、田营基地、青塘镇社岗基地、河背基地、青塘基地、长胜镇水枞基地、旱脑基地和固村镇下河基地等。宁都县全面推广使用顶部竖式通风型双拱双膜连栋温室大棚，此棚型也适用于赣南的其他地方，值得推广。

宁都用好、用活赣州市支持蔬菜产业发展的政策红利，帮助群众增收致富，扎实把蔬菜产业真正打造成富民产业。该县的蔬菜产业规模加速壮大，发展水平不断提升，富民效应逐步显现，初步探索出了一条可复制、可推广的产业发展新路子。

蔬菜产业发展势头强劲的宁都县已成为赣南蔬菜产业的主产区和核心县。宁都县抓住机遇，把富硒蔬菜品牌做起来，发展基本菜农，把蔬菜产业做成新的富民产业，带动更多的农户增收致富。

（四）"将军县"的"千亩蔬菜"新模式

蔬菜基地让农户实现自我造血。2015 年，杰村乡含田蔬菜基地建成。农户到蔬菜基地务工，每人每天的工资 60~80 元不等。在这蔬菜基地内，约有务工人员 70 位。含田蔬菜基地目前拥有蔬菜大棚 600 余亩，主要菜品为豆角、辣椒、茄子及叶菜类，主要销往当地市场，包括该县各中小学食堂。该基地的蔬菜年产量为 5000 吨，产值可达 2000 万元。

此外，农户通过土地流转，按不同地类每年每亩可获得 400~600 元。每户贫困户通过扶贫信贷，投入基地生产，贫困户按 20% 的年收益分红。通过"公司＋基地＋贫困户"的发展模式，聘请专业技术人员参与、指导，30 户贫困户通过土地、资金和劳动力入股，走上产业脱贫致富路。基地成为市中心城区"菜篮子工程"指定的蔬菜供给单位。据了解，兴国县已重点打造了潋江杨澄、长冈合富、埠头官田和杰村含田四个千亩以上蔬菜基地，助力村民实现脱贫。

（五）"赣满欧"班列载新鲜蔬菜开拓欧洲市场

据内蒙古出入境检验检疫局介绍，载有 42 个集装箱、货值约 150 万美元的"赣满欧"班列经满洲里口岸出境，这标志着中欧班列产品已由单一化向多样化转变。

2015 年，首列"赣满欧"开通，主要搭载江西地方特色小商品和木制家具等输往中东欧。此次赣南蔬菜等产品搭乘该班列从江西南康出发，经满洲里口岸出境输往莫斯科，预计 12 天后俄罗斯百姓即可品尝到江西的新鲜蔬菜，此次蔬菜出口成功打破了中欧班列货品单一的现状，是"一带一路"倡议提出后取得的又一硕果，同时，也是赣满两地检验检疫部门支持赣南蔬菜勇闯欧洲、助力赣州果蔬产业加快转型升级和国际化的重要成果，为打造赣南蔬菜国际品牌、促进赣南老区振兴做出了新的贡献。

为确保该蔬菜班列顺利通关，满洲里检验检疫局和江西赣州检验检疫局积极沟通协作，探索科学的监管模式，通过优先申报、优先放行和优先审核办理放行手续等一系列措施，保证班列在最短的时间内运输出境。

自"一带一路"倡议提出以来，为支持我国内陆城市的优势特色产品走出去，满洲里检验检疫局充分发挥满洲里口岸通往中东欧的桥梁作用，积极创新服务措施，区域协作与科学监管双线并行，把关与服务双向并重，有效助力中欧班列扩容增量。目前，经满洲里口岸出入境的班列已达 41 条。江西省赣州市近年来的发展振奋人心。赣州市将农业产业发展成"造血"引擎，带领农户增收致富，将脐橙、油茶和蔬菜等产业带到农户的家门口，实现稳定增收。

三、赣南蔬菜"疫"线保菜篮子

2020 年初，新冠肺炎疫情来袭，疫情无情，人间有情。市场经济活动受到一定的影响，群众生活需要提供相应的支持。赣县区五云镇蔬菜协会在年初特地采摘了 6000 斤新鲜蔬菜送达区人民医院。自春节以来，该协会已配送 300 余吨新鲜蔬菜，送至范围为赣州市中心城区以及周边区域，赣南蔬菜的日均产量为 7.4 吨。

疫情发生后，赣州就积极部署"菜篮子"的生产保供工作，及时了解蔬菜市场的供求变化情况，全力保障市民的生活需求。据市农业农村局统计，目前，该市在田露地蔬菜面积近 20 万亩，全市蔬菜的日产量在 5000 吨以上，其中，商品蔬菜在 1980 吨左右。中心城区华东城和中农批两大市场的正常蔬菜批发量为每天 1500 吨左右。全市蔬菜产业的发展，尤其是大棚蔬菜的发展，保证了蔬菜的供应量，也丰富了市民的"菜篮子"。

近年来，赣州市蔬菜产业实现了从无到有、从传统到现代的跨越。目前，全市累计建成规模蔬菜基地 25.9 万亩，其中，设施大棚面积为 20.95 万亩，初步形成宁都黄椒、信丰线椒、于都丝瓜和会昌小南瓜等蔬菜优势产区。如今，赣州市应季蔬菜城镇供应自给率由 50% 左右提升至 70%，春淡、秋淡自给率由过去的不足 30% 提升至 45%。

面对疫情的突发影响，该市农业农村局全力抓好蔬菜生产，加强蔬菜产品调配，引导华东城和中农批两大蔬菜批发市场积极外调缺口蔬菜品类，全力保障本地的市场供应，为打赢疫情防控阻击战提供了坚实的物资保障。

疫情期间，蔬菜的运输环节也极其重要。于都县出台了相关政策，优化办事流程，简化办事程序，及时开具农产品通行证明，确保蔬菜运输通畅无阻。

2020年1月30日，南昌大学第一附属医院象湖分院缺少蔬菜供应，宁都县农业农村局迅速组织人员进行采摘，把新鲜的绿色蔬菜以最快的速度送至医院。同时，宁都开展"爱心蔬菜致敬抗疫一线"系列行动，先后调运四批蔬菜送往南昌的医院等单位，解决奋战在抗疫一线的"战士"的后顾之忧。据不完全统计，该县已累计向定点医院和支援湖北医务人员家属等送去富硒绿色蔬菜3万余公斤。

在危难之际，该市各地一批又一批爱心涉农企业纷纷行动起来，向疫情防控一线捐赠爱心蔬菜，用自己的实际行动来战"疫"。其中，赣州铭宸农业集团无偿捐赠了一批优质蔬菜，特供赣区的福利院、敬老院以及赣州市市立医院。

四、金融活水浇灌蔬菜产业

（一）农行赣州分行支持赣南蔬菜产业发展

赣州地理位置特殊，具有发展蔬菜生产的得天独厚的多重优势，积极推动蔬菜产业发展，成为推动农业现代化、带领群众增收致富的重要力量。赣州市出台了蔬菜基地建设的三年规划，提出蔬菜产业"1+3"的发展思路，市财政每年安排2500万元预算用于扶持蔬菜基地建设，对从事蔬菜种植的专业大户、家庭农场和农民专业合作社进行奖补，力争三年内至少新增200个50亩以上的蔬菜基地，培育发展20个以上蔬菜专业村在（组），新增蔬菜种植面积在6万亩以上。

春风和暖，春光灿烂，赣南大地，一派繁忙。在江西省赣州市南康区十八塘乡，农户廖某正在挂满黄瓜的蔬菜大棚里不停忙活。他家的黄瓜采摘包装后，通过物流公司将运往广州、深圳等地，走进市民的餐桌。像廖某这样得到农行贷款支持的菜农，在赣州还有许多。农行赣州分行近年来创新推出"金穗蔬菜贷"，仅2016年就为2317户农户放贷1.45亿元，有力地促进了赣州市"菜篮子"产业的蓬勃发展。

作为一个立足三农、服务三农的国有银行，农行赣州分行配合好当地政府的决策部署，有针对性地满足广大农户和新型农业经营主体在蔬菜种植过程中的个性化、多样化融资需求，助力赣州的蔬菜产业发展。农行赣州分行在对现有的金融产品进行梳理、优化的基础上，创新性地推出了"金穗蔬菜贷"农户贷款产品。从贷款门槛、担保方式和贷款利率等多个方面进行了创新尝试。创新金融产品，助力产业发展。

对于从事蔬菜种植农户的 5 万元以下的信贷需求，全部实行免抵押、免担保方式，同时，在贷款利率上实行最大力度优惠，一律实行基准利率不上浮标准，减轻农户的还款压力。

首次将农村承包土地经营权、农民住房财产权等列入农户贷款抵押范围，进一步激活沉睡的农村抵押资源，拓宽贷款担保方式，解决农户贷款担保难的问题。

对专业大户、家庭农场、农民专业合作社等新型农业经营主体从事蔬菜基地建设带动农户增收致富的，在贷款利率上给予一定的优惠，与一般客户相比，最大的优惠幅度可达 30% 以上。

该行还在以往经验的基础上，继续多渠道推动惠农卡在广大农户中的使用面，让农户用活、用好金融产品，助力产业发展。积极用好政府增信，继续全力推进"产业扶贫信贷通"的投放支持力度，让各具特色的多种金融产品同时发挥出最大的作用，支持赣南蔬菜产业做大做强，使之成为带动人口就业和增收致富的活水源头。

南康区的刘某正是农行赣州分行推出的创新金融产品的受益者。2015 年，刘某与合作伙伴成立了赣州晨鑫农业开发有限公司，涵括规模 600 亩的农业蔬菜基地，主要用于种植辣椒、秋葵等蔬菜。2016 年，刘某想扩大企业规模，但资金压力让他"望而却步"。农行的工作人员知道他的需求后，用"金穗蔬菜贷"为他解决了难题。

创新金融产品，但重要的还是如何让这一创新惠于民，助力农业发展。农行赣州分行紧紧围绕提速增效，不断提升服务蔬菜生产等新型农业经营主体的水平。从制度上加强对农户金融业务的考核激励，从而在行内形成"比、学、赶、超"的良好气氛。

2017 年 3 月 13 日，在崇义县，当地前 20 家的蔬菜种养大户兴致勃勃地参加了农业政策、栽培技术和"三农"产品培训。这次培训的不同之处在于，主办方不是政府职能部门，而是农行赣州分行。"不仅要把培训班办成相关金融产品的发布平台，更是农业政策和蔬菜种植技术、发展趋势的宣讲平台。今年 3 月就组织了四期类似的培训、受益农户近 300 人。"农行赣州分行农户金融部的相关负责人表示。

在创新金融服务中，该行还关注调整支农结构中金融产品发挥的作用，将实际生产能力作为信贷支农的重点。帮助菜区实行钢架大棚栽培，安装频振式杀虫灯、黄色诱虫板、斜纹夜蛾诱捕器、遮阳网、防虫网和无滴膜等生物、物理病虫害防治设施。这不仅使蔬菜产量上升，还使赣南蔬菜的质量以及产品档次明显提高，经济、社会和生态效益均有所提高。

（二）九江银行立足定位，全力护航蔬菜产业

2018 年 7 月，宁都县委、县政府下发了《关于大力发展蔬菜产业的实施意见》，围绕"将蔬菜打造成农业支柱富民产业，将宁都打造成赣东南蔬菜集散地和赣南蔬菜产业发展主产区"的定位，按照"统一规划、连片种植、适度规模、分户经营"的原则，制定"七统一分"模式，大力发展蔬菜产业。九江银行积极响应宁都县委、县政府的政策号召，积极探索，主动作为，以高度的责任感和使命感，全力以赴投入宁都县大棚蔬菜当中。九江银行宁都支行一方面积极与县政府的各相关部门充分沟通，另一方面积极与上级总、分行的相关部门领导汇报，没有贷款品种就立即研发贷款品种，没有授信模式就探索全新的授信模式，没有足够的人员就临时增派信贷人员。九江银行总行分管普惠金融业务的领导先后两次亲赴宁都，深入各乡镇蔬菜基地进行学习调研，并与县政府主要领导进行座谈和深入的交流。未来将进一步加大对宁都蔬菜产业的全方位金融支持，立足九江银行"新三农金融银行"的角色定位，充分发挥快捷、灵活的业务特点，全力支持宁都蔬菜产业的发展。

九江银行近两年结合宁都蔬菜产业的发展现状，出台了《九江银行致富大棚贷操作细则》（适用于宁都县大棚蔬菜种植户）。总行相关部门也为宁都"致富大棚贷"业务的审批及放款提供了绿色通道。同时，对宁都支行该项信贷工作提供授信、人力和财务等多方面的政策支持。截至目前，九江银行宁都支行已顺利完成了前四批大棚蔬菜经营主体的贷款发放，涉及农户 150 余户，授信投放金额近 4000 万元，覆盖青塘、黄石、田头、固村、石上和东山坝六个乡镇及下辖 20 多个行政村。结合宁都县政府 2020 年计划新增 1 万亩大棚蔬菜基地的实际，九江银行已与宁都县政府制定了 4 亿元的信贷支持方案，助力宁都县的蔬菜产业规模再上新台阶，让更多的宁都百姓迈上产业富民的"快车道"。

除"致富大棚贷"之外，九江银行还陆续推出了"智慧富农贷""橙香贷""致富加大贷""果农贷"和"木材贷"等一系列与三农发展密切相关的金融产品。未来，九江银行将立足"新三农金融银行""绿色金融银行"和"老

百姓银行"的市场定位,充分践行普惠金融理念,助推乡村振兴,支持地方经济发展。

五、大数据托起绿色蔬菜"致富梦"

为助力乡村振兴,赣县区政府提出发展蔬菜产业的"百千万工程"。陈某就是这项工程的受益者之一。56 岁的陈某在蔬菜大棚进行施肥作业,再过几个月,大棚中的蔬菜就能上市贩卖,这笔收入将为她家增收近万元。政府与企业为农户免费提供大棚、种苗和相应的技术指导,同时,还助力销售,农户只需管理好蔬菜就行,这大大减轻了农户种植的心理负担与压力。

产业的发展需要龙头企业的领航,赣州铭宸现代农业集团便是赣州新引进的一家农业龙头企业。该公司免费为农户提供蔬菜种苗与相应的种植技术,同时解决农户的销售问题,以市场底价收购农户的农产品。而且,该公司还通过大数据技术,对农户蔬菜种植的全过程进行监测与指导。同时,接入农业部门的市场信息平台,以监测全国蔬菜的价格形势,解决"种什么"的问题;大数据还收集蔬菜基地的环境数据,并开展远程技术指导,解决"怎么种"的问题。这个大数据平台能够有效地帮助农民规避市场的风险,真正做到致富于民。

第三章

特色农业在吉安老区增收致富中的作用

第一节　井冈蜜柚特色产业

一、井冈蜜柚简介

习近平总书记十分关心井冈蜜柚的发展，在 2015 年参加十二届全国人大三次会议江西代表团的审议时，问参会的江西代表团成员："你们的井冈蜜柚甜不甜？"井冈蜜柚产业的发展得到了国家农业农村部、财政部和省农业农村厅、财政厅的大力支持。江西省农业厅在上级部门的肯定与支持下将井冈蜜柚纳入了全省"南桔北梨中柚"果业发展总体规划，并列将其列为全省果业发展"十五"重点内容。从 2010 年开始，国家财政部、原农业部将吉安市井冈蜜柚产业重点县（区）列入江西省中央财政支持现代农业柑桔项目县（区），至 2015 年扶持资金达 5680 万元，这一系列举措有力地推动了井冈蜜柚的发展。与此同时，吉安市各级政府也非常重视井冈蜜柚这一特色产业的发展，积极贯彻落实发展井冈蜜柚的方针政策。近几年来，吉安市蜜柚产业得到了较快的发展。

（一）井冈蜜柚简介

井冈蜜柚是指以"井冈山"为品牌，以新干桃溪蜜柚、金沙柚和安福金兰柚等吉安地方良种甜柚为主导的品种，在吉安市栽培生产的优质蜜柚果品的统称。井冈蜜柚色泽橙黄，皮薄核少，营养丰富，果肉晶莹，脆嫩爽口，风味独特，综合性状十分优良，被誉为"果中珍品、柚中之王"，市场竞争力强，种植效益显著。其中，金兰柚号称"井冈蜜柚"之王。安福县是吉安市井冈蜜柚主导品种的发祥地，是吉安市8个蜜柚产业发展重点县之一。近年来，在安福县委、县政府的正确领导下，安福金兰柚得到了广大消费者的一致认可，并得到了一定的发展。

新干桃溪蜜柚是从新干县桃溪乡实生柚树中选育的优良单株。它早熟性明显，一般在9月中下旬成熟，果肉核较少，平均每个果子有21粒核，性状较为稳定、丰产性强，成年的桃溪蜜柚亩产在2500公斤以上。在2001年第七次全国柚类评比中，新干桃溪蜜柚荣获金杯奖。该品种在2003年9月20日通过了江西省科技厅的科技成果鉴定，达到国内同类成果的领先水平。新干桃溪蜜柚在2014年11月于上海举办的第十五届中国绿色食品展销会上荣获了金奖。该品种还获得了原江西农业厅2003~2004年度农牧渔术改进二等奖、2004年度吉安市人民政府科技进步一等奖。

1959年4月，新干县棉局研究所将金兰柚与沙田柚杂交，杂交之后选育成为金沙柚，其丰产稳产、抗寒性强，适于在吉安市中北部地区栽植。金沙柚在1978年和1981年的江西省柑桔鉴评会上荣获了柚类第二名。该品种于2003年9月20日通过了江西省科技厅的科技成果鉴定，达到了国内同类成果的先进水平。该成果获得了2005年度吉安市人民政府科技进步三等奖、江西农业厅2005~2006年度农牧渔术改进二等奖。

江西省安福县横龙镇是金兰柚的原产地和主产地。1983年，横龙垦殖场从江西省柑桔试验站引进金兰柚在园艺场种植，1991年冬，该柚园遇严重冻害，诱发变异株型。变异之后的金兰柚树冠呈圆头形，长势中等，果实为倒卵形，单果重1000克左右，皮薄，果面平滑，果皮金黄色，外形美观，成熟时有较浓的香气，甜而多汁，早采则后味略苦，品质良好。果实成熟期为11月中上旬。金兰柚的主要优点：一是早产、丰产、稳产，管理好的三年可投产，一般情况下第四年可正常投产，初果树单株结果数达30余个，盛产树单产达300多公斤，大小年不明显；二是皮薄、汁多、味甜，无酸味；三是耐贮藏，可贮到翌年4月；四是抗病性较强，对疮痂病、溃疡病、根腐病和黄龙病的抵抗性较强（曾风，2015）。金兰柚被称为"井冈蜜柚之王"，横龙镇被称为"金兰柚之乡"。

（二）井冈蜜柚功效

井冈蜜柚特色明显，综合性状十分优良。果皮薄而光滑，着色良好，果肉

柔软多汁,酸甜适中,水分丰富,口感很好,是国内非常罕见的优良特早熟甜柚品种。井冈蜜柚中含有较丰富的维生素 B1、B2、维生素 P、胡萝卜素、钙、磷、铁、镁、钾和钠等。尤其是维生素 C、钙和镁等,高于大多数水果的含量,还含有类胰岛素成分,故具有调节人体新陈代谢、降压舒心、祛痰润肺、消食醒酒、健脾消食、美肤养容和瘦身减肥等功效,对血管硬化、高血压和糖尿病等疾病也有辅助治疗作用(薛文杰,2019)。此外,柚果中含有多种具有较强抗氧化性能的类黄酮类物质,能够清除机体的自由基物质和超氧化物,有一定的抗衰老和抗癌作用。同时它还有健胃、润肺、补血、清肠和利便等功效,可以进一步促进伤口愈合,对败血症等有良好的辅助疗效。它丰富的水分和良好的口感是国内其他良种柚(如琯溪蜜柚和沙田柚等)无法比拟的,因而深受消费者欢迎,还被称为"世界上最好吃的柚子"。

二、井冈蜜柚产业的发展背景

(一)政策背景

自 2009 年井冈蜜柚被列为吉安果业主导产业以来,吉安市委、市政府先后出台了《关于进一步促进井冈蜜柚产业发展的意见》《井冈蜜柚富民产业千村万户老乡工程实施方案》和《吉安市国家现代农业示范区建设规划(2013–2020)》等多个重要文件,大力实施井冈蜜柚"百千万"示范工程和"千村万户老乡工程"建设,加速推进井冈蜜柚产业规模化、标准化和品牌化,有力地推动了吉安井冈蜜柚产业的发展。其中,《关于扎实推进井冈蜜柚富民产业绿色发展的意见》更是为井冈蜜柚产业的发展进一步明确了方向。井冈蜜柚"6611"工程(从 2016 年开始,全市每年新建精品柚园 6 万亩,进入盛产期后,年蜜柚总产量和全产业链总产值分别达到 100 万吨和 100 亿元)是井冈蜜柚产业发展的重点(毛思远和帅筠,2017)。为了加大政策的支持力度,吉安市委、市政府还出台了《吉安市鼓励外商投资优惠办法》,规定只要是投资蜜柚产业和新办蜜柚加工、营销的企业,不论是外商还是本地投资者,均可享受规定的优惠政策。这一优惠政策进一步加大了产业的扶持力度,鼓励和支持千家万户投身于井冈蜜柚的种植中,引导农户以土地入股,通过"公司+基地+农户""合作社+基地+农户"等模式参与井冈蜜柚产业开发,获得利润分红,共享产业发展成果,使井冈蜜柚产业真正惠及广大农民(毛思远和帅筠,2017)。

安福县是一个严重的矿山依赖县，现在面临矿山枯竭的问题，如何进行产业结构调整受到了当地政府的高度关注和重视，在这种背景下，安福县委、县政府未雨绸缪，着手安福的产业结构调整，通过发展特色产业来摆脱对矿山的依赖。自 2013 年以来，安福县出台了《安福县农业产业发展基金奖补办法》《安福县全力推进富民产业发展实施意见》《关于进一步提升井冈蜜柚"四化"发展的实施意见》《安福县贫困户发展产业奖补办法》和《安福县产业扶贫运行机制管理办法实施细则》等政策，并采取了编印井冈蜜柚宣传册、乡镇干部下乡宣讲的方式对新出台的"安福县井冈蜜柚奖补优惠政策"进行广泛宣传，促进了井冈蜜柚产业的发展。2019 年，仅横龙镇就种植了 2.63 万亩金兰柚，其中，挂果面积 1.5 万亩。具体政策如表 3-1 所示。

表 3-1 井冈蜜柚产业扶持文件（部分）

政策文件	主要内容
《关于进一步提升井冈蜜柚"四化"发展的实施意见》	一、总体要求 坚持"规模化、标准化、生态化、品牌化"的发展要求，大力实施规模扩张、品种优化、科技提升、成园率提高、商品果率提升、土壤培肥、病虫害绿色防控、品牌升级、产业融合和市场倍增"十大行动"，全面提升井冈蜜柚产业的发展质量，增强抗风险能力和市场竞争力，形成"产地生态、产品绿色、产业融合、产出高效"的产业发展格局，为实现绿色崛起、决胜全面小康、建设美好安福提供现代农业产业支撑 二、目标任务 按照井冈蜜柚富民产业提质增效"十大行动"的工作要求，从 2018 年开始，全县每年新建井冈蜜柚基地 8500 亩，建立"十大行动"示范点 10 个，建立容器育苗繁育基地 1 个，推广果实套袋 300 万个，施用有机肥 0.3 万吨，在大中城市建立了营销窗口，在高速路服务区、汽车站、火车站和超市设立了营销专柜，到 2020 年，全县井冈蜜柚总面积达 7.9 万亩，盛产期柚园平均亩产量达 2 吨以上，总产量达 15.8 万吨以上，优质果率达 70% 以上，盛产期柚园平均亩效益达 8000 元以上，使井冈蜜柚产业成为我县带动广大农民增收致富的主导产业 三、工作措施 （一）以规模化为基础，着力产业集聚发展 1. 实施规模扩张行动 一是推进土地流转集聚化。以横龙镇为重心，以严田镇、平都镇、枫田镇、洲湖镇、瓜畲乡、竹江乡、山庄乡、寮塘乡、甘洛乡、金田乡、洋门乡和洋溪镇为重点，落实好开发主体、开发地块和土地流转，完善井冈蜜柚标准化示范基地"三通一平"，水、电、路等基础设施建设，横龙镇、严田镇、平都镇和枫田镇每年要建立 2 个百亩标准化示范基地，横龙垦殖场和其他乡镇每年要建立 1 个百亩标准化示范基地，促进井冈蜜柚产业连片发展 二是推进经营主体集聚化。横龙镇要依托本地的蜜柚产业基础、深厚的人文历史底蕴和优越的自然生态环境，以"富美柚乡"为总体定位，规划建设

续表

政策文件	主要内容
《关于进一步提升井冈蜜柚"四化"发展的实施意见》	横龙蜜柚特色小镇。培育新型蜜柚经营主体,在资金、人才和技术等方面对发展好的蜜柚经营主体给予奖励,到2020年,全县要培育10个蜜柚专业村、5个蜜柚龙头企业和100个蜜柚专业大户 三是推进融资渠道集聚化。执行好县委办、县政府办的《安福县农业产业发展基金奖补办法》(安办字〔2018〕38号)文件精神,重点支持标准园建设、标准化技术推广、容器苗木繁育、有机肥施用和果实套袋补贴和营销窗口建立。落实好"财政惠农信贷通"和"产业扶贫信贷通"政策,扩大资金的来源渠道,同时,将井冈蜜柚的低温冷害、病虫害侵袭等灾害事故风险列入农业保险范围,降低投资风险 2.实施品种优化行动 一是加快母本园和采穗圃建设。建立1个市级金兰柚母本园和采穗圃,为全县井冈蜜柚产业的持续稳步发展提供良种资源 二是加快品种选育更新。开展井冈蜜柚优良单株普查海选活动,同时,与省市科研单位和高校对接,按照"提纯一批、选育一批、示范一批、推广一批"的要求,加强品种的提纯、选育、试验和示范推广,不断推出适应市场需求的优良品种 (二)以标准化为根本,着力产业高效发展 1.实施科技提升行动 一是完善技术服务体系。2018年各乡镇农业技术推广综合站要在内部在编在岗人员中选定一名果技员报县果业局备案。县果业局要分阶段对果技员进行全方位培训,使其切实掌握井冈蜜柚绿色安全高效的栽培技术 二是开展技术对接帮扶。县果业局要实行技术人员分片挂乡镇、挂"百千万"示范基地、挂专业合作社和种植大户"三项制度";各乡镇农业技术推广综合站要对辖区内的柚园实行技术推广和服务属地负责制和技术人员挂基地(种植户)制度,建立规范的基地档案,记录农事操作信息,提高果农的技术管理水平 三是组建技术服务队。充分发挥我县蜜柚专业合作社的社会化服务作用,组建两支井冈蜜柚专业技术服务队,按照市场化模式开展病虫害防治、整形修剪、施肥和深翻改土等果园管理服务,帮助果农解决技术难题 2.实施成园率提高行动 全面推行"三大一袋"的高标准建园技术,夯实柚的丰产优质基础。按照"统一管理、统一标准、定点繁育、专业经营"的要求,提升苗木的繁育水平,建立1个井冈蜜柚容器育苗基地,实现100%建立防虫网室和100%容器育苗,确保井冈蜜柚开发所需的苗木。柚苗定植实行100%容器苗移栽,确保定植苗100%成活,柚园经过科学管理实现三年试果、六年丰产的目标 3.实施商品果率提升行动 一是提升果品内质,推广有机肥施用技术。依托有机肥施用补贴项目,将井冈蜜柚有机肥施用农产作为优先补贴对象,力争我县每年推广施用有机肥的面积在80%以上,确保化肥用量零增长 二是提升果品外观,推广柚果套袋技术,改造柚采后商品化处理生产线。按照"政府引导、试点先行、稳步推进"的工作思路,向蜜柚专业合作社、家庭农场和种植大户积极推广柚果套袋技术,确保全县柚果100%套袋,

政策文件	主要内容
《关于进一步提升井冈蜜柚"四化"发展的实施意见》	同时，继续改造安福县益民金兰柚种植专业合作社和安福县赣鑫果业专业合作社的两条采后商品化处理生产线，扩大其包装和储藏能力，实现柚果优质、优价 （三）以生态化为关键，着力产业绿色发展 1. 实施土壤培肥行动 一是推广水土保持技术，坡度大于25度的山地不宜种植，坡度大于5度的缓坡山地应采用"山顶戴帽、山腰穿裙、山底穿靴"的生态开发模式，即山顶不复垦，保留原有山体和植被，山腰进行坡改梯或等高撩壕，山底保留原有植被，以便涵养水分，减少水土流失 二是推广生草栽培技术。在井冈蜜柚标准化示范基地全面推广"生草栽培+果园套种"技术，严禁使用各类除草剂，在行间生草栽培、人工种植豆类、花生、肥田萝卜等绿肥，提高果园肥力，使柚园生草栽培或果园套种率在80%以上，保护土壤结构和果园生态 2. 实施病虫害绿色防控行动 一是继续开展GAP（良好农业规范）认证。不断推广普及实果品质量安全的各项制度和措施。引导广大种植户大力开展病虫害物理防治和生物防治，推广以"树顶灯、树上板、树脚螨"为主要模式的病虫害绿色防治技术，推广使用生物农药、高效低毒低残留农药，全面禁止使用高毒、高残留农药，减少农药的使用量，促进农药零增长，保证柚果质量安全 二是统防统治抓好柑橘黄龙病防控。各乡镇农业技术推广综合站要建立柑橘黄龙病监测点，每年要制定年度监测预警防控方案，加大监测范围和调查频次，准确掌握柑橘木虱的消长动态，定期使用无人机和果园植保机等高效植保机械实施防控，及时清理黄龙病病株，保障井冈蜜柚产业安全 （四）以品牌化为目标，着力产业开放发展 1. 实施品牌升级行动 一是创建品牌。以"三品一标"认证为抓手，鼓励蜜柚龙头企业、专业合作社、家庭农场和种植大户申请无公害、绿色、有机和地理标志农产品 二是宣传品牌。充分利用好安福武功山旅游品牌知名度，通过举办井冈蜜柚节、开展产业文化活动、参加各类农产品推介会、录制安福金兰柚宣传片等方式，大力提高安福金兰柚的知名度 三是维护品牌。标准园要建立产地产品质量追溯体系，设立产品"二维码"，做到生产有记录、流向可跟踪、信息可查询、质量可追溯、责任可落实，切实保护好安福金兰柚品牌，推动安福金兰柚品牌走出安福、走向全国 2. 实施产业融合行动 一是结合精深加工，壮大二产。主动对接国内外农产品深加工企业，引进蜜柚深加工企业，加大蜜柚加工产品的研发力度，延伸产业链，提高柚果商品率 二是结合"井冈蜜柚+"，发展三产。推进"井冈蜜柚+旅游""井冈蜜柚+文化"和"井冈蜜柚+生态"等融合模式，引导柚农向三产转移，吸引消费者多元化深层次消费，提高井冈蜜柚的综合效益

续表

政策文件	主要内容
《关于进一步提升井冈蜜柚"四化"发展的实施意见》	3.实施市场倍增行动 一是培育营销队伍。发挥专业合作社服务作用，选择懂营销、善经营、会对话的专业合作社或种植大户代表，组建蜜柚销售小分队，推进农超对接、订单批发和代理配送，在条件成熟的地区建立安福金兰柚直销专卖窗口。2018 年在南昌设立安福金兰柚专卖点，并在高速公路服务区、车站和超市设立安福金兰柚营销专柜 二是拓展销售渠道。积极引导各类蜜柚经营主体通过"互联网+"模式开通网络销售，建立电商平台，同时，申报建设井冈蜜柚出口基地，推动安福金兰柚品牌走向世界 四、保障措施 1.加强组织领导 成立由县委、县政府分管领导任正、副组长，县委农工部、县财政局、原县农业局、县林业局、县水利局、原县国土资源局等单位主要负责人为成员的工作领导小组，领导小组办公室设在原县农业局，由原县农业局局长兼任办公室主任，统筹协调井冈蜜柚工作。各乡镇也要成立相应的组织机构，明确专门的分管领导，具体抓好井冈蜜柚工作 2.明确责任分工 原县农业局负责井冈蜜柚工作的组织协调、技术服务和督查指导；县财政局负责落实井冈蜜柚产业发展资金；县发改委、县林业局和县水利局等单位负责落实井冈蜜柚标准化示范基地"三通一平"，水、电、路等基础设施建设；原县国土资源局负责落实井冈蜜柚产业发展用地及土地整理项目；县市监局、县商务局、县供销社和县邮政公司负责井冈蜜柚电商、出口等市场流通工作；县科技局负责落实井冈蜜柚品种鉴定、品种提纯、选育、试验和示范推广等科技项目；县农业银行、县农商银行和县邮储银行负责落实"财政惠农信贷通"和"产业扶贫信贷通"政策，加大井冈蜜柚信贷支持力度；各乡镇人民政府负责制定井冈蜜柚年度开发计划，落实好开发地块、土地流转和开发主体，确保完成目标任务 3.加强宣传引导 各乡镇要充分利用各种媒体，在关键农时和重大活动时，邀请主流媒体开展系列宣传报道，及时挖掘本地的好做法、好经验，大力宣传井冈蜜柚"十大行动"在推进过程中的典型案例，促使井冈蜜柚的各类经营主体牢固树立提质增效理念，让广大农户理解、支持，并参与到井冈蜜柚"十大行动"中来，凝聚社会共识，营造良好氛围 4.加强督查考核 县委、县政府将井冈蜜柚工作列入各乡镇目标考核，对实施不力、进度迟缓的经营主体进行通报批评，严肃问责。县农业农村局要加强对井冈蜜柚工作的督查调度，及时协调解决产业发展中的困难和问题，推进井冈蜜柚工作落地见效

续表

政策文件	主要内容
《安福县农业产业发展基金奖补办法》	1. 经营主体发展奖 （1）农业产业化龙头企业。首次被认定为市级、省级、国家级农业产业化龙头企业的分别奖励 0.5 万元、2 万元、5 万元 （2）农民专业合作社。被评为市级、省级、国家级示范（优秀）农民专业合作社的分别奖励 0.5 万元、2 万元、4 万元 （3）家庭农场。被评为市级、省级示范（优秀）家庭农场的分别奖励 0.5 万元、1 万元 （4）新兴经营组织。被认定为省级及以上休闲农业和乡村旅游示范点的休闲农业经营组织每个奖励 1 万元；被认定为省级及以上农业社会化服务组织的每个奖励 1 万元；被认定为省级及以上农产品电子商务经营组织的每个奖励 0.5 万元 2. 品牌培植奖 （1）三品一标。首次被认证为国家无公害农产品、国家绿色食品、国家有机农产品和国家农产品地理标志的分别奖励 2 万元、3 万元、3 万元、6 万元；获得无公害农产品复查换证、绿色食品续展和有机农产品再认证的每个分别奖励 0.2 万元、0.5 万元、0.5 万元 （2）商标。首次被认定为中国地理标志商标、中国驰名商标和江西省著名商标的分别奖励 10 万元、10 万元和 5 万元 （3）名牌产品。首次获得中国名牌产品和国家地理标志保护产品称号和江西省名牌产品称号的分别奖励 10 万元和 5 万元 （4）农业标准化示范区。通过国家级农业标准化示范区验收的奖励 5 万元 （5）农产品展示展销。获得省级农产品展示展销和国家级农产品展示展销金奖的，1 个金奖分别奖励 0.5 万元和 1 万元，每个企业奖补累计不超过 1.5 万元；获得全县旅游"十大品牌"的农产品奖励 0.5 万元 3. 重点产业奖 （1）无偿提供井冈蜜柚苗木 （2）面积奖补：新增连片种植面积在 100~499 亩的每亩补助 400 元，新增连片种植面积在 500 亩以上的每亩补助 500 元，该项奖补资金经验收合格后，分两年付完（第一年付 30% 的整地补助，第二年付 70% 的抚育管理补助） （3）基础设施奖补：新增连片种植面积在 100~499 亩的奖补基础设施建设费 5 万元，500~999 亩的奖补 8 万元，1000 亩以上的奖补 10 万元。新增金兰柚的奖励在此标准基础上上浮 30% 执行 （4）中国良好农业规范认证（GAP）：首次被认定为中国良好农业规范认证的，奖励 3 万元 （5）对乡镇政府（林场、垦殖场）进行奖补：流转农村荒山荒坡和稀疏残次林地连片面积 200~500 亩发展井冈蜜柚的，每亩奖补 10 元，500 亩以上的每亩奖补 40 元 4. 基地建设奖 乡镇（场）年新造井冈蜜柚基地在 1000 亩以上的（单个基地集中连片在 200 亩以上），每亩奖励 30 元

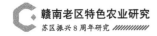
续表

政策文件	主要内容
《安福县农业产业发展基金奖补办法》	5.争先创优奖 （1）先进农民专业合作社和家庭农场。每年择优评出 5 个农民专业合作社和 5 个家庭农场，每个给予 0.5 万元的奖励 （2）"一村一品"先进村。每年择优评出 5 个"一村一品"先进村（原则上与往年不重复），每个给予 0.5 万元的奖励 （3）农业产业化示范基地。每年择优评出 5 个示范基地，每个给予 0.5万元的奖励 （4）农业产业化工作先进乡镇。由县政府统一表彰 （5）对在农业招商，培育、服务富民产业中做出突出贡献的，择优评出一定量的有功人员，给予每人 3000 元奖励
《安福县贫困户发展产业奖补办法》	种植业奖补标准。贫困户发展果树、高产油茶和多年生中药材 1 亩（含1 亩）以上的，每亩奖补 800 元。贫困户发展其他种植业在 1 亩（含 1 亩）以上的，参照县委办、县政府办印发的《安福县农业产业发展基金奖补办法》（安办字〔2018〕38 号）中的奖补标准执行
《安福县产业扶贫运行机制管理办法实施细则》	1.产业扶贫项目的直补政策 依据《安福县农业产业发展基金奖补办法》（安办字〔2018〕38 号）和《关于进一步推进产业扶贫基地建设工作的通知》（安脱字〔2018〕8 号）规定的标准进行奖补 2.产业扶贫贷款的信贷政策 （1）贷款额度。贫困户个人的贷款总额不能超过 5 万元；农业企业、乡村旅游业、家庭农场和农民合作经济组织的贷款，不能超过吸纳贫困户以债权或股权形式投入总额的两倍；农业企业、乡村旅游业、家庭农场和农民合作经济组织吸纳贫困户就业或与贫困户签订种苗供应、技术指导、回购协议的，其贷款总额不超过吸纳贫困户就业户数或与贫困户签订协议户数相应贷款总额的两倍 （2）贷款利率。对扶贫小额信贷、扶贫产业信贷通贷款执行同期中国人民银行贷款基准利率 （3）贷款期限。根据扶贫和移民产业发展周期，贷款期限一般按 1~3 年由扶持对象自主申请选择。一般养殖业 1 年以内（含 1 年）、种植业 1~3 年（含 3 年），具体由合作银行根据扶持对象和产业发展情况自主确定 （4）贷款担保。合作银行向贫困户和扶贫合作组织发放的"扶贫产业信贷通"贷款，严格执行"免抵押、免担保"的政策。其他扶贫带动的新型经营主体的产业扶贫贷款，可根据带动贫困户的数量提供适量的担保 3.产业扶贫贷款的政府支持政策 （1）对贫困户和扶贫合作组织贷款发展特色优势产业的，按照产业扶贫奖补办法给予资金支持 （2）风险补偿。建立产业扶贫贷款风险补偿金，按照风险补偿金的 8 倍发放产业扶贫贷款，并建立风险补偿金动态调整机制，根据合作银行的贷款余额按季调增或调减

政策文件	主要内容
《安福县产业扶贫运行机制管理办法实施细则》	4.产业扶贫贷款的贴息政策 （1）贴息标准。贫困户贷款按同期贷款基准利率的100%给予贴息，农业企业、乡村旅游业、家庭农场和农民合作经济组织带动的贫困户贷款按同期贷款基准利率的50%给予贴息 （2）贴息期限。贴息期限为3年，贷款逾期利息由借款人自行承担 5.产业扶贫的保险政策 （1）产业扶贫保。根据全县的产业发展规划布局，选择贫困户参与率高的种植业、养殖业进行农业保险，保费补贴型保险险种包括水稻、油菜、能繁母猪、奶牛、育肥猪、柑橘、烟叶和油茶等品种 （2）小贷扶贫保。对贫困户投保"小额扶贫保"实行特惠保险费率，原则上年平均费率为贷款本金的2%，最高不超过贷款本金的2.5% （3）保费补贴。"产业扶贫保"和"小贷扶贫保"政府补贴保费的比例原则上不低于保费的80%。对贫困户自愿投保政策性农业保险规定的个人自缴保费部分，政府按80%的比例给予再补贴
《安福县井冈蜜柚电商销售扶贫项目实施方案》	一、项目牵头单位 县扶贫和移民办公室、县邮政分公司 二、项目时间 2018年10月16日至2018年12月31日 三、项目产品 （1）品牌名称：老俵情·井冈蜜柚 （2）合作对象：全县主产井冈蜜柚的地区，主要品种为金兰柚。井冈蜜柚产业扶贫合作社 四、线上平台 邮政公司各类电商平台及中国社会扶贫网等电商平台 五、项目内容 1.产品组织 （1）县邮政公司及县扶贫和移民办对接本地农民蜜柚合作社，甄选当季蜜柚产品提报至市邮政公司。县扶贫和移民办推荐的井冈蜜柚合作社和贫困户所在的合作社优先 （2）本次产品提报时，须提供真实准确的产地信息、库存信息、日最高发货量和贫困户情况等相关信息 （3）蜜柚产品由县邮政公司在10月25日前按照销售标准快递样品至市邮政分公司进行审核 （4）县邮政公司做好与合作社的协议签订工作，使用"老俵情·井冈蜜柚"品牌进行宣传推介，并做好产品上线准备 2.产品上线 （1）县邮政公司在10月底前完成"老俵情·井冈蜜柚"外部包装设计 （2）县邮政公司在10月底前完成产品在邮政各类平台的上线工作 （3）县扶贫和移民办在10月底前完成产品在中国社会扶贫网等电商平台的上线工作

续表

政策文件	主要内容
《安福县井冈蜜柚电商销售扶贫项目实施方案》	3.产品宣传 （1）县邮政公司负责协调省邮政公司，在省邮政"老俵情专柜"线上平台上线产品，"老俵情"微信公众号根据省邮政公司的安排推送产品营销推文 （2）县扶贫和移民办及邮政公司做好井冈蜜柚扶贫项目线下落地宣传 （3）县扶贫和移民办及邮政公司会联系当地具有影响力的传统媒体及新媒体对井冈蜜柚扶贫项目的开展情况进行报道及图文转发 4.产品推广 （1）各级机关单位的全体成员下载安装"邮乐小店"后，点击注册输入手机号和验证码→点击立即开店，开启〔我是企业用户〕按钮→选择所属机构江西省邮政公司→点击我在下级 （2）机构选择吉安市邮政局→点击我在下级机构选择安福县邮政局→确认开店 （3）安装完毕后登录邮乐小店选择"货源"→搜索金兰柚→点击购买 六、有关工作要求 1.强化组织领导 各单位要高度重视井冈蜜柚电商扶贫项目，切实加强组织领导，确保各项工作落到实处。县邮政公司要积极与县扶贫和移民办细化落地方案、沟通协调、组织实施和督办检查等日常工作 2.强化宣传保障 （1）县扶贫和移民办及邮政公司在移动端下载安装"社会扶贫"APP和"邮乐小店"APP，并注册成为正式用户，分享转发扶贫产品。关注"老俵情"和"庐陵邮雁"微信公众号，关注"社会扶贫网""邮乐网"和"老俵情"等电商平台的扶贫专区，主动推介且积极购买、分享扶贫农产品 （2）联合本县纸媒、网媒和微信公众号等各平台，对井冈蜜柚扶贫项目的开展情况进行实时报道 3.强化项目推进 （1）加强对项目的管理。县扶贫和移民办要发挥邮政品牌、网络、渠道资源优势，推动扶贫项目出效果。要充分认识到井冈蜜柚扶贫项目的优势和意义，加强组织，优化运作流程，结合实际开展县域范围内的扶贫工作 （2）严格把控项目各环节。县邮政公司要优先选择县扶贫和移民办推介的井冈蜜柚合作社和贫困户所在合作社，让贫困户在井冈蜜柚扶贫项目中受益；加强扶贫产品的质量监管，包装产品质量，维护消费者利益；从产品选择、包装、邮递、运输和投递等各个环节做好测试和品控，对产品食品质量、包装破损、产品丢失和延误等售后服务问题进行妥善处理

资料来源：根据江西省安福县横龙镇人民政府提供的资料整理。

（二）产业背景

1.产业发展简史

自 2009 年井冈蜜柚被列为吉安果业主导产业以来，井冈蜜柚的发展非常迅速。安福县是吉安市的果业大县之一，是全市最早开展蜜柚引种、良种选育和示范栽培的县域之一，是全市井冈蜜柚产业发展的重点县，是金兰柚的原产地。自2009年以来，在吉安市委、市政府的统一规划布局下，安福县以金兰柚为主栽品种，以井冈蜜柚"百千万工程"和"千村万户老乡工程"为载体，按照"技术集成化、生产标准化、品质特色化"的要求，大力发展蜜柚种植，安福县的井冈蜜柚面积达6万亩。到2020年，安福县井冈蜜柚的种植面积将达8万亩，总产量将达到20万吨以上，井冈蜜柚将成为全县重要的绿色富民产业。

横龙镇是安福县的传统果业大镇。该镇积极策应省、市、县农业产业发展战略，结合横龙实际，利用金兰柚这一品牌，精准把握合作经营思维，推行"党建＋合作社＋农户＋贫困户"的工作模式，实施党建引领、龙头带动、优化服务、利益共享的工作机制，催生和壮大了一批果业专业合作社，提升了产业发展水平，增加了果农收入，为横龙由果业大镇向果业强镇转型打下了坚实基础。2019年，横龙镇新增金兰柚面积1400亩，总面积达2.51万亩。横龙镇积极与省农科院及中化农业对接，重点打造了盆形村400亩标准化种植示范园及院塘村300亩标准化种植示范园，进一步带动了全镇金兰柚产业的规模化、标准化、生态化、品牌化发展。

经过多年的发展，横龙镇的金兰柚种植大户到现在已有4615户，全镇种植面积达2.63万亩，常年从事金兰柚经营的农民近万人。目前，已借助中化现代农业有限公司作为农业服务平台，引导农户从传统种植向标准化、精准化、智能化种植转变，使农户达到技术、收入双提升。积极引进金兰柚清洗、包装及深加工企业，进一步提升金兰柚附加值。成立"安福县横龙镇金兰柚果业协会"，全面推行"五统一秩序"，保证金兰柚品质一致。加强宣传，打开销路，举办"柚子熟了"庆丰收文艺会演活动，邀请专业人员，拍摄了"金兰柚"主题宣传片，加强同网络电商的合作，拓宽销售渠道。几经努力，益民金兰柚种植专业合作社和赣鑫果业专业合作社双双获得了中国质量认证中心颁发的《良好农业规范认证证书》(GAP认证)，这是江西省蜜柚产业获得的首个GAP认证，标志着安福将成为吉安市首个获得井冈蜜柚出口资格的县。在"公司＋基地＋合作社＋贫困户"的工作模式下，2019年横龙镇贫困户发展井冈蜜柚产业800余亩，户均增收超过了9000元，实现了产业脱贫与产业发展有机结合。

截至目前，吉安市井冈蜜柚的种植面积已经达到了30万亩，涌现出了一批典型和致富能人。井冈蜜柚产业的发展氛围不断浓厚，不仅取得了良好的经济效益，还取得了良好的社会效益。井冈蜜柚产业还得到了上级有关部门的充分肯定和大力支持，国家财政部、原农业部将该市的 10 个县（区）列入中央财政支持现代农业柑橘项目县（区）。原江西省农业厅把井冈蜜柚作为江西的三大果业品牌之一进行重点宣传、推广和扶持，井冈蜜柚产业的发展迎来了非常好的时机（毛思远和帅筠，2017）。

2. 产业发展情况

（1）产业发展的经营主体。

在政策的支持和当地老百姓的努力下，仅横龙镇就成立了多个合作社和龙头企业，如表 3-2 所示。

表 3-2　横龙镇井冈蜜柚新型农业主体发展情况

经营主体	业务介绍
江西省鼎盛生态农业有限公司	江西省鼎盛生态农业有限公司于 2013 年创建了安福县鼎盛农业示范园，位于安福县横龙镇东谷村，紧邻本县县级生态示范村——石溪村，坐落在石溪村的西北面，距泸水河 1 千米、安莲省道 1.5 千米、旅游快速通道 0.5 千米，处于快速游通道与安莲省道之间，交通方便。示范园建于丘陵缓坡地带，坐东朝西，生态良好，环境优美 示范园现有种植面积 1200 亩，其中，蜜柚种植面积 1000 亩，生态涵养林 200 亩。1000 亩的井冈蜜柚种植区又划分为四个区：井冈蜜柚商品果种植区，面积 600 亩，是整齐划一或沿等高梯田栽植的蜜柚果树；蜜柚栽培试验示范区，面积 100 亩，除生产果实外，还是栽培技术的试示范；采摘休闲区，面积 200 亩，除生产商品果外，还建有休息亭、游步道和观光台；综合功能区，面积 100 亩，建有一栋庐陵风格的办公楼和一栋普通办公楼还有地下仓库、办公室、教室、会议室和餐厅，办公楼旁是停车场和宣传画廊 示范园从横龙垦殖场园艺场聘请了有数十年果树栽培管理经验的技术员作为示范园的技术老师，对园区工作人员进行传、帮、带。采取轮训的方式，每年都派出工作人员外出参加培训。原县农业局开办的新型职业农民培训横龙蜜柚班，全体工作人员每期都要参加。示范园还是农业农村局的教学基地，有培训教室、会议室及多媒体音响，既可进行室内培训，又可举办田间课堂，目前，已多次为井冈蜜柚栽培技术培训提供场地。示范园也是江西省果业重大技术协同推广项目实施的技术示范基地，省农科院与安福县合作建立井冈蜜柚提质增效的试验基地
安福丰柚生态农业生产有限公司	安福丰柚生态农业生产有限公司坐落于安福县横龙镇，现有员工 32 人，其中，本科以上学历 12 人，专业技术人员 28 人。另有沟施、修剪、打药和施肥队伍 180 人。公司下设一个井冈蜜柚技术服务站、一个金兰柚母本园、两条蜜柚选果线、一个绿化苗圃和一个蜜柚深加工厂（筹建中）。目前，井冈蜜柚流转和服务基地 1.2 万亩，其中，示范园 1200 亩

续表

经营主体	业务介绍
安福丰柚生态农业生产有限公司	公司的主要经营范围包括井冈蜜柚、杨梅、蜜橘和林木等初级农产品的培育、种植和销售园林绿化，农业技术推广，咨询服务等 公司成立以来，实行"公司+基地+专业合作社+农户"的经营模式，和中化农业技术团队紧密合作，按统一标准模式对服务基地果园进行科学管理，争取把服务的果园基地打造成吉安地区的标准化示范基地，将井冈蜜柚产业打造成全省的龙头航母，为农业结构调整、农民增收做出贡献
中化现代农业有限公司	中化现代农业有限公司江西分公司在南昌市红谷滩新区凤凰中大道890号江西萍钢实业股份有限公司总部基地13楼。其是中化集团农业板块的核心企业，是集团农业服务业务的统一平台。中化农业的总部位于北京，设有种植事业部、金融事业部、农产品事业部及中国绿色食品总公司等业务平台。公司现已在东北、华北、西北、西南及长江中下游区域开展了相关业务，将有计划、有选择地拓展新的区域，在中国核心农业产区逐步设立分支机构 中化现代农业有限公司江西分公司以助力农业主体实现持续稳定盈利的"农业生产服务"为切入点，通过"种植技术+农业金融+农产品销售"三位一体的综合解决方案，助力规模农业主体的可持续发展，依托现代农业科技，集成落地、农业闭环系统和模式创新，解决农业转型瓶颈，致力于成为领先的现代农业全程解决方案提供商。公司以从事主粮生产及特色经济作物生产的家庭农场、专业大户、农民合作社及农业产业化龙头企业为服务对象，同时建设规模化现代农业标准示范园区，开展本地化农业技术研发、推广与全程综合服务，并与海内外产业伙伴开展广泛合作，为"稳粮增收调结构、提质增效转方式"的目标贡献力量，在农业现代化转型进程中进一步发挥央企的龙头作用，助推中国现代农业实现可持续发展和多方共赢。引导农户从传统经验种植向标准化、精准化、智能化种植发展。2019年5月，引进中化农业团队，在对现有果品品质、果园病虫害、土壤环境、果园树势进行调研的基础上，对以横龙镇为重点的果园基地进行全面的排查，围绕果销标准出台统一的、有针对性的全年管理方案，统一管理、统一打药、统一施肥、统一修剪，并逐步引入试点水肥一体化设施
安福镇横龙镇金兰柚果业协会	为了突破发展瓶颈、将横龙镇金兰柚产业推向更高、更大的市场，经过一年多的调查研究和科学论证，横龙镇于2016年10月20日成立了安福县横龙镇金兰柚果业协会，该协会由59名个人及单位组成。该协会将广大果农紧紧团结在一起，携手共进，形成了统一购苗、统一生产技术指导、统一专用化肥农药、统一采摘时间、统一原产地品牌的"五统一秩序"，以保证金兰柚的品质一致，同时，协会不断提升品牌效应，加大宣传力度，以进一步打开省内外销路，促进果农增收致富。该协会邀请省农科院等专家教授组织了多次关于金兰柚种植、黄龙病预防等方面的培训，进一步增强了协会成员的种植水平
安福县盆形益民金兰柚种植专业合作社	横龙镇盆形村是安福县有名的果业大村，全村有13个组、460户、1746人，有果园面积5000多亩，是全县最早种植蜜柚的村。安福县益民金兰柚种植专业合作社于2012年12月应运而生，该合作社带动果农在山脚地头、渠岸塘边及房前屋后等空地栽上金兰柚，该村目前的井冈蜜柚栽培总面积在4500亩以上，已挂果面积超过2000亩，是全县蜜柚产量最多的地方

续表

经营主体	业务介绍
安福县盆形益民金兰柚种植专业合作社	盆形村单家独户的种植规模不大，但种柚的水平却高，凭借种果的传统优势，村民能熟练掌握整形修剪、病虫害防治等蜜柚生产技术，下足有机肥，产出的蜜柚个大味甜，品质优良，深受消费者的喜爱，为果农带来了亩产万元以上的收入
横龙镇东岭金柚专业合作社	横龙镇东岭金柚专业合作社位于安福县横龙镇院塘村村委会，主要提供金兰柚的种植、销售，水果的种植、销售，苗木的种植，生产资料的统一购买和相关的技术信息咨询等服务

（2）产业发展项目。

在政策支持下，横龙镇大力开展五大工程建设，即壮大延伸金兰柚全产业链工程、培育产业融合主体工程、创新农民利益联结机制工程、开展产业扶贫增收工程和建立健全体制机制工程，具体情况如表 3-3 所示。

表 3-3　产业发展项目简况

序号	建设项目	建设内容	数量	单位
一	壮大延伸金兰柚全产业链工程			
1	高效绿色标准化金兰柚基地提升工程	强化标准果园建设，在盆形村和院塘村分别打造1个500亩的标准化金兰柚种植示范园，提升基地的信息化管理水平、绿色综合防控水平等	1000	亩
2	金兰柚产业良种资源提升工程	建立1个配套的金兰柚母本园和采穗圃，为全镇金兰柚产业的持续稳步发展提供良种资源	600	亩
3	商品化处理及加工能力提升工程	新建2条采后清洗、包装等商品化处理生产线，抓紧柚果采后分级、包装和薄膜单果包果等产后商品化处理生产线的建设，提升包装和储藏能力，主动对接国内外农产品深加工企业，引进蜜柚加工技术，加大柚皮糖、柚子茶、柚果干、柚子精油及香皂等蜜柚加工产品的研发力度	1	项
4	人才引进及技术服务体系完善工程	建立人才培训中心，实行科研机构、高校等结对帮扶制度，与省农科院和中化农业等开展合作，共同组建技术服务队，设立博士工作站；开展金兰柚推广协会活动和技术培训	1	项

续表

序号	建设项目	建设内容	数量	单位
5	区域质量品牌建设工程	质量可追溯管理工程，建立"一品一码"全过程追溯体系，形成农产品质量追溯信息数据中心。三品一标认定、品牌创建。金兰柚品牌规划推介，制作广告牌，宣传品牌	1	项
6	休闲观光农业体系推进建设	推进"金兰柚+乡村旅游""金兰柚+文化"和"金兰柚+生态"等发展模式，引导发展农旅结合模式，完善游步道、柚园及文化广场等旅游基础设施，打造农村景区、田园公园等现代休闲观光农业体系	1	项
7	仓储商贸物流体系建设	建设金兰柚现代化仓储，在横龙集镇建立统一的金兰柚交易市场，规范市场秩序，扶持为柚农服务的农机作业、劳务中介和物流运输等企业	1	项
8	线上线下销售平台建设	推进农超对接、订单批发和代理配送，在南昌设立安福金兰柚专卖点，并在高速公路服务区、车站和超市设立金兰柚营销专柜，进一步打开线下销售市场；强化电商培训，积极引导果业协会、合作社、示范园和种植大户通过电商、微商等"互联网+"模式开通网络销售；同时与天猫、京东等电商平台的水果销售商开展合作，做大做强赣农宝、供销e家等电商平台	1	项
二	培育产业融合主体工程			
1	新型农民专业合作社培育	培育5个新型合作社，每个合作社种植规模在300亩以上	5	个
2	示范家庭农场培育	培育6个市级以上、具有示范效应的家庭农场，规范金兰柚种植	6	个
3	新业态加工龙头企业培育	培育金兰柚深加工新产品，成立3家新业态企业，推动蜜柚产业与其他农业产业多业态融合发展	1	项
三	创新农民利益联结机制工程			
	利益机制创新	创立6种以上新型股份合作制经营、"龙头企业+新型经营主体+种植示范基地"的一体化经营、"保底收益+按股分红"、财政补助资金以股份形式量化到农民合作社成员或农户等新型利益联结机制	1	项

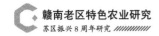
续表

序号	建设项目	建设内容	数量	单位
四	开展产业扶贫增收工程			
1	建设产业扶贫示范基地	建设产业扶贫示范基地 800 亩，延伸产业链，提升价值链，拓宽收益链，让贫困户尤其是建档立卡的贫困户充分分享产业融合发展的增值收益	800	亩
2	带动小农户增收工程	让小农户充分分享产业融合发展的增值收益，人均可支配收入提高 10% 以上	1	项
五	建立健全体制机制工程			
1	构建城乡融合发展体制机制	完善农业社会化服务体系，促进产业发展融合化，破除城乡要素流动体制机制障碍，以特色小镇建设促进城乡融合发展，助力乡村振兴	1	项
2	推进农村集体产权制度改革	积极推进农村资源资产化，健全农村集体资产财务管理制度，有序推进农村集体经营性资产股份合作制改革	1	项
3	乡村信息基础设施建设提升工程	实施信息进村入户工程，鼓励电信运营企业制定宽带网络服务惠农套餐，引导各地开展农民信息技能培训项目，宽带接入率达到 60% 以上	1	项
4	农村垃圾治理专项工程	添置农村垃圾运输车辆、垃圾桶、垃圾中转站等设施设备	1	项
5	农村生活污水处理专项工程	建设污水管道、污水处理池及小型污水处理设施等设施设备	1	项
6	建立农村环境综合整治长效机制	建立联席会议制度，加强农村环境综合整治工作	1	项

资料来源：根据横龙镇人民政府提供的资料整理。

3. 产业发展环境

第一，吉安市的气候条件适合井冈蜜柚的生长。吉安市位于北纬25° 28′ ～27° 57′，东经 113° 46′～115° 56′，是典型的亚热带季风气候区，该地气候温和，光照充足，雨量充沛，无霜期长，适宜绝大部分柑桔类果树的栽培，其中，大部分地区为蜜柚的适宜（或最适）栽培区。从全国来看，适合蜜柚种植的区域较少，而吉安市温热的气候条件恰好适宜柚子的栽培，当地生产的柚子质量优良，很容易培植成当地的特色产业。虽然当地极端的寒冷气候条件会对蜜柚造成不同程度的危害，但从总体上来说，当地的气候条件非常适合井冈蜜柚的生长，能获得优质高产。

第二，吉安市的生态环境良好。吉安市山清水秀、气候宜人，重工业企业少，工业污染轻，生态环境保护得比较好，具有发展无公害特色柚果以及旅游观光果业的得天独厚的自然条件，可以满足无公害果品的生产需要，可以建设大型蜜柚基地。吉安市的土壤基本为红壤土，红壤土的肥力居于中等，土层深度一般在60厘米以上，适合井冈蜜柚的培植，再加上当地有大量的低丘缓坡，坡度多在20度以下，很多低效残次林也可以开发出来栽种井冈蜜柚。

第三，井冈蜜柚的品种优势突出。吉安市目前主推的三个主导品种不仅品质优良，而且在成熟期配套上形成了9月上中旬以桃溪柚为主的特早熟型、10月上旬以金沙柚为主的早熟型、11月中旬以泰和沙田柚为主的中熟型、11月中旬之后以金兰柚为主的晚熟型产业布局。桃溪柚、金沙柚、沙田柚和金兰柚四个主导品种均通过了省级科技成果鉴定，四个品种在不同的时期成熟，形成了具有吉安特色的蜜柚品种资源优势（赵晓东，2016）。

第四，井冈蜜柚的种植技术可靠。当前，吉安市果技推广网络比较健全，吉安市和各个县都设立了果业局，果业重点乡镇还设立了果业技术站，具有专业职称的果技人员200多人，加上省内外大专院校每年培养和输送的一批果树专业技术人才，果技力量比较雄厚，为吉安市蜜柚产业的发展提供了技术支撑。

第五，井冈蜜柚产业效益显著。通过近年来对吉安市蜜柚产地及市内商业超市蜜柚产销情况进行调查分析得出以下结论：蜜柚栽植的第4~5年可投产，第8~9年可进入盛果期，经济寿命可达30年以上。按成年柚树第8年以下平均株产100个（每个1千克）测算，667平方米的果园产量可达3300千克（密度为33株），销售价格按2元/千克计，产值为6600元，除去当年投入的1600元，纯利为5000元（曾友平，2011）。

三、赣鑫果业专业合作社发展井冈蜜柚的案例分析

（一）赣鑫果业专业合作社

1. 赣鑫果业专业合作社简介

安福县赣鑫果业专业合作社是安福县果农创办的首家专业合作社，于2010年12月7日在原工商部门登记注册，注册资金60万元，是省级示范合

作社。该社是以市级精品井冈蜜柚示范园——赣鑫果园为龙头、联结安福县横龙镇东谷村周边的蜜柚种植户建立起来的农民专业合作组织，现吸纳社员 53 户，100% 为果业专业户。它的主要运作模式是"三统一、三确保"，着力把合作社办成安福县果业发展的引擎、果农致富的车头。实行统一技术培训，确保果农熟练掌握栽培、修剪和防病灭虫等技术；统一物资供应、确保果农用上放心苗木、肥料和药物等物资；统一市场营销，确保果农共享市场信息，并顺利销售果品等。合作社迄今已经为客户提供了 10 年的优质服务，主要业务包括果树种植、销售，为合作社成员提供农业生产资料，果树新品种的引进，果树繁育，推广技术以及与果树生产相关的技术、信息服务，帮助当地农户解决了很多生产上的难题。

2. 赣鑫果业专业合作社社长的个人简介

2002~2016 年，赣鑫果业专业合作社社长是县里的政协委员；2016 年至今是县里的党代表。2008 年入党，2009 年任横龙镇个体劳动者协会支部书记。他的爷爷是一名老党员，解放之后曾担任某个乡的乡长。他的父亲曾担任过该村的副书记，还曾是三届的安福县政协委员，在当地行医五十年。这些良好的政治背景为他积累了丰富的政治资源和人脉资源。

3. 赣鑫果业专业合作社的发展历程

赣鑫果业专业合作社社长通过自己拥有的政治资源，低价流转了当地 100 多亩土地，土地流转之后，他先去北方引进油桃来当地种植，当时整个果园全部都是油桃，油桃被评为江西的"桃王"，受到了当地的高度关注，吉安电视台经常去果园采访，油桃的发展也比较好。后来，在当地政府的多方推广和合作社的带动下，种植油桃的农户慢慢增加。由于当时销售油桃的渠道有限，油桃的保质期也比较短，半个月就要全部卖掉。市场上的油桃逐年增多，导致油桃滞销直接坏掉。后来，合作社社长开始琢磨转产，打算种植保鲜期比较长的果树，而当时橘子的市场接近饱和，保鲜期也不是很长，没有柚子的保鲜期长。再加上柚子对人体有很多益处，于是从 2000 年开始他就把油桃树一批批地砍掉，开始转种井冈蜜柚里面的桃溪柚，种植了几百棵，拿到市场上去卖的时候发现，桃溪柚的口感虽然还可以，但是并不好卖，它的皮非常厚，里面的果肉少，果肉的汁也不如金兰柚多，所以，从 2018 年开始合作社把所有的桃溪柚树都砍掉，全部改为金兰柚。金兰柚连续几年丰产。在种植金兰柚的同时，合作社还提供金兰柚树苗给其他农户栽种。林业局专门派人来指导如何培育树种，当地的金兰柚树苗 90% 都是在赣鑫果业专业合作社领的或者买的（最开始是农户自主去他家里购买树苗，后来，政府给予了政策支持，会有树苗直接发到村里）。

（二）井冈蜜柚之金兰柚的跨界发展

1. 金兰柚的种植情况

（1）投入和产出情况。

赣鑫果业专业合作社目前主要经营金兰柚。金兰柚在前期每亩一年大概要投入 5000 元。该合作社投资的资金主要是自有资金，政府也有一些扶持，且扶持力度比较大。该合作社向当地的银行贷款了 30 多万元，贷款的利息是所有贷款中最低的。合作社在上级政府的扶持下，加上自有资金，投入 100 多万元建设了一个真空包装的工厂，工厂的机器花了 98 万元，厂房的建设花了十多万元，整个金兰柚产业投资了几百万元。金兰柚种植方面的资金投资主要是农药化肥和人工的投入，每年要十几万元。技术方面的投入有政府支持，合作社还与省农科院签订了合同，有任何技术上的难题，省农科院都会派特派团来解决。合作社的土地都是租赁来的，从 2003 年开始租赁，签约 20 年，租金在当时是一次性付清的。目前，种植金兰柚的收入还可以，因为市场还没有饱和，但是金兰柚的种植面积在逐年增加，再过两三年，现在种植的金兰柚丰产之后，估计市场就没现在这么紧俏了。一棵树的产量大概是 100 斤，一亩是 44 棵树，一亩的产量就是 4000~6000 斤。丰产时期，一亩柚子有 1000 多元的收入。

（2）政策扶持情况。

国家对金兰柚产业的政策支持力度非常大，此合作社享受了政府的政策优惠。安福县农业综合开发办将赣鑫果业专业合作社列入 2013 年国家农业综合开发产业化财政补助项目，发展井冈蜜柚 1000 亩，总投资 258 万元。其中，中央财政资金 20 万元，市级财政配套 8 万元；县自筹资金 230 万元。项目主要内容包括赣鑫果业专业合作社建设井冈蜜柚基地 1000 亩，购苗木 4 万株，新建果园主干道 8 千米，果园排水沟 5 千米，购置农机 12 台（套）。合作社的真空包装机器和厂房以及基础设施建设，政府都有资金投入，分两批，一批是 70 万元，另一批是 28 万元，一共 98 万元。从 2014 年开始，合作社在农商行的贷款利息是所有贷款利息中最低的。政府除了资金投入外,还会派人视察和指导,合作社有任何问题都可以打特派团的电话,特派团会及时解决。惠农政策对合作社的帮助非常大。

当地政府不仅出台了很多有利于金兰柚发展的政策,还积极进行推广,加强引导,慢慢地开辟出了一个市场。在现有的发展形势下,当地政府不断加强对现有的 1 个万亩基地、6 个千亩基地及 15 个百亩基地的管理,对发展好的蜜柚经营主体给予资金、人才和技术等方面的奖励,逐步引导现有基地按照有关要求进行改良。通过实施"退橘改柚工程""千家万户老乡工程"和"百千万基地工程",全力支持盆形村、院塘村和石溪村等基地建设,经过不断推广,全镇几乎每家每户都种上了金兰柚,田间地头、渠岸塘边、房前屋后,凡有空地的地方都栽上了果树。充分发挥果业协会的引领作用,继续推行统一购苗、统一生产技术指导、统一专用化肥农药、统一采摘时间、统一原产地品牌的"五统一秩序"。在全镇推广柚果套袋技术,实现盆形村标准化示范园全园柚果100% 套袋,其他柚园逐步实现全部套袋。

（3）技术支持。

合作社从事特色产业的人员都经过了专门的技术培训。金兰柚是人工采摘、人工施肥,机器只有在真空包装的时候会用到。金兰柚产业注册了专利,还与省农科院签订了协议,有任何技术上的问题都可以与省农科院的特派团联系,会有专门的专家来解决这些问题。当地还大力发展"互联网＋现代农业"。MAP 慧农是中化集团自主开发的智慧农业管理平台,通过"线上＋线下"的模式,针对前期农场的情况建立地块档案,根据农场栽植的作物制定全生育期的栽培管理技术方案。种植户通过 MAP 慧农可以掌握农场的信息,并加以管理,有效控制成本。消费者或果销商通过 MAP 慧农可以掌握农场果品的生产信息,了解病虫害的防治情况和农业投入品的使用情况,实现真正意义上的品质溯源。同时,还积极进行技术研发及推广,实行科研机构、高校等结对帮扶制度,与省农科院、中化农业等进行对接,共同组建技术服务队,设立博士工作站,按照市场化模式开展病虫害防治、整形修剪、施肥及深翻改土等果园管理服务,帮助果园解决技术难题。充分发挥果业协会的引领作用,在全镇推广柚果套袋技术,实现盆形村标准化示范园全园柚果 100% 套袋,其他柚园逐步实现全部套袋。打造盆形村标准化种植示范园,在科研机构、专家教授及果农的共同参与下,逐步制定出符合横龙气候、土壤等条件的金兰柚种植管理及技术规范,使化肥、农药、管理和监测等有章可循,推动全镇金兰柚品质的全面提升。按照金兰柚外观、大小和甜度等指标，建立科学的金兰柚品质分级分类办法，禁止劣果"以次充好"进入市场，扰乱市场认同，对合格及优质的柚果采取分类包装、分类定价，实现柚果优质优价。建立新型农民科技培训示范基地，选定技术指导员和科技示范户，以从事农业生产经营的专业农民为重点，开展农业生产技能和相关知识的培训，构建"全产业链"技术服务体系。

在硬件方面，引进了全省最大的金兰柚包装清洗设备。在深加工方面，招大引强，运用传统工艺，探索柚皮加工、蜂蜜柚子茶等深加工技术，变废为宝，构建了立体、全面的产业链，实现了金兰柚价值的最大化。在软件方面，设立"技术讲堂""技术指导员"和"乡土人才服务岗"，定期邀请专家为合作社员授课，有效地提升了果农的技术水平。

2. 金兰柚的加工情况

合作社的柚子进行简单的加工之后进行销售，社内有真空包装的机器，也有配套的仓库，还有绿色食品的商标和水果出入境证书。柚子基本都会进行真空包装，使它能够更好地保存。合作社的加工厂一年会加工几百万斤金兰柚，但是金兰柚的加工基本都是由合作社的社员完成，目前，还没有收购其他农户的柚子进行加工。其他农户把金兰柚拿到合作社里进行加工，合作社会按照每斤五角钱的价格进行收费，用这个收入来支付机器的维修和损耗费用。

经过合作社的带动发展，结合当地农业产业的发展基础及江西鼎盛生态农业有限公司、专业合作社和种植大户的需求，成立了横龙金兰柚果业协会，建立了金兰柚产业基地，初步形成了以绿色健康食品为主导、关联配套产业齐头并进的产业格局。在不断提升蜜柚品质的同时，拓展蜜柚精深加工产业链。同时，远赴福建漳州参观考察平和中华展示基地和柚子分选包装生产工厂，设法引导企业发展蜜柚清洗、包装及深加工业务，不断提升蜜柚产品的附加价值。

3. 产品质量管理情况

通过盆形村标准化种植示范园的打造，在科研机构、专家教授及果农的共同参与下，逐步制定出符合横龙气候、土壤等条件的金兰柚种植管理及技术规范，使化肥、农药、管理和监测等有章可循，推动全镇金兰柚品质的全面提升；按照金兰柚外观、大小和甜度等指标，建立科学的金兰柚品质分级分类办法，禁止劣果"以次充好"进入市场，扰乱市场认同，对合格及优质的柚果采取分类包装、分类定价、统一品牌的模式，实现柚果优质、优价。

严格按照 GAP 标准管理，落实果品质量安全各项制度和措施。引导广大种植户大力开展病虫害物理防治和生物防治，推广以"树顶灯、树上板、树脚螨"（即安装太阳能杀虫灯、挂黄板、挂捕食螨）为主要模式的病虫害绿色防治技术，推广使用生物农药和高效、低毒、低残留的农药，禁止使用高毒、高残留的农药，保证柚果的质量安全；建立黄龙病监测点，制定年度监测预警防控方案，加大监测范围和调查频次，定期使用无人机和果园植保机等高效植保机械实施防控，及时清理黄龙病病株，保障金兰柚产业安全；完善金兰柚安全监管机制，定期对果园进行检测，实行化肥农药零增长。

（三）井冈蜜柚之金兰柚的跨空间发展

1. 金兰柚的销售情况

关于金兰柚的销售，基本上是外地人和本地人直接联系合作社的社长，自己上门去仓库取货，不需要送货。因为现在的柚子还没有完全丰产，每年的柚子都不够卖。柚子的线上和线下销售渠道都有，但主要以线下为主。现在，柚子都是由买家直接来果园装车，直接在果园里就卖掉。柚子的批发价是每斤3.5元，合作社的柚子基本上都是别人直接过来预订，整车整车装走，很少会零售，零售的价格不等，基本是 4 元起步。而且，赣鑫果业合作社的柚子已经申请了地理品牌认证和绿色食品认证，柚子的质量有很好的保障。合作社的柚子还申请了水果出入境证明，发展前景很可观，可以直接出口到其他国家，给农户带来更多的收益。

在镇政府的引导下，果业协会和合作社在与中国邮政"邮乐购"建立长期合作关系的基础上，进一步向微商、电商拓展，拓宽了井冈蜜柚的销售渠道，通过举办"柚子熟了"等柚子节活动，拍摄金兰柚"祖柚园"宣传视频，为金兰柚走向互联网打下了基础，金兰柚在守住萍乡、宜春等原有销售地的情况下，在长沙、深圳等也逐步打开了市场，构建了纵深销售平台，创新了农产品营销模式。积极引入"互联网+"推广机制，在金兰柚上市之际，结合天猫"双十一"等电商活动，将线上和线下两个市场进行有机结合，实现市场和金兰柚这一产品的无缝化对接，将金兰柚的市场从周边推向全国（刘慧娜，2019）。2018 年线上销售金兰柚 75.3 万斤，销售额达 356.05 万元，销售情况良好。构牢帮扶利益联结机制，充分发挥"传帮带"作用。当地已成立了由59 家种植大户及龙头企业参与的"安福县横龙镇金兰柚果业协会"，并相继成立了金兰柚专业种植合作社26个，吸纳果农1420名。通过流转土地增加社员收入、转移就业增加收入和吸纳种植户增加收入等方式，发挥党员干部和致富带头人的"传帮带"作用，使利益联结稳定、持续（刘慧娜，2019）。

作为井冈蜜柚的三大主导品种之一和井冈蜜柚之王，近几年来，金兰柚的销售主要以果商上门采购、订单采购及散客上门采摘为主，在省会南昌及部分高速服务站等地也设立了金兰柚专卖店及展销窗口，销售范围从周边的莲花、萍乡等地辐射扩散至湖南、广东、湖北乃至全国，价格由过去的4元/斤提升到如今的7元/斤，甚至出现过10元/斤仍"一柚难求"的景象。金兰柚销售火爆，品质远近闻名，基本处于供不应求的状态。

2. 品牌建设与宣传情况

柚子产品的品牌知名度比较高，1983年这里就有金兰柚这个品种了。赣鑫果业合作社的金兰柚还获得了绿色食品认证和有机食品认证，柚子会进行真空包装在网上销售，也有人直接上门去仓库里面买。该产业的社会效益很好，柚子的口感也比较好，获得了社会的一致好评。深入开展"绿色、有机食品和地理标志农产品"的认证工作，进一步提升产品的价值。开展园区产品对外营销等活动，建立稳定的销售市场，全面提高主导产业、主导产品的商品化生产水平。

横龙镇注册了"横龙蜜柚""龙柚"等商标，获得了"绿色食品"认证，赣鑫果业专业合作社益民金兰柚种植专业合作社获得了《良好农业规范认证证书》（GAP认证），这标志着安福是吉安市首个获得井冈蜜柚出口资格的县。以"绿色、有机食品和地理标志农产品"认证为抓手，鼓励金兰柚协会、蜜柚专业合作社、家庭农场和种植大户申请无公害、绿色、有机和地理标志农产品认证。充分利用好安福武功山旅游品牌知名度，通过举办井冈蜜柚节、开展产业文化活动、外出参加各类农产品推介会及录制金兰柚宣传片等形式，大力提高金兰柚品牌的知名度；积极参加各类农产品博览会，在省会南昌、高速服务站等地设立金兰柚专卖店及展销窗口，在广州、湖南等周边省份开展推广活动。积极与《江西日报》《江南都市报》《井冈山报》和《美好安福报》等主流媒体对接，开展关于金兰柚丰收的专题宣传工作，进一步扩大金兰柚品牌的影响力。加大井冈蜜柚打假维权，设立产品"二维码"，建立查询便捷、信息准确、服务优良的质量体系，做到"生产有记录、流向可追踪、信息可查询、质量可追溯、责任可落实"，切实保护好金兰柚品牌，推动金兰柚品牌以优异、

统一的品质走出安福、走向全国。

（四）金兰柚的产业溢出效应和示范效应

通过合作社的带动，金兰柚种植大军发展至今已有 1200 余户，横龙镇的种植面积已达到 2.63 万亩，占全县种植面积的 83% 以上，从事金兰柚产业的专业技术人员有 300 余人，常年从事金兰柚种植的农民近万人。金兰柚产业已成为横龙镇的支柱产业之一，金兰柚示范基地全部由合作社认种，合作社再根据社员意愿自由认种，建设的金兰柚种植示范基地，可带动农民 1000 余户，每年增收 8000 万元以上，促进农业增效、农民增收效果显著。同时，产业的发展还带动了其他经营主体一起参与进来做大做强井冈蜜柚产业。在这一产业的带动下，更好地创建主导产业多业态融合发展示范区，培育产业融合发展新型经营主体。

1. 创建主导产业多业态融合发展示范区

当地依托金兰柚浙一优势主导产业，加快全产业链、全价值链建设。高起点、高标准、高水平地创建了融合发展功能区。坚持以农业为基础，坚持优惠在农村、做强农村产业，坚持把利润共享给农民、不断完善市场机制，坚持市场导向、营造良好的环境，充分发挥先行先试和辐射带动作用，把功能区创建成为当地产业深度融合发展的试验区、示范区、样板区和展示区，促进农民增收和农业提质增效。

（1）乡村振兴示范带。

围绕泸水景观河带沿线串联石溪村（"全国生态文化村"）、井洲村、横龙村、新屋村和洲里村等村，实施基础设施完善、产业发展和公共服务能力提升等专项行动；在全省率先创新利益联结机制"五金"模式，让农户分享到更多乡村产业发展的政策红利；推动"绿色、有机食品和地理标志农产品"认证，大力发展农产品电商，拓宽销售渠道，打响"金兰柚原产地""安康幸福白茶"等区域品牌；加强城乡基础设施建设和农村人居环境整治，打造一条乡村振兴示范带。

（2）高效绿色标准化生产示范区。

继续推进金兰柚绿色高效示范基地建设，实行"五统一"制度，通过基地基础设施完善、设施装备水平提升、数字农业打造、绿色综合防控等行动，深入实施井冈蜜柚"百千万""千村万户老乡工程"和"退橘改柚"工程，重点打造盆形、院塘、石溪蜜柚产业示范村，以点带面，不断扩大横龙金兰柚的种植规模。同时牢固树立绿色生态循环理念，大力发展林下经济，推动生态种养结合。

（3）农产品加工集聚区。

依托现有的金兰柚、白茶、蒙岭火腿和竹木等加工龙头企业，以及被列入全省75个重点农业产业集群的加工优势，建成以优势特色产业为主的绿色农产品加工集聚区。依托安福县益民金兰柚种植专业合作社和安福县东岭金柚专业合作社现有的商品化处理生产线技术，新建两条采后清洗、包装等商品化处理生产线，抓紧柚果采后分级、包装和薄膜单果包果等产后商品化处理生产线的建设，扩大其包装和储藏能力，提升果品的外观、品位和档次；主动对接国内外农产品深加工企业，引进蜜柚等深加工技术，加大柚子茶、柚子精油等产品的研发力度，延伸产业链。

（4）农产品仓储物流贸易区。

将农产品展示、电子商务、仓储物流与农贸市场有机结合，建设金兰柚现代化仓储，在横龙集镇建立统一的金兰柚交易市场，规范市场秩序，成立为柚农服务的农机作业、劳务中介和物流运输等企业。引进有实力、有经验的龙头代销企业，实施优质果茶"统购统销"制度，通过线上和线下的有机结合，推动金兰柚走向全国市场。

（5）休闲农业示范区。

抢抓农业产业转型升级机遇，结合第一、第三产业的发展需求，在扩大金兰柚种植规模的同时，大力实施"美丽乡村"建设，完善公路、游道、柚园和文化广场等旅游基础设施，打造农村景区、田园公园等现代休闲观光农业体系。把"产业"变成"风景"，把"美丽"转化成"生产力"，延长金兰柚的产业链。大力开发集观光、休闲、度假功能于一体的综合性农业旅游产品，满足游客回归自然、享受田园风光、体验农家生活的愿望。打通农旅通道，促进农业与旅游业的深度融合。

同时围绕"全景安福，全域旅游"的理念，打造以石溪郊野公园为龙头、以安莲公路旅游通道沿线为示范带的全域旅游新格局，争取成功举办2021年江西旅游产业发展大会。深入挖掘果茶采摘、铁皮石斛野外种植、古樟文化传承、松脂采割、油茶种植、竹木雕刻和金秋沙糖桔示范等旅游资源，结合文溪天泰田园综合体项目，加快旅游服务设施建设，不断提升乡村旅游品位，力争在年内完成4A级乡村旅游点创建；着力打造"石溪—东谷—横龙"生态绿廊、

"江背—利田"金花走廊、"盆形—院塘"绿色柚廊,不断丰富乡村旅游内涵;创建一批以山地车骑行赛、柚子节等为代表的特色品牌活动,不断集聚乡村旅游人气。

2. 培育产业融合发展新型经营主体

在金兰柚产业的带动下,当地政府支持能够让农民分享二、三产业增值收益的新型经营主体的发展,采取"以奖代补"、贷款贴息和设立产业引导基金等方式,支持当地一、二、三产业融合发展。科学合理地制定补助比例,重点支持下面两种新型经营主体的发展。

一是支持农民合作社等新型农业经营主体的发展、加工、流通和直供直销。当地政府以金兰柚产业为依托,通过发展金兰柚产业,解决当地面临的劳动力不足、土地经营零散和社会化服务难等问题,创新土地股份合作和生产经营合作等方式,进一步推进新型农业经营主体发展多种形式的适度规模经营,建立一个完整的产业链,形成各类农业经营主体的利益共同体。

二是大力支持休闲农业聚集村集体合作组织和休闲农园企业与农户联合建设公共服务设施。当地政府将秀美乡村建设、新农村建设等工作结合起来,以休闲农业聚集村集体和带动农民分享利润的休闲农园,支持建设进村道路、生态停车场、田间观光道路、木栈道、观景台、农耕文化科普展示场所、多功能生产体验中心、游客接待休息设施、生态厕所、生产生活垃圾污水收集处理设施和电子商务配送设施等公共基础设施和配套服务设施。同时引导农家乐户主、休闲农业企业等经营主体将农业与加工、流通、旅游、教育和文化有机融合,稳步推进休闲农业、品牌农业、创意农业、乡村旅游、农家乐健康养老等新业态,这一系列手段既能有效增加农民收入,又能弘扬农耕文化,加强生态文明建设(农业部,2016)。

3. 创新利益联结机制

当地政府积极引导当地从事金兰柚种植的农户完善新型股份合作制经营、"龙头企业 + 新型经营主体 + 种植示范基地"的一体化经营、"保底收益 + 按股分红"和财政资金折股量化等新型利益联结机制,带动农民就地就近创业创新,调动广大农户发展乡村产业的积极性。并且鼓励各地创新形式,将财政补助资金折股量化到农民专业合作社成员或农户,实现小农户与现代农业的有机衔接,让农户分享到更多乡村产业发展的政策红利。

4. 持续助力产业扶贫

安福县和横龙镇两级政府十分重视产业扶贫，加大井冈蜜柚产业扶贫力度，每年实施井冈蜜柚产业扶贫面积2850亩，到2020年，全县井冈蜜柚产业扶贫面积达到1.14万亩，横龙镇扶贫面积达到1600亩；进入盛产期后，全县井冈蜜柚产业扶贫产量达到2.85万吨，横龙镇扶贫产量达到4000吨。鼓励龙头企业、农民专业合作社和种养大户等农业经营主体参与产业扶贫，推行"龙头企业（农民专业合作社、种养大户）+基地+贫困户"的产业扶贫模式。以产业为主导，由扶贫企业流转贫困户土地资源发展适度规模产业，进行集约经营，贫困户通过流转土地、参与发展和优先务工从中获取利益，鼓励龙头企业（农民专业合作社、种养大户）和贫困户签订农产品购销协议，实现"订单脱贫"。

当地政府坚持一手抓成果巩固、一手抓继续减贫，扎实完成了贫困治理"春季整改"及"夏季提升"各项任务，全面提升了贫困户的"四通一改"硬件设施，创新开展了"访贫论道"大走访、大宣讲主题活动，组织了帮扶干部对贫困户进行交叉检查，同时成立"柚家人"爱心志愿者协会，将筹集善款用于奖优、济困、助学，搭建全社会共同参与扶贫的桥梁，为全面完成脱贫任务奠定了决定性基础。

立足当地政府的资源优势，以金兰柚主导产业为依托，通过产业发展带动、经营主体扶持和技术服务指导等举措，大力推进脱贫致富，延伸金兰柚产业链，提升价值链，拓宽收益链，全力推进农业产业扶贫工作，确保产业扶贫100%全覆盖。发挥中央财政的引领作用，探索横龙镇贫困村乡村产业发展模式，探索让贫困户能够稳定地分享产业融合发展的增值收益的建设模式，进一步助力产业扶贫。

5. 建立健全体制机制

当地政府以金兰柚主导产业为切入点，将政策、要素、功能和资金等集聚在一起，进一步探索并加快建立健全城乡融合发展体制机制和政策体系，在统筹推进农村集体产权制度改革、城乡基础设施建设和农村人居环境整治等工作的同时，还通过实施产业兴旺实现以产兴村、产镇融合的发展格局，示范带动农业农村现代化。

四、井冈蜜柚产业发展的若干思考

（一）井冈蜜柚产业发展取得成功的经验

1.政府支持措施有力

（1）多措并举助推主导产业发展。

为了鼓励和引导井冈蜜柚产业的发展，吉安市及安福县分别将其列为全市六大特色富民产业的主要内容和全县"2+2+N"特色产业发展规划之首，并出台了《安福县农业产业发展基金奖补办法》《全力推进富民产业发展实施意见》《安福县贫困户发展产业奖补办法》《关于进一步提升井冈蜜柚"四化"发展的实施意见》等多个扶持文件。建立了"种—管—销"全方位的鼓励政策措施，激发了群众发展金兰柚产业的积极性。

安福县委、县政府高度重视井冈蜜柚产业的发展，不是被动地贯彻落实吉安市委、市政府的水果产业政策，而是站在产业结构调整的高度，主动积极地去贯彻这一政策。其中一个重要的原因就是安福县政府有危机意识，安福县是一个典型的矿产依赖比较严重的县，产业结构比较单一，加之矿产资源有限，矿产的波动性比较大，安福县委、县政府一直想要摆脱对矿产资源的依赖，摆脱当地产业结构比较单一这个问题，所以，积极主动地贯彻这一产业政策，将井冈蜜柚产业列为县域农业首位产业来抓，多措并举地推进井冈蜜柚产业发展，为当地产业结构转型升级和未来产业的发展奠定了基础。他们的积极作为将为当地百姓带来更多福音，更好地帮助当地老百姓摆脱贫困，进一步朝着共同富裕的目标奋斗。数据显示，2019年春季，安福县共发放金兰柚容器苗288050株，占市下达的24.2万株目标任务的119%；新增金兰柚种植农户达300余户，新增栽植面积8696亩，占市下达的7000亩目标任务的124.2%。安福县委、县政府积极主动地贯彻这一政策是当今金兰柚产业发展势头较好的一个重要原因。具体的举措如下：

第一，政府引导成立果业协会，让果农抱团发展。当地政府与农户通过一年的时间筹备果业协会，果业协会成立后，将把统一购苗、统一生产技术指导、统一专用化肥农药、统一采摘时间、统一原产地品牌的"五统一"作为蜜柚产业发展合力，让果农抱团发展，让贫困户参与和分享特色产业发展的成果，打造精品金兰柚示范、培训基地，辐射带动广大果农掌握生产技能，提升蜜柚的整体品质。同时，当地政府还将积极扶持家庭农场成长，完善蜜柚销售、加工和物流等配套体系，引入"互联网＋"的思维，积极将线上和线下两个市场进行有机地结合，进一步提升井冈蜜柚产品的知名度和品牌效应，从而提高产品的附加值（刘慧娜，2019）。

第二，严格把好质量关。食品质量安全关乎人民群众的切身利益及社会和谐稳定。在种植技术上，当地政府让生产企业建立了植保档案，要求规模种植场、农民专业合作经济组织和生产企业对检测室进行完善，还会定期积极地开展自我检查，严格把控农产品的流出情况，并指导生产企业不断健全种植生产档案、投入品使用记录等各种追溯制度和标准化的生产技术。

在金兰柚的质量安全监管上，当地政府做到了人员、经费和服务三要素全部都到位，构建了一个全面的监管体系，并且着力加强了农资市场监管、农业标准化建设、农产品检测、"绿色、有机食品和地理标志农产品"认证和农业品种引进推广等工作。还建立了农产品监管长效机制，严格控制农产品生产的质量和上市的质量。区域内农产品的质量安全状况良好，农产品的质量安全水平不断提升。对示范区的农药、饲料和金兰柚等产品进行质量监测，在历年的样品抽样检测中，所抽检样品的检测合格率均达100%。还建立了农产品质量追溯制度，建立健全包括农产品生产、经营记录的档案登记制度，记录生产基地环境、农业投入品的使用、田间管理、加工和包装等信息。要求产品标签上注明产地名称、生产者姓名或加工企业名称，由农业执法部门进行监督检查，出现问题就可追溯，确保农产品全程监管到位。

第三，积极进行技术推广。当地政府按照"标准化建设、专业化运营、制度化管理"的运作机制，建立了安福金兰柚容器苗木繁育基地，确保了井冈蜜柚开发所需的苗木。通过聘请专家授课、组建技术服务队和开通果业技术微信平台等途径和方式广泛开展技术推广，较好地普及了病虫害防治、整形修剪和肥水管理等技术。还积极邀请市里和县里相关领域的专家深入农户的果园进行实地指导，传授种植技能，将各类蜜柚种植培训班常态化。同时鼓励专业合作社、果业协会和种植大户等通过转移就业、土地流转和吸纳种植等方式促进贫困群众增收。进一步发挥党员干部和致富带头人的领头羊作用，实现利益联结稳定、可持续。

第四，多方发力进行宣传工作。当地政府利用会议、广播、电视和电教片等多种形式宣传种植井冈蜜柚的条件优势、政策优势和市场优势，激发群众种植井冈蜜柚的积极性。果业协会和合作社在与中国邮政"邮乐购"建立长期合作关系的基础上，进一步向微商、电商拓展，拓宽了金兰柚的销售渠道，通过举办"柚子熟了"柚子节活动，拍摄金兰柚"祖柚园"宣传视频，为金兰柚走向互联网打下了基础，金兰柚在守住萍乡、宜春等原有销售地的情况下，还在长沙、深圳等也逐步打开了市场。

第五，充分发挥品牌的作用，拓宽线上和线下两个市场。安福金兰柚连续多年荣获全市井冈蜜柚"柚王"称号，横龙镇赣鑫果业专业合作社的金兰柚荣获了"中国绿色食品商标"，同时，联合县市监局积极申报"安福金兰柚"地理标志保护产品。组建安福金兰柚销售小分队，率先在南昌设立安福金兰柚专卖店，并积极筹备第四届井冈蜜柚节游园采摘活动和"江山多娇"直播活动，开展关于金兰柚丰收的专题宣传工作，扩大"安福金兰柚"的品牌影响力，拓宽"安福金兰柚"的销售渠道。同时还赴南昌等地参加各类农产品博览会，邀请各地经销商到安福县进行实地考察，进一步扩大金兰柚品牌的影响力。每年10月，来自新余、萍乡和宜春等地的车辆络绎不绝，绝大部分都是慕名而来的。当地除了打造良好的口碑市场之外，还组建了一支善经营、懂营销、会对话的蜜柚销售小分队，通过小分队的努力加快了农超对接、订单批发和代理配送的步伐。

第六，督查巡查求实效。当地政府组织人员对各乡镇的井冈蜜柚示范基地进行巡查，严格按照GAP标准管理，落实各项制度和措施。引导广大种植户大力开展病虫物理防治和生物防治，推广以"树顶灯、树上板、树脚螨"（即安装太阳能杀虫灯、挂黄板、挂捕食螨）为主要模式的病虫害绿色防治技术，使用生物农药和高效、低毒、低残留的农药，禁止使用高毒、高残留的农药，保证柚果质量安全；建立黄龙病监测点，制定年度监测预警防控方案，加大监测范围和调查频次，定期使用无人机和果园植保机等高效植保机械来实施防控，及时清理黄龙病病株，保障金兰柚产业安全；完善金兰柚安全监管机制，定期对柚果进行检测，实行化肥农药零增长。对近几年种植的井冈蜜柚的生产管理情况展开"回头看"督查，对疏于管理的乡、村进行通报，并限期整改。

（2）建立财政支农新方式。

第一，建立健全农村金融体系。当地政府利用邮储银行、农商银行的农村网点优势，完善农业发展银行政策性金融支持农业开发和农村建设的责任，构建多层次、广覆盖、可持续、竞争适度、风险可控的新型农村金融机构网络，大力开展各种小额信贷和小额融资，创新发展、众筹、供应链金融等互联网金融模式，不断优化产业园内的投融资环境。

第二，有效整合财政支农要素。当地政府不断落实各职能部门对现代农业发展的责任，整合支农资源要素，重点支持杂交金兰柚、龙头企业育种等项目建设，对研发的新品种、评定的新品种进行奖励，带动和吸引社会资金投入现代农业建设，使当地成为投资的"洼地"、回报的"高地"。

第三，推动企业直接融资。当地政府鼓励龙头企业进行产业整合，通过兼并收购，盘活存量资产，提高资源配置效率。引导和支持股份公司规范设立，积极利用各种资本资源，支持股份公司引进战略投资者，充分利用主板和创业板的市场，优先推动成长性好、科技含量高、商业模式新的优质企业进行上市融资。

第四，创新担保与反担保模式。依托当地政策性农业投资公司，加大农业投公司的担保功能，通过委托贷款和贷款担保等形式将资金逐级放大，有效缓解农业产业化龙头企业发展资金投入不足的难题。灵活运用"三农"信贷政策，鼓励社会资金参股组建农业担保公司；鼓励效益好、资金实力雄厚的农业龙头企业、农民专业合作社和农户个体联合发展农业互助担保组织；支持担保公司担保、龙头企业授信担保，全面扩大保险服务领域。

第五，创新农村产权抵押方式。当地发挥财政、金融和保险的协同创新作用，完善农村产权价值评估体系，为贷款抵押物处置、抵押权利的实现提供平台，稳妥推进林权抵押、农民住房财产权抵押、商标使用权质押、仓单质押和农业小额贷款保证保险、农民承包土地经营权抵押贷款、农业企业和农户的有形资产质押贷款试点等一系列担保抵押贷款试点工作。

（3）建立现代农业保险新模式。

为进一步打造金兰柚特色产业，完善当地农业支持保护体系，增强农业抵御和防范自然风险的能力，充分调动种粮和金兰柚户的生产积极性，以政府引导、政策支持、市场运作、农民自愿为原则，以财政为依托，建立了地方农业政策性保险体系，积极宣传、引导和鼓励金兰柚种植户（企业）自愿投保、保险机构积极承保，增强农民的保险意识，逐步建立市场化的风险防范机制。为保证政策的可持续性，更好地服务于种植金兰柚产业的发展，承保机构提供服务的年限为2020~2021年。

2. 产业机制体制的创新

近年来，当地坚持用现代化工业理念谋划农业的发展，推动传统农业向现代农业迈进。通过拓展产业链、建立组织链、完善利益链的方式，将小规模分

散经营的农户与社会化大生产连接，实现小生产与大市场的有效对接，以市场为导向引导主导产业发展，减少农业结构调整的盲目性，深化农业结构调整；同时发展农产品精深加工业务，提高农产品的附加值，促进农业增效、农民增收。主要表现在以下五个方面：

（1）生产经营机制创新。

在生产经营机制创新方面，当地大力发展订单农业，规范合同的内容，健全合同的签订程序，明确权利责任，逐步实行合同可追溯管理机制，引导龙头企业与农户形成稳定的购销关系。在公司和农户的合作过程中，龙头企业采取保价收购、利润返还等多种形式，与农户建立更加紧密的利益关系。同时引导农民以土地承包经营权、资金、技术和劳动力等生产要素入股，通过土地入股、土地租赁和土地转让等方式，参与龙头企业的产业化经营，获得部分收益；实行多种形式的联合与合作，与龙头企业结成利益共享、风险共担的利益共同体。龙头企业通过实施"公司＋基地＋农户"的模式，使农民成为企业"第一车间"的工人，实现了龙头企业与农户之间的有效对接（黄连贵，2009）。

（2）党部共建引领发展机制。

党建引领是核心。当地政府结合"一树两强"主题活动，把党建工作的重心放在蜜柚产业发展和扶贫上，出台了《横龙镇贯彻落实"一树两强"主题活动推进基层党建示范点创建"211"工程的实施方案》，打造了"石溪—东谷—井洲—横龙"生态文明、蜜柚产业党建示范带、"院塘—盆形—枫塘"蜜柚产业、贫困治理党建示范带，发挥支部的核心作用、党员的带头作用，推行"党组织＋产业基地＋合作社＋贫困户"的发展模式，构建线上、线下两个"金柚党建"服务平台，为合作社的发展提供了强大的组织支撑。农户自发是基础。在村党组织、致富带头人的倡议下，农户通过资金、技术、生产和供销等形式加入合作社，全镇相继涌现了赣鑫果业专业合作社、横龙镇益民金兰柚专业合作社等 26 家农民专业合作社、36 家家庭农场，这些合作组织和种植大户在推动农业产业化的发展、增加农民收入方面发挥了基础性作用。政府引导是关键。坚持"民办、民管、民受益"的原则，当地政府根据上级有关文件，出台了农村专业合作社管理办法，明确了主管农村专业合作经济组织的部门，具体负责农村专业合作组织的注册登记、指导协调和服务管理等工作；制定农村专业合作经济组织发展的具体规划和实施方案，将农业合作经济组织的发展情况纳入村级目标考评。

（3）多元化农业投融资体制。

按照"政府引导、企业主导"的要求，本着"谁投资，谁受益"的原则，建立投资主体多元化、投资机制市场化、投资方式多样化的新型投融资体制。认真落实《关于加快农民专业合作社发展的若干意见》的精神，在资金、项目、税费和金融等方面为农民专业合作社提供不同程度的政策扶持。不断加强农民专业合作社的扶持力度。安福县横龙镇每年都会安排适量的产业化资金用于扶助部分农民专业合作社的建设。通过单位自筹、政府扶持、境外资金引入和社会资金利用等渠道进行融资，充分发挥政府的引导作用，形成以市场为导向、以企业为主体、社会参与的多种形式、多种渠道、多元化的投入体系。依照"谁投资、谁受益"的原则，积极吸引工商资本和民间资本参与到农业示范区的开发建设上来。进一步加强对示范区企业的信贷支持力度，放宽创新型企业的融资条件（黄连贵，2009）。

（4）联农带农利益共享机制。

实行"公司＋基地＋专业合作社＋农户"的经营模式，和中化农业技术团队紧密合作，按统一标准模式对服务的果园基地进行科学管理，争取把服务的果园基地打造成吉安地区的标准化示范基地，把井冈蜜柚产业打造成全省的龙头航母，为农业结构调整、农民增收做出贡献。

引导农户从传统经验种植向标准化、精准化、智能化种植发展。2019年5月，当地邀请中化农业团队在现有果品品质、果园病虫害、土壤环境和果园树势调研的基础上，对以横龙镇为重点的果园基地进行全面的排查调研，围绕果销标准出台统一的、有针对性的全年管理方案，统一管理、统一打药、统一施肥、统一修剪，并逐步引入试点水肥一体化设施。

为落实文件精神，当地政府积极创新联农带农激励机制，着力推进"一乡一业、一村一品"的特色产业发展。依托农业资源和企业优势，在现有金兰柚发展的基础上，成立农民合作社，推行"1+2+3"杂交金兰柚产业发展机制，通过主推两条参与途径增收模式，构建"三大联结模式"，形成"政府＋金兰柚协会＋合作社＋农户""企业＋基地（合作社）＋农户"和"结对扶持＋自主创业"等新型带动模式，建立"社会化服务＋交易额返还型""土地入股＋交易额返还＋二次分配型"和"土地租金＋工资＋社会保障"等利益联结关系，实现产业融合发展，使农民参与全产业链、价值链利益分配，切实带动农民增收致富。实行"公司＋基地（合作社）＋农户"的产业化模式，将分散的农户通过公司与大市场对接，并鼓励农民参股经营，共享利益增值。

在中化农业、鼎盛农业等龙头企业及金兰柚果业协会的带动下，大力推广金兰柚种植，金兰柚种植大军发展到现在已有1200余户，全镇种植面积已达到2.63万亩，占全县面积的83%以上，从事金兰柚产业的专业技术人员有300余人，常年从事金兰柚种植的农民近万人。金兰柚产业已成为当地的支柱产业之一，金兰柚示范基地全部由合作社认种，合作社再根据社员意愿自由认种，建设的金兰柚种植示范基地，可带动农民1000余户，每年带动农民增收8000万元以上，促进农业增效、农民增收效果显著。

（5）贫困户增收机制。

不断创新工作机制，积极发挥鼎盛公司、赣鑫合作社和益民合作社的作用，推行"公司+基地+合作社+贫困户"工作模式，吸纳贫困户以土地、劳务等方式参与合作社经营，实行土地流转贫困户优先、劳务聘用贫困户优先、产品销售贫困户优先等服务贫困户机制，建立贫困户劳务、股金和土地等利益分享模式，在提升贫困户发展产业的基础上，不断增加贫困户的收益。同时，建立"党支部核心、党员干部结对帮扶、普通党员互助帮扶、致富能人带动作用"的"四位一体"帮扶机制，提升帮扶效果，密切党群、干群关系。2016年和2017年，横龙镇的80余户贫困户共种植井冈蜜柚400余亩，是当地井冈蜜柚产业发展的一股重要力量，户均增收在3000元以上，实现了产业脱贫与产业发展的有机结合，实现了互利共赢。

3. 金兰柚产业的溢出效应和带动效益明显

当地政府积极策应省、市、县农业产业发展战略，结合横龙实际，利用金兰柚原产地这一品牌，精准把握合作经营思维，推行"党建+合作社+农户+贫困户"的工作模式，实施党建引领、龙头带动、优化服务和利益共享等工作机制，催生和壮大了一批果业专业合作社，提升了产业发展水平，增加了果农收入，为横龙由果业大镇向果业强镇转型打下了坚实的基础。2019年，新增金兰柚1400亩，总面积达2.51万亩。与省农科院及中化农业对接，重点打造了盆形村及院塘村标准化种植示范园，进一步带动了全镇金兰柚产业规模化、标准化、生态化、品牌化发展。

（二）井冈蜜柚产业发展存在的问题

从总体来看，近几年金兰柚产业发展迅猛，金兰柚得到了市场的广泛认可，"政府全力推动、公司投资拉动、能人示范带动、老百姓积极行动"的产业发展格局基本形成。但在发展的过程中，同样也暴露出了一些问题。

第一，产业规模小、标准化程度低。一是生产经营方式落后。当地在柚子种植方面技术应用比较散乱，还有很长的路要走。果园机械化率非常低，蜜柚产业的升级改造及果园的机械化应用是必然趋势。目前，劳动力成本在急剧上升，果园从业人员老龄化等问题不断凸显。标准化生产的规模小，传统的土地分配制度导致目前的蜜柚生产处于小规模、小产业的落后生产状态（王芳飞，2020），种植理念和技术在普通种植户身上尤为欠缺。这些小规模、小产业的生产状态不利于井冈蜜柚种植新技术的应用，更不利于果园机械化和标准化蜜柚园的创建。

二是金兰柚种植的科技水平低。目前，金兰柚的种植取得了一定的成效，但是整体而言，科技含量不高，从事金兰柚种植的农户很多都是通过自身的摸索和经验进行种植，高科技的投入比较少，科技含量比较低，果树会受到风速、温度和水等条件的影响，金兰柚的种植没有一套完备的科学监控体系，基本还是靠天吃饭。在金兰柚的加工上，科技含量则更低，目前的加工只是简单地清洗、挑选和真空包装，对于每个果子的质量没有一套完整的可以测算的数据，只是进行初级的加工，没有将柚子进行分级加工。通过科技提高产品的附加值，比如用柚子皮提取精油，也可以将其做成食品，果肉可以榨成柚子汁，柚子还可以跟蜂蜜一起做成蜂蜜柚子茶，等等，运用科学技术延长其产业链。

三是金兰柚产业发展的要素市场发育相对滞后。因为在农村地区，劳动力、资本、土地、技术和企业产权等要素市场的建设比较落后，小农经营是普遍的状态，专业化、标准化生产的推进速度较慢、市场竞争力弱（王芳飞，2020），这些都不利于柚子的加工和国际贸易，虽然柚子已经办理了水果出境证书，但是当地并没有柚子能销往外地。

第二，井冈蜜柚的产业链处于低级阶段，全市未建立统一的市场营销体系。目前，金兰柚70%的销售渠道是线下，基本都是熟人和老客户之间的销售，销售渠道单一。如果要进行扩容，就要面临销售网络不够等问题，目前的销量也无法支撑柚子原有的价格。产业链比较短，整个吉安市目前都没有建立统一的市场营销体系，缺少设施先进、配套齐全、功能完善的果品批发市场，缺乏加工能力强、生产工艺先进的果品龙头企业，就近就地加工转化能力比较低，如何延长井冈蜜柚的产业链是井冈蜜柚产业发展过程中较为突出的问题。特别是对柚子的深加工不足，多数柚子以初级产品加工为主，附加值高的精深加工产品比重较低。同类小型加工企业数目多、生产工艺简单，附加值低，资金周转周期长（王芳飞，2020），降低了柚子的竞争力。

第三，吉安市政府的产业引导存在局限性，果农的小农意识较强，产业融合发展的新业态尚未形成。目前，吉安市政府对于金兰柚产业还处于宣传引导阶段，而产业引导是吉安市政府需要进一步高度关注的问题。一是吉安市各个县区的发展程度不一，各个地方政府的重视程度不一，导致产业发展存在较大的差距。政府缺乏合理规划和引导，面对激烈的市场竞争，果农一盘散沙，分散的小农户难以克服自身规模小、信息不灵及经济实力差等弱点，自闯市场的难度越来越大。

二是栽培技术不一、管理不规范，导致金兰柚品质参差不齐，口感、外形大相径庭，品质的不一致砸了"金字招牌"。

三是未建立规范的市场秩序，果农之间的价格恶性竞争严重，甚至存在以次充好、滥竽充数现象，严重制约了金兰柚的品牌化发展进程。

四是农户的契约意识不强，虽然有几个合作社很早就成立了，但是有社无合作的现象普遍存在，辐射带动能力有限。加之在全市大力实施井冈蜜柚"6611"工程的大背景下，当地金兰柚面临着全市35万亩井冈蜜柚的竞争，传统市场局限于宜春、萍乡等周边城市，产品竞争力呈现下降趋势。大环境扩容及消费市场局限的双重压力，使得一些果农对金兰柚的未来市场抱有顾虑，对市场价格缺乏信心，瞻前顾后，不敢加大投入、扩大规模，导致近几年的蜜柚新增面积呈逐年递减的趋势。农业合作组织主要由农民组成，农户的经营管理理念比较落后，缺乏相关的知识，这些都导致合作社的制度和规定不健全，运作机制不顺畅，短时间很难盈利。部分农业合作组织成立时情绪高涨，但是成立之后经营不善，无法实施利润返还或按股分红，对农户的吸引力和带动作用显著下降，难以有效地为农户服务（王芳飞，2020）。

（三）井冈蜜柚产业发展的优化路径

1.政府要加大政策扶持力度，并做好产业引导

当前，井冈蜜柚产业在政府的引导和扶持下已经取得了一定的成效，但引导力度还不够。吉安作为赣南等原中央苏区的一部分，首先要在老区这一块加大政策扶持力度，充分发挥井冈蜜柚的特色资源，将其做成一个有竞争力的特色产业。

2. 重视金兰柚的产品质量管理，确保柚子质量

一是实施病虫害绿色防控。严格按照 GAP 标准管理，落实果品质量安全的各项制度和措施。引导广大种植户大力开展病虫物理防治和生物防治，推广以"树顶灯、树上板、树脚螨"（即安装太阳能杀虫灯、挂黄板、挂捕食螨）为主要模式的病虫害绿色防治技术，推广使用生物农药和高效、低毒、低残留的农药，禁止使用高毒、高残留的农药，保证柚果的质量安全；建立黄龙病监测点，制定年度监测预警防控方案，加大监测范围和调查频次，定期使用无人机和果园植保机等高效植保机械实施防控，及时清理黄龙病病株，保障金兰柚产业的安全；完善金兰柚安全监管机制，定期对柚果进行检测，实现化肥农药零增长。

二是制定统一的管理规范。充分发挥果业协会的引领作用，继续推行"统一购苗、统一生产技术指导、统一专用化肥农药、统一采摘时间、统一原产地品牌"的"五统一秩序"；同时继续改造安福县益民金兰柚种植专业合作社和安福县东岭金柚专业合作社的两条采后清洗、包装等商品化处理生产线，抓紧柚果采后分级、包装和薄膜单果包果等产后商品化处理生产线的建设，扩大其包装和储藏能力，提升果品的外观、品位和档次。

三是质量可追溯管理。以"绿色、有机食品和地理标志农产品"认证为抓手，鼓励金兰柚协会、蜜柚专业合作社、家庭农场和种植大户申请产品认证。目前，金兰柚产品已在申请地理标志农产品认证；依托省农业农村厅的农产品安全可追溯平台，严格执行生产和销售记录档案制度，加强产品的出厂检验，进一步推进种植及加工生产可视化管理系统建设，实现生产加工全流程透明化；建立"一品一码"全过程追溯体系，实行源头赋码、标识销售。采用物联网智能监测和 RFID 射频识别技术，对产品的生产、加工、仓储、运输和销售等环节进行监测，不但能确保该供应链高质量数据的记录、汇集与调用，而且还能实现产品"源头"以及生产供应的完全透明跟踪，进而通过数据交换体系与企业管理模块实现无缝对接，形成农产品质量追溯信息数据中心，做到生产有记录、流向可追踪、信息可查询、质量可追溯、责任可落实，切实保护好金兰柚品牌，推动金兰柚品牌以优异、统一的品质走出安福、走向全国。

3. 积极引进人才，加大科技投入，完善技术服务体系

目前，吉安甚至全国的合作社都是低层次的合作社，合作社的组织和科技含量不高。反观国外其他地区，如新西兰，其是世界上最早建立合作社的国家，1872年就开始有了合作社。新西兰的猕猴桃科技含量很高，从种植到销售整个过程都有科学技术的支持，新西兰的猕猴桃能保证在口感最好的时候送到消费者的手里，而我们的合作社对产品的质量把控比较粗放，没有那么精准。新西兰的农业是精准农业，我们虽然也有精准农业，但是科技含量比较低，这些科学技术的研发是普通农户做不了的，需要有高科技的人才才能做到。而且，我国目前的科学技术更多的是停留在实验室和论文里面，真正把它用到实处的非常少。反观西方国家，它们的科学全部都运用到了实际，由合作社来运行，新西兰这一套相对成熟的合作社经营模式是我们未来的发展方向，也是我们可以学习借鉴的模板。目前，我国的基本矛盾是人民日益增长的美好生活需要和不平衡、不充分的发展之间的矛盾。现在，我国有4亿的中产阶级，他们愿意花钱买高质量的产品，但是他们在国内不容易买到，因为我们的产品质量和技术没有达到要求。故而，当地的农业和果业部门以及各个相关单位要主动与省内外高校、科研院所对接，引进人才和技术，开展栽培技术培训，提升技术服务水平，组织技术力量强的队伍，加强督促指导及技术服务，提高果农学习的主观能动性，大力推广蜜柚新品种、新技术，不断引进新的栽培模式和先进的机械装备，全面提高甜柚生产经营者的科技素质和管理率，提高井冈蜜柚产业的科技含量。

同时，还要建立人才培训中心，在各果园管理人员中选定两名以上的果技员，分阶段进行全方位培训，使其切实掌握金兰柚绿色安全高效栽培技术；镇农技综合站实行技术人员分片挂点制度，对辖区内的柚园实行技术推广，建立规范的基地档案，记录农事操作信息，指导果农提高技术管理水平；举办金兰柚推广协会活动，开展技术培训，实行科研机构、高校等结对帮扶制度，与省农科院、中化农业等对接，共同组建技术服务队，设立博士工作站，按照市场化模式开展病虫害防治、整形修剪、施肥和深翻改土等果园管理服务，帮助果农解决技术难题。

4. 重视金兰柚品牌的作用，不断加强品牌建设

品牌战略是井冈蜜柚产业的门面，是提高其内在品质和市场竞争力的有效

保证，所以，要健全蜜柚质量检测体系，做好井冈蜜柚商品果、井冈蜜柚生产技术规程等标准的制定和执行，争取将这些技术的水平上升到国家标准。积极申报国家地理标志产品，创立"井冈蜜柚"品牌，提升竞争力。同时，要加强对井冈蜜柚品牌的宣传力度，扩大品牌的知名度。采取组织农业龙头企业参加国内外大型展销会、博览会和交易会等方式，利用广播、电视、报纸和互联网等多种媒介，广泛宣传井冈蜜柚品牌，扩大品牌的影响力。成立井冈蜜柚品牌培育领导小组，将品牌创建、保护作为工作重点，并将其列入各部门目标责任书进行考核，加强产品生产的全过程监督检查，确保井冈蜜柚产业健康、快速发展（白贺兰等，2019）。

不断提升井冈蜜柚品牌的知名度，促进企业转变观念，提升品牌意识，增强品牌的自营能力，提高品牌的效益。鼓励企业参加各类展览、比赛，制作广告牌，宣传企业品牌。加强同行业协会以及新闻媒体的合作，在安福县通过户外广告、媒体聚焦和网络宣传等多种渠道推介企业品牌。通过"互联网＋"改变传统的销售观念和方式，拓展品牌空间，提高线上销售比重。

充分利用安福武功山旅游品牌的知名度，通过物联网、微信和微博等平台广泛宣传金兰柚品牌，提高横龙金兰柚在百度、淘宝和天猫等平台上的搜索热度和进位排名，大力提高金兰柚品牌的知名度。按照规范化生产标准，推进农产品的"绿色通行证"进程，努力打造一批名优品牌。

5. 通过多种渠道拓宽销售渠道

一是积极规划建设具备现货交易、仓储配送功能的井冈蜜柚区域性中心批发市场，鼓励企业新建保鲜库，推行仓储、批发一条龙服务。建立一个服务全市蜜柚产业的集加工、批发、仓储、物流、信息、检测和综合服务于一体的产业园。发展蜜柚深加工业务，强化与国内外农业院校、科研机构的交流合作，开发蜜柚深加工产品，提高蜜柚产品的附加值。引进蜜柚深加工龙头企业，鼓励蜜柚基地自行开发蜜柚初加工产品，加强商品化处理及加工能力（白贺兰等，2019）。充分发挥果业协会的引领作用，继续推行"统一购苗、统一生产技术指导、统一专用化肥农药、统一采摘时间、统一原产地品牌"的"五统一秩序"；依托安福县益民金兰柚种植专业合作社和安福县东岭金柚专业合作社现有的技术资源，新建两条采后清洗、包装等商品化处理生产线，抓紧柚果采后分级、包装和薄膜单果包果等产后商品化处理生产线的建设，扩大其包装和储藏能力，提升果品外观、品位和档次。主动对接国内外农产品深加工企业，

引进蜜柚深加工技术，加大柚皮糖、柚子茶、柚果干、柚子精油和香皂等蜜柚加工产品的研发力度，延伸产业链，提高柚果的附加值和商品率。推进农超对接、订单批发、代理配送，在南昌设立安福金兰柚专卖点，并在高速公路服务区、车站和超市设立金兰柚营销专柜，进一步打开线下销售市场；加强电商培训，积极引导果业协会、合作社、示范园和种植大户通过电商、微商等"互联网＋"模式开通网络销售，同时与天猫、京东等电商平台上的水果销售商对接合作，做大做强赣农宝、供销 e 家等电商平台。

二是根据井冈蜜柚的功效和其适合的人群开拓市场。井冈蜜柚果肉柔软多汁，酸甜适中，水分丰富，含有较丰富的维生素 B1、维生素 B2、维生素 P、胡萝卜素、钙、磷、铁、镁、钾和钠等。尤其是维生素 C、钙和镁的含量高于大多数水果，还含有类胰岛素成分，故具有调节人体新陈代谢、降压舒心、祛痰润肺、消食醒酒、健脾消食、美肤养容和瘦身减肥等功效，对高血压、糖尿病及血管硬化等疾病也有辅助治疗作用。此外，柚果中含有多种具有较强抗氧化性能的类黄酮物质，能够清除机体内的自由基物质和超氧化物，有一定的抗衰老和抗癌作用。根据这一特色，可以将金兰柚的市场定位于我国的中部和东部地区。

三是在国际市场上，政府要形成一个统一的销售渠道，统一销售，保护农户的利益，防止农户各自为战，保护好井冈蜜柚这一商品的价格。目前，我国很多出口的产品互相竞争、互相打压，将价格压得非常低，压缩了农户的收入。反观西方国家，它们对知识产权的保护力度非常大，如新西兰的猕猴桃，它在国内市场上充分竞争，但是在国际市场上高度垄断，可以出口的新西兰猕猴桃只有一家，而且还是国有企业，当地政府大力支持猕猴桃产业的发展，使当地的猕猴桃产业高度垄断。井冈蜜柚目前也申请到了水果出境许可证，随着蜜柚产量的增加，出口井冈蜜柚是一个必然的趋势，故而，政府要形成一个统一的销售渠道，保护农户的利益，保护好井冈蜜柚的价格。

6. 完善利益联结机制

大户和龙头企业在特色农业的发展中起着关键性的作用，要积极发挥大户和龙头企业的带头作用，构建一个大家都受益的利益联结机制。为保护农民的切身利益，实现农民增收，引导示范镇完善新型股份合作制经营、"龙头企业＋新型经营主体＋种植示范基地"的一体化经营、"保底收益＋按股分红"及财政补助资金以股份形式量化到农民合作社成员或农户等新型利益联结机制，带动农民就地就近创业创新，合理分享农村产业发展的政策红利，调动农民特别是广大小农户参与发展乡土经济、乡村产业的积极性，带动农民增收致富。不断完善产业发展与农民的利益联结机制，构建联结紧密、利益共享的命运共同体。

一是"农业龙头企业＋农业合作社＋农户＋流转收入＋订单收入＋第二次分红"。龙头企业与农户和农民合作社之间实行多种形式并存的土地流转，通过土地租赁、土地入股等方式建立新型农业经营主体。当地农民每亩可获得600元/年的田地流转收入，比土地流转市价高了20%；也可以以土地经营权入股的方式入股，作为公司的股东，年终获得公司保底收益和利润分红收入，预计每亩的收入在800元以上；同时，农户可在流转的土地上当农业工人，每年可获得工资性收入6000元。

二是"公司全程托管服务＋农民专业合作组织（家庭农场、农户）＋收购订单"。农民专业合作组织、家庭农场、农户将承包土地全面托付给龙头企业或合作社，从种植、配方施肥、统防统治和产品收购等方面进行统一管理，农户仅需承担水肥管理。同时，双方签订产品收购合同，托管费用从收购的产品款中扣除。当地农民可在托管土地上当产业工人，预计年收入为6000元；土地流转农户提供劳务还可获得高于市场价的劳动报酬。对于采用订单农业形式从事种植的农户，企业会事先以批发价赊给他们农资，待产品采收后，统一以高于市场价的价格，从农户手中收购产品，并扣除前期赊欠的农资费用，预计每户每年可获得的纯收入在5000元以上，带动效益明显。

三是"公司＋基地＋农户＋电子商务"。项目实施主体通过与未入股的农民合作社和农户建立订单收购协议利益联结机制，收购加工原料，经过初加工和精深加工，将产品通过公司电商平台与O2O物流配送门店，销售农户种植的产品，农户可通过电商平台购买农资，统一配送到农户手中。每年可节本增效5000元。

四是"公司＋合作社＋农户＋加价收购"。招募产业工人时，优先招录小农户，免费进行产业技能培训。同时，为了帮助小农户增收，公司或合作社将柚苗免费送到小农户手中，并提供种植技术指导服务，在产品收获时，加价向小农户收购优质产品，实现小农户增收。

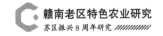

第二节　狗牯脑茶业

一、狗牯脑茶简介

（一）中国名茶狗牯脑

狗牯脑茶的原产地是江西省遂川县汤湖乡狗牯脑山，因为茶叶产自狗牯脑山，所以取名为狗牯脑茶。狗牯脑山是罗霄山脉中的一支，山体坐南朝北，海拔约800米，山的南面是五指峰，北面是老虎岩，狗牯脑山就在中间，在山的东北面还有闻名的汤湖温泉。狗牯脑山的地理位置优越，山中丛林茂密，溪水潺潺，常年云雾缭绕，每个季节都有不同的风景。因为南面和北面都有山峰，所以狗牯脑山的气候非常适合茶树的生长，冬天寒冷，夏天凉爽，土壤为红沙土，渗透性好，土质疏松，土壤肥沃，是著名的名茶产业基地。狗牯脑山气候温和，雨量充沛，阳光充足，云蒸雾绕，多漫射光，生态环境优越，境内森林植被覆盖完好，数据显示，森林覆盖率将近80%，空气负离子的年平均浓度达到每立方厘米5600个以上。当地特有的生态环境，加上品质优良的狗牯脑茶叶树种，再加上狗牯脑茶"二次杀青、二次揉捻"的独特加工工艺，形成了外形紧结、色泽嫩绿、香气清雅、汤色明亮、滋味甘醇、叶底鲜活的独特品质，曾被选为皇室贡品，是绿茶极品。

（二）狗牯脑茶的获奖情况

狗牯脑茶的原产地在遂川，遂川产茶历史悠久，文化底蕴深厚，据记载，遂川有着5000年的茶历史，1000年的名茶史，100年的金奖史。狗牯脑茶驰名中外，在近100年的时间里三次荣获世博会金奖（即1915年美国巴拿马—太平洋国际博览会金奖、2010年上海世博会金奖、2015年意大利米兰世博会百年世博中国名茶金奖），还荣获了"中华老字号""地理标志证明商标""中国驰名商标""最受消费者喜爱的中国农产品区域公用品牌""中欧100+100"地理标志产品"和"中华文化名茶"等数十项荣誉，被江西省委、省政府列为全省茶叶品牌整合重点扶持品牌，遂川也因此被评为"中国名茶之乡""中国茶叶产业示范县""全国重点产茶县""中国生态茶乡"和"中国茶业百强县"等。具体获奖情况如表3-4所示。

表3-4　狗牯脑茶的获奖情况

获奖年份	获奖情况
1915	第一届巴拿马—太平洋万国博览会在美国旧金山举办，汤湖地区（当时称作三益乡）的乡绅、木商兼茶商李玉山，将数斤狗牯脑茶叶送往美国旧金山参展，获得了金奖
1930	在浙江和江西两省举办的浙赣特产联合展销会上，狗牯脑茶获得了甲等奖
1982	在江西省供销合作社主持举办的全省名茶评比赛中，狗牯脑茶被评为江西八大名茶之一
1985	在江西省原农牧渔业厅于南昌举行的全省名茶评比中，狗牯脑茶获得了优质传统名茶证书
1988	在中国食品工业协会组织于北京举办的首届中国食品博览会上，狗牯脑茶获得了金奖
1989	江西省人民政府授予狗牯脑茶"江西省优质产品"称号
1991	狗牯脑茶叶获得了原农业部名优茶品质鉴定认可，并被授予了认可书
1992	狗牯脑茶荣获香港国际食品博览会金奖
1995	狗牯脑茶荣获北京国际食品及加工技术博览会金奖
1997	狗牯脑茶获得中国国际农业博览会名牌产品认定奖
1999	狗牯脑茶获得中国国际农业博览会名牌产品认定奖
2001	狗牯脑茶获得中国国际农业博览会名牌产品认定奖和中国AA级绿色食品认证
2002	狗牯脑茶获得了有机食品认证
2003	狗牯脑茶获得了"江西省著名商标"称号
2004	狗牯脑茶被批准为中华人民共和国原产地域保护产品（地理标志保护产品）
2007	狗牯脑茶获得了"江西公众评价最佳品牌"和"江西市场最畅销品牌"
2008	中华人民共和国商务部和江西省人民政府给狗牯脑茶颁发了中国绿色食品博览会金奖
2009	狗牯脑茶荣获第二届江西绿茶博览会金奖
2010	狗牯脑茶入选上海世博会江西馆名优产品
2011	狗牯脑茶荣获"消费者最喜欢的江西大众茶奖"和"优秀展示奖"翠源茶（狗牯脑茶中的一种），获得"中茶杯"全国一等奖
2016	狗牯脑茶开设天猫官方旗舰店——狗牯脑旗舰店
2018	狗牯脑绿茶在"2018北京国际茶业展·2018北京马连道国际茶文化展·2018梧州六堡茶文化节"荣获金奖。
2020	经第四个中国品牌日"2020中国品牌价值评价信息发布"线上评选，狗牯脑茶入选区域品牌100强榜单

资料来源：笔者收集整理。

（三）狗牯脑茶的功效

狗牯脑茶外形呈条状，紧结秀丽，比较纤细，颜色呈碧绿色，表面似龙井有一层白绒毛，但是绒毛比较软嫩。狗牯脑茶叶泡出来的茶水清澈而略显金黄，清爽而沁人心脾，饮后有明显的回甘。狗牯脑茶品质上乘，经久耐泡，品质上乘的可以泡五泡（一般的绿茶是泡三泡）。饮用狗牯脑茶不仅能舒缓心情，还能醒神消食，夏天喝绿茶还能清热解暑，有着益肝利肾、减肥等功效。狗牯脑茶的功效与作用主要表现在以下六个方面：

一是消除疲劳，清爽解渴。狗牯脑茶中含有茶碱和咖啡因，茶碱和咖啡因能使大脑皮层处于兴奋状态，故而，可以醒神和消除疲劳。茶水进入口中会刺激口腔黏膜，促使口内生津，进入身体后会将汗液从皮肤毛孔中排出，散发身体里面的热能，从而达到降暑和解渴的功效。

二是促进消化，增强食欲。狗牯脑茶中含有多种矿物质，这些矿物质会增加唾液和胃液的分泌，从而进一步促进肠胃蠕动，加快肠胃对食物的消化吸收，进而增强食欲。

三是解毒防病。狗牯脑茶中含有抗氧化物质，茶水可以中和身体代谢物和身体曾经接触过的化学物质、重金属、放射性物质产生的自由基，将毒素排解出身体。

四是强心利尿。狗牯脑茶叶中含有大量的维生素和微量元素，这些维生素和微量元素具有保护血管、防治高血压和动脉硬化等作用。其中，类黄酮和维生素等元素可以疏通血液，使血液不易凝结成块。同时，茶水可以使中枢神经兴奋，增强心、肾功能，促进血液循环，增强肾小球滤过率，使尿液增多。而且，茶叶中含有大量的咖啡因，它不仅可以预防肾结石，还可以降低胆固醇。

五是能更好地减肥。狗牯脑中的多种元素进行作用，有着预防和抑制肥胖的功能。很多肥胖者都会通过适当的饮茶来减少脂肪的吸收，达到减肥的效果。想要保持身材的人们也会通过饮用狗牯脑茶来抑制脂肪吸收，从而保持良好的身材。

六是延缓衰老。狗牯脑茶中的多酚类物质具有抗氧化的功效，可以抑制细胞衰老，增高过氧化物歧化酶活性，更好地对抗人体代谢过程中产生的能使细胞和组织发生病变的自由基。

二、狗牯脑茶的发展背景

(一) 政策背景

2015 年，为进一步推动江西省茶叶优势品牌的整合，提升茶叶的品牌效益和综合竞争力，促进茶叶增效、农民增收，经江西省政府同意，江西省人民政府办公厅下发了《江西省人民政府办公厅关于推进全省茶叶品牌整合的实施意见》，指出以市场为导向，以区域品牌整合为基础，以企业为实施主体，以品牌提升为目标，以科技创新为支撑，加大政府扶持力度，引导社会参与，集中力量对全省的茶叶品牌进行政策、资源、资金和技术等方面的持续扶持，积极探索品牌整合的新模式，力争通过五年的时间，打造 1~3 个全国茶叶知名品牌。之后，吉安市人民政府出台了《吉安市人民政府办公室关于进一步整合提质推动全市茶叶产业发展的实施意见》，进一步推动了全市茶叶产业的品牌化、标准化、规模化、生态化发展，提升了茶叶的品牌效益和综合竞争力，促进了茶叶增产、企业增效、茶农增收、产业升级。为了促进全省茶叶产业的发展，提升茶叶的综合竞争力，省政府出台了一系列政策文件。具体的政策文件如表3-5 所示。

表 3-5　茶业发展政策文件（部分）

政策	具体措施
《江西省人民政府办公厅关于推进全省茶叶品牌整合的实施意见》	1. 加强组织领导 成立整合茶叶品牌工作协调小组，由原省农业厅牵头，省发改委、原省工信委、省科技厅、省财政厅、原省国土资源厅、省住房城乡建设厅等部门和单位参与，统筹协调全省的茶叶品牌整合工作。省茶叶品牌整合协调小组办公室设在原省农业厅。品牌所在市、县也要相应地建立茶叶品牌整合协调机制 2. 强化政策支持 建立省、市、县联动的政策扶持和投资激励机制，统筹整合相关资金，专项支持茶叶品牌整合，根据各地茶叶品牌整合工作的实施及考核情况，重点在建立健全品牌标准体系、建设标准生态茶园、提升加工工艺水平、构建现代市场营销网络和强化品牌宣传五个方面给予支持。有关设区市、县要制定相应的配套扶持政策。专项资金采取"以奖代补"的方式，根据品牌整合年度考核情况进行分配。具体支持方案由原省农业厅另行制定 3. 明确责任分工 省有关部门要依据职责分工落实整合措施和支持责任。原省农业厅负责茶叶品牌的日常整合工作，同省发改委和省财政厅监管专项资金的使用情况；省发改委负责有关投资项目的安排和区域经济发展规划布局的协调；省财政厅同原省农业厅负责省级茶叶品牌资金的统筹整合和落实；省商务厅负责对茶叶企业的市场营销网络进行扶持和引导；省农业综合开发办在茶叶种植、

续表

政策	具体措施

《江西省人民政府办公厅关于推进全省茶叶品牌整合的实施意见》	加工的固定资产建设及茶企贷款贴息等方面进行扶持；原省国土资源厅、原省林业厅、省住房和城乡建设厅等部门和单位按照各自的职责，共同做好茶叶品牌的整合工作。省级重点整合品牌所在市、县的政府及有关部门负责落实相应的责任，具体职责分工由原省农业厅另行制定
	    4.加强品牌推介
	    充分利用报纸、电视和网络等媒体，积极组织企业参加农展会、茶博会和名优茶评比等节会，举办江西茶叶推介会，鼓励开展具有地方特色的茶艺文化表演及茶乡游、生态游活动，着力提升茶叶品牌的影响力和知名度。积极开展农超对接，在省内外大中城市立设直销点和连锁店，开展网上营销，不断扩大产品的销售渠道，逐步提高市场的占有率（江西省人民政府公报，2015）

《吉安市人民政府办公室关于进一步整合提质推动全市茶叶产业发展的实施意见》	一、推动茶叶生产提质扩面
	    1.优化产业布局
	    按照"因地制宜、合理布局、特色发展"的原则，加快推进茶叶产业重点县、重点乡镇布局，着力提高茶产业的资源利用率，形成板块结构。以遂川、万安、井冈山、永丰、永新、青原及泰和等地为全市重点产茶区，逐步向安福、峡江等地延伸。推进遂川、井冈山和永新等地茶旅产业的深度融合，大力发展茶园游、生态游和民俗游等特色项目，重点打造遂川县狗牯脑茶旅精品线。推动永丰、峡江等地的茶叶田园综合体建设，延伸茶园亲子体验、茶艺展示体验等茶叶产业链。推动遂川汤湖镇、井冈山市下七乡和黄坳乡等地的茶叶特色小镇建设，打造集观光、体验、休闲、度假养生为一体的茶旅养生产业区
	    2.创建标准茶园
	    建立健全标准体系、质量可追溯系统和产品防伪系统，制订茶叶生产技术规程，建立规范统一的生产档案，推动生产技术规程管理到园、专家指导到园、产品质量检测到园。加快茶叶新品种、新技术和新工艺的培育研发，加大茶树良种繁育和推广力度，新扩无性系茶园。积极推广生物、物理防病防虫技术，通过安装黏虫色板、杀虫灯等科技手段防治虫害，严格控制农药的使用，提高茶产业的绿色生态水平。2020年，全市百亩以上规模的茶园全面达到市级标准化茶园标准
	    3.改造低产茶园
	    按照"改造与生产结合、改造与品种保护相结合、改造与生态改善相结合"的原则，通过茶园改树、改土、改园和改管理等措施，对中低产茶园进行改造。对于交通条件好、利用价值高、规模成片的低产茶园，通过实施绿色防控、推广有机肥和改进基础设施等方式提升园区的生产条件，促进低产茶园增产提质。对于交通不便、利用价值不高的老旧茶园，发展茶旅游、茶休闲等三产融合业态。支持企业和茶农自主改造茶园。2018年，全市改造低产茶园2万亩以上，到2020年基本完成规模低产茶园的改造升级

政策	具体措施
《吉安市人民政府办公室关于进一步整合提质推动全市茶叶产业发展的实施意见》	二、创新发展经营体系 1. 培育新型主体 按照规模集中、设备先进、绿色发展、高效经营的标准，在各重点产茶县（市、区）高标准建设1个以上示范茶园，引领带动全市的茶园建设。积极发展家庭农场、专业合作组织等新型农业经营主体，发展适度规模经营，提升茶叶产业的生产效益。各重点产茶县（市、区）要结合实际，通过领导挂点联系、部门重点帮扶等方式，扶持一批茶叶加工龙头企业，在标准茶园建设和茶叶加工工艺等方面进行示范引领，带动全市茶叶产业向品牌化、专业化发展。鼓励支持茶叶龙头企业在绿色食品加工区新建标准化茶叶加工厂，建设清洁化、自动化的生产线。到2020年，全市规模以上茶叶龙头企业达到33家以上，茶叶深加工率达到10%以上 2. 创新发展模式 探索"公司＋合作社＋农户"等多种经营模式，延伸茶叶产业生产链条。对已实行产供销一体化经营、但规模不大的企业进行横向整合，引导茶叶企业充分利用兼并收购、资产重组、股份合作、租赁经营和委托管理等多种形式进行整合发展，遂川和井冈山分别整合形成了两家行业领导企业。采取"互联网＋"模式拓展茶叶的销售体系，整合零售网点，形成销售网络，提高市场占有率。支持各类经营主体积极参与市场营销，鼓励有实力的企业在国内各大城市设立吉安茶叶品牌专营机构，到2020年，国内一线城市基本建立吉安茶叶品牌旗舰店，省内各城市都设立吉安茶叶品牌专卖店 3. 打造新兴业态 充分挖掘吉安茶的历史底蕴和时代价值，鼓励开展吉安茶文化研究和艺术创作，积极开发适应不同消费群体的茶产品和文化衍生品。推动茶产业与吉安人文历史和生态旅游的深度融合，加快茶文化展示场所和休闲度假场所建设，大力发展游茶园、学茶事、住茶庄及观茶艺等项目。扶持茶电商、茶创客发展，借助"互联网＋"，大力推进"茶创意＋茶生活体验中心＋创客空间"的一体化发展，促进茶叶产业的跨界拓展和多元化经营 三、整合提升茶叶品牌 1. 加大品牌宣传 在各大城市机场、高铁及高速公路沿线投放吉安茶叶广告，提升吉安茶叶的知名度。开展"茶叶经纪人"和"茶叶形象代言人"等活动，举办各类茶文化节，开展各种茶叶展销活动，扩大吉安茶叶的影响力。在庐陵老街开辟茶事一条街，用于品茶、评茶及批发销售等活动 2. 推进品牌共享 将狗牯脑绿茶和井冈红茶纳入井冈山农产品区域品牌建设范围，实施"母子商标"策略，重点打造狗牯脑绿茶和井冈红茶"一绿一红"两个子品牌，对两个子品牌进行组建、提质、升级和共享，引导全市的茶叶产业抱团发展 3. 推动品牌整合 按照政府引导、企业参与的原则，成立吉安市茶叶协会，吸纳具有一定规模的企业成为新会员，实行分区共享制，推进遂川产区（核心区）、井冈产区等共享。对狗牯脑绿茶品牌和井冈红红茶品牌进行整合，按照"统一品名、统一评估、统一质量、统一包装"的标准，制定狗牯脑品牌和井冈红品牌的茶叶生产技术规程和标准，对符合要求的产品进行品牌授权

政策	具体措施
《吉安市人民政府办公室关于进一步整合提质推动全市茶叶产业发展的实施意见》	四、保障措施 1. 加强组织领导 成立全市茶叶产业发展领导小组，由市政府主要领导任组长，市政府分管领导任副组长，相关部门主要领导及茶叶主产县（市、区）的政府主要领导为成员，领导小组办公室设在原市农业局。各地要加强对茶叶产业发展工作的领导，各重点产茶县（市、区）要研究制定茶叶产业发展的总体规划，落实部门或机构，统筹推进茶叶产业的发展工作 2. 强化技术支持 依托各类科研机构和技术单位，组成全市茶叶产业发展专家服务团队，为全市茶叶产业的发展提供技术保障。各地要积极引进茶叶产业技术人才，重点产茶县（市、区）、镇、村要成立茶业技术服务队伍，每个茶叶专业村有2~3名技术能手或产业带头人 3. 加大政策扶持 市财政每年安排1000万元用于扶持茶叶产业发展，对茶叶基地建设、加工升级、质量认证、品牌宣传和市场营销等进行奖补。各相关县（市、区）也要安排一定的财政专项资金来扶持茶叶产业发展。原农业、发改和财政等部门要积极争资引项，加强对茶叶产业加工、科技创新、专业培训和项目建设的扶持力度，做到项目优先立项、优先申报、优先审批。加大信贷支持力度，充分利用"财政惠农信贷通""财园信贷通""产业扶贫信贷通""科贷通"和"税贷通"等融资平台，建立政、银、企、农共同参与的信贷机制。鼓励茶叶龙头企业为茶农和茶叶产业新型经营主体提供贷款担保，推动"龙头企业＋"一体发展 4. 严格督办落实 各地要根据本文件研究制定相关扶持政策，制定发展规划和年度计划，市政府将对各地的完成情况进行年度考核。市茶叶产业发展领导小组办公室要建立工作督查调度机制，定期督促检查，及时协调解决各类问题，推进各项工作落到实处
《遂川县2016年冬—2020年产业扶贫奖补办法》	一、奖补对象 全县未享受5000元产业扶贫资金帮扶的贫困户 二、奖补原则 对贫困户的奖补，以"四个一"（一片茶山、一块果园、一栏畜禽、一人就业）扶贫产业为主，其他产业可参照属性相近的原则进行奖补，每户的奖补上限为5000元 三、奖补标准 1. 茶山 按标准新种茶叶在1亩以上（含1亩，下同），成活率在85%以上的，每亩奖补1000元，其中，第一、第二、第三年分别奖补500元、300元、200元；按标准对原有的茶叶进行低改，面积在1亩以上的，每亩奖补500元；按标准新种高产油茶面积在3亩以上、成活率在85%以上的，每亩奖补700元（含苗木费），其中，第一、第二、第三年分别奖补400元、200元、100元；按标准对原有的油茶进行低改，连片面积在5亩以上（可连户成片）的，每亩奖补350元

084

政策	具体措施
《遂川县 2016 年冬—2020 年产业扶贫奖补办法》	2. 果园 按标准新种金桔在 1 亩以上成活率在 85% 以上的，每亩奖补 1000 元，其中，第一、第二、第三年分别奖补 500 元、300 元、200 元；按标准对原有的金桔进行低改，面积在 1 亩以上的，每亩奖补 500 元；按标准新种井冈蜜柚在 1 亩以上的，政府每亩免费提供 30 株营养袋苗木，另每亩奖补 500 元，其中，第一、第二、第三年分别奖补 300 元、100 元、100 元；新种脐橙、黄桃、香芋和中药材等作物在 1 亩以上、成活率在 85% 以上的，每亩奖补 500 元；以深挖垦复的方式（包括垦复、号竹、留养）培育笋竹两用林集中连片在 5 亩以上的，每亩奖补 250 元；按标准对原有的毛竹进行低改，面积在 5 亩以上的，奖补 150 元 3. 畜禽 针对饲养鸡、鸭、鹅等禽类的农产，由帮扶单位或干部免费提供幼苗；针对饲养猪、牛、羊等畜类在两头以上的农产，每头奖补 500 元

资料来源：笔者收集整理。

（二）产业发展背景

1. 产业发展简史

（1）产业发展环境。

江西省吉安市遂川县有 370 多万亩森林，将近 1100 万立方米活立木蓄积量，森林覆盖率约为 80%。当地有 9 个国家级生态乡镇，13 个省级生态乡镇，5 个国家级、省级生态村；年平均空气质量优等以上有 330 天，空气负离子的年均浓度在 5615 个 / 平方厘米以上。狗牯脑山所处的地理位置为绿茶最佳生长区的最南端，闻名遐迩的"千年鸟道"就从这里穿过，有着得天独厚的茶叶生长环境。狗牯脑山的海拔为 600~1000 米，茶产业基地大都在海拔 800 米左右，这个区间气候凉爽，雨水充足，常年云雾缭绕，光照充足，多为漫射光和散色光，这些光能使芽叶持嫩性强，氨基酸、咖啡碱和芳香物质等含量丰富。狗牯脑山上还有很多泉水，泉水潺潺，水分充足，这些有利的气候条件都很利于茶叶中氨基酸、糖类和芳香等物质的形成。而且狗牯脑山上的土壤是红沙土，红沙土的透气性比较好，矿物质比较多，土壤也很肥沃，比较适合茶叶的生长，红沙土造就了独特的茶叶生长环境。遂川县还是典型的亚热带季风气候区，昼夜温差较大，非常适宜栽培茶树。

1）降水条件。

数据显示，年降水量是茶树生长的一个重要条件，茶树生长比较好的地区降水量在 1000~2000 毫米，遂川县的年降水量在 1500 毫米左右，正好处在这个区间内，特别适合狗牯脑茶树的生长。另外，在茶叶抽芽的月份，降水量要达到 100 毫米以上，茶叶的质量才能得到很好的保证，而这个时候刚好是当地的雨季，降水量充沛。而且，当地的海拔在 800~1000 千米，常年云雾缭绕，空气湿度比较大，茶树能很好地生长，吸收养分。

2）气温条件。

气温是影响茶叶产量的一个重要因素，茶叶的生长气温一般在 15℃~25℃，如果当地的温度低于 10℃~15℃，茶树将会停止生长，茶叶的产量会有明显的下降；高于 35℃并一直持续，也会影响茶树的生长，茶叶的品质不佳。狗牯脑茶产于遂川县的狗牯脑山，山上年平均气温约为 18℃，在茶叶的生长期 3 月，当地的平均气温约为 13℃，降水比较充沛，昼夜温差大，恰好适合茶树的生长。在采茶的四五月份，月平均气温在 18℃左右，适合采摘茶叶进行制茶。夏季虽然温度比较高，但是当地海拔在 800 米以上，加上常年云雾缭绕，不会影响茶树的生长。

3）光照条件。

遂川县属于典型的丘陵地区，狗牯脑山的北面有岩石，南面有山峰，常年云雾缭绕，光容易出现折射和散射等现象，茶树本就喜欢阴凉，这些光的折射和散射，使得当地的光照利用率还不到一半，有利于茶树的生长。而且当光照较少的时候，新抽出的绿芽中的叶绿素 B 与蓝紫光发生反应，会对体内蛋白质进行累积，从而增强茶叶的芬芳程度（黎丽，2016）。

（2）狗牯脑茶的发展简况。

据史料记载，狗牯脑茶距今已有 300 年左右的历史，最早是在明代末年开始制作的。清朝嘉庆年间，在今天的遂川县汤湖镇，有个做木柴生意的商人名叫梁为镒，当时陆运不发达，经商都是通过水运，他当时水运一批木材去南京销售，但是没有预测天气，突然遭受洪水，他运送的木柴全部被水冲走了，但他很幸运地活了下来，然后流落到了南京。恰巧碰到当地一户比较富裕的财主家的女儿杨氏，杨氏收留了木柴商人梁为镒，并与他结为夫妻。杨氏家大业大，制茶技术非常高超，后来因为某些原因，杨氏和梁为镒带了一些茶叶的种子返回到家乡汤湖镇，并在狗牯脑山下定居。杨氏在狗牯脑山上开垦出小面积的土地进行茶树种植，并进行茶叶制作，因为茶叶生长在狗牯脑山上，所以制作出来的茶就叫狗牯脑茶。后来，因为狗牯脑茶制作精巧，色、香、味超群，受到了当地人的称赞，慢慢地有了名气，所以，狗牯脑的制茶技术也开始一代一代地流传了下来,至今,经过梁世昌、梁衍济、梁道启、梁德梅和梁奇桂(现还健在)及梁光福等共七代。据《龙泉县志》(光绪)记载,狗牯脑茶始则面小而量少,视为珍品,历来作为贡品,供帝王享用。

狗牯脑的制茶技术主要是梁为镒的妻子杨氏从南京带回来进行传授的,杨氏规定狗牯脑茶的制茶技术传儿不传女,而且只能单传给儿子,不能传授给出嫁或者在家的女儿,外人更是不可能学到狗牯脑茶的制茶技术,所以,狗牯脑茶的产量在一百多年间都比较低,因为培植和制茶技术只有杨氏一户人家知道。1915年,遂川县茶商李玉山将狗牯脑茶运往美国旧金山参加巴拿马国际博览会,荣获金质奖,被誉为"顶上绿茶"。1930年,这个茶叶在浙赣特产联合展览会上荣获甲等奖。因为两次获得大奖,狗牯脑茶也被大家知道,但是因为制茶技术被杨氏单脉垄断,早年间,狗牯脑茶的年产量只有几十斤。1943年,狗牯脑茶的第五代传承人杨德梅,为了防止别人假冒狗牯脑茶,在其制作出售的茶叶包装纸上盖上"遂川县汤湖上南乡狗牯脑石山茶祖传精制青水发客货真价实诸君光顾请认图为记梁纪兴"的印章,将狗牯脑茶销往广东的南雄和韶关一带。

中华人民共和国成立初期,各级政府为了保护和开发这一传统名茶,对狗牯脑茶的价格进行了调整,并且多次到狗牯脑茶制作传承人梁奇桂家进行慰问和政策宣传,帮助他们解决一些在茶叶种植和制作方面的困难,进一步支持并鼓励他们提高制作狗牯脑茶的技术,增加狗牯脑茶的产量。1952年冬,当地召开了遂川县土特产交流会,还特地邀请了梁氏家族的梁德梅到县里参加会议,并且安排他介绍狗牯脑茶的种植和制作经验,但是他只是简单地介绍了产量等情况,并没有介绍狗牯脑茶的制作工艺。经过农村农业合作化之后,所有的东西都归集体所有,所以,当时狗牯脑茶园也归集体所有,制茶技术慢慢地开始公开。1958年春,当时的茶山大队党支部书记亲自领导建立了狗牯脑茶加工厂,还组织了一个技术传授小组,由梁德梅的儿子梁奇桂任组长、梁德梅的妻子李秋莲担任技术指导员,进一步推广狗牯脑茶的制茶技术。当地的茶农罗修泉、郭九龙等五人参加学习了狗牯脑茶的制作技术,自此,狗牯脑茶的制作技术才开始公开传授。但是没有很好地照顾到技术负责人的实际利益,狗牯脑茶的质量直线下降。为了保护这一品牌,当地县人民委员会立刻采取措施,同年冬天又将茶园交回给梁家经营,使茶叶质量能得到恢复。因为当时的政策以及茶树老化、土地、人员和资金不足等问题,狗牯脑茶的产量一直没有上升,还是一百斤左右。1964年,吉安专员公署拨款1.2万元用于专项扶持狗

牯脑茶的发展，并动员 8 名知识青年去汤湖镇落户，以梁家当时的人员和拥有的茶园为基础，创办了遂川县狗牯脑茶厂。茶厂由梁家人负责，仅当年茶园就扩大了 30 亩，此后，狗牯脑茶的产量逐年上升。到了 1968 年，梁家的第六代传承人梁奇桂公开了狗牯脑茶的制茶技术，汤湖镇人民公社积极组织农户进行茶叶培植和制作工作。1974 年后，狗牯脑茶园发展到 82 亩，产量突破了 500 公斤。1981 年，汤湖镇人民公社从各个生产大队抽调劳动力，又在狗牯脑山上新开了 220 亩茶园。1982 年，当地政府选派狗牯脑茶厂的技术人员梁光福（梁奇桂之子）赴日本进行茶叶制作技术的交流和学习，考察日本茶树栽培和科技在茶叶生产中的应用，并参观了日本国立茶叶研究所。1983 年，汤湖镇人民公社举办了制茶培训班，将梁家传承人和专业学校毕业的技术人员作为骨干进行培训，先后培训精制狗牯脑茶技术人员 300 余人。自 1983 年起，汤湖镇人民公社每年都会召开茶叶质量评比会，进一步提高狗牯脑茶叶的质量。之后，汤湖镇以狗牯脑茶厂为龙头，进一步扩大狗牯脑茶的生产规模。1988 年，当地利用老区专项扶贫贴息贷款 20.4 万元，采取乡村联营方式（农户出土地，茶厂出资金，收益按比例分成）与 3 个村的 93 户茶农联办了狗牯脑茶厂璜石联营分厂，种植了 500 亩茶树，狗牯脑茶产量很快上升，成为了汤湖乡的支柱产业之一。1990 年，当地的茶园面积扩大到 3159 亩，总产量达 3.22 万公斤。狗牯脑茶的骨干厂家——狗牯脑茶厂，有厂长 1 人、副厂长 2 人、制茶技术员 27 人、职工 43 人，年产茶量 0.75 万公斤。随着狗牯脑茶产量的增加、狗牯脑茶质量的不断提升，狗牯脑茶的销路也越来越广，不仅在国内销售，还出口到欧美和东南亚等国家和地区。为进一步扩大销路，保证茶叶的品质，保护消费者权益，狗牯脑茶厂开始制作商标，改进包装工艺。1986 年使用"汤湖"牌商标注册防伪，1990 年改为"狗牯脑"牌商标注册。1990 年，包装更加精美还方便携带，深受很多消费者的钟爱，直至目前，这一茶叶都深受消费者的喜爱。

2. 产业发展现状

（1）狗牯脑茶品牌的发展情况。

2010 年，遂川县狗牯脑茶的种植面积为 7 万亩。2013 年，遂川县的茶园总面积约为 6700 万公顷，总产量为 1500 吨左右，年产值达 1.8 亿元。2015 年，遂川县的狗牯脑茶种植面积增至 20 万亩，拥有茶农 20 万人。全县有茶叶龙头企业 10 家，其中，省级龙头企业 3 家、市级龙头企业 4 家。2016 年，遂川县有 2 万余人从事茶产业，有 22 万亩茶园，茶叶的年产量达到 5600 吨，茶叶的当年产值达到 15 亿元。目前，遂川县有茶叶企业 60 余家，其中，有 27 家茶叶企业共享了狗牯脑茶品牌（省级龙头企业 4 家，市级龙头企业 6 家）。当地目前有 28.2 万亩茶园，年产量达 8700 吨，年产值达到 21.7 亿元，品牌的价值逐年上升，目前已经达到 22.22 亿元。

（2）狗牯脑茶的宣传推广情况。

1）狗牯脑茶文化节。

江西省遂川县举办的"狗牯脑茶文化节"是狗牯脑茶原产地遂川为了让更多人了解遂川和狗牯脑茶而举行的文化节。

第一届（2010 年 6 月 3 日）狗牯脑茶文化节在狗牯脑茶的正宗原产地江西省遂川县泉江镇举行。第一届茶文化节由廖杰和郭文琼（江西省著名电视节目主持人）主持。首先是青年歌手黄硕以歌曲《茶乡遂川迎客来》开场，随后，很多著名歌手都登台演唱，如 2008 年中国红歌会冠军徐丹、亚军唐涛，2009 年中国红歌会亚军陈玲青，苗族红歌手金玉梅，藏族红歌手达尔吉，江西省著名红歌手席文静、陈明媛等都登台为茶文化节献艺。遂川籍军旅歌手小曾（曾以军营民谣《我的老班长》红遍大江南北、两度步入军营）也特地从成都军营赶回遂川献歌，给狗牯脑茶叶宣传。由本土作曲家和作词家创作的《神茶"狗牯脑"》和《赞美你可爱的遂川》等歌曲经过红歌手们的深情演绎后，让人回味无穷。当时的茶文化节精彩纷呈，高潮迭起，大家都赞不绝口。

第二届（2012 年 4 月 19 日）茶文化节在遂川县泉江镇举行。本次文化节还特地邀请了中央电视台著名节目主持人董卿来主持这场文艺盛会，受到了极大的关注。

第三届（2017 年 9 月 18~20 日）主题为"茶业助力脱贫，绿色融合发展"，的狗牯脑茶文化节分别在遂川县文化艺术中心、遂川县文化艺术中心广场、遂川县汤湖镇举办，全国各地的茶界人士会聚一堂，品茶、论茶。

2）媒体宣传。

近年来，在各级政府及有关部门的大力支持下，遂川的茶产业取得了长足进步，2015 年，再获米兰世博会金奖，打入检验极其严苛的欧盟市场。与此同时，品牌的宣传推介逐渐走上"快车道"。2013 年，邀请唐国强老师代言，在央视 1 套、7 套展示；2015~2016 年，专题片"江西茶香天下"在央视 1 套、13 套亮相；2017 年，在央视 1 套《新闻联播》的黄金时段播放。2020 年 7 月 22 日 21 点 45 分，百年金奖茶、江西"四绿一红"之首的狗牯脑茶再传喜讯，

央视 2 套从 7 月 22 日开始，在每天（除周六）晚上 9：45 福利彩票开奖前，播出一段时长 30 秒的狗牯脑茶宣传片，让名茶再次"搭"上央视"快车"，蜚声大江南北。这已是自 2013 年以来，狗牯脑茶第四次在央视播放广告片。

三、遂川县汤湖镇茶叶产业发展的案例分析

（一）江西省遂川县狗牯脑茶厂简介

江西省遂川县狗牯脑茶厂始建于 1964 年，当时吉安专员公署拨款 1.2 万元专项扶持狗牯脑茶的发展，动员 8 名知识青年去汤湖镇落户，以当时梁家的人员和拥有的茶园为基础，狗牯脑茶的第六代传人梁齐桂传授技艺、公开制茶秘技，于是创办了遂川县狗牯脑茶厂。由于历史原因，前期发展较为缓慢，后来市场经济体制形成后，遂川狗牯脑茶厂经历了多次改革和改制重组，如今，茶厂规模不断扩大，茶叶产量不断增加，茶叶质量不断提升，现在是一家集种植、加工和销售为一体的市级龙头企业，也是唯一一家加工、销售狗牯脑茶的企业。目前，狗牯脑茶厂有三个狗牯脑有机茶种植加工基地，茶园面积 4800 亩，通过"企业 + 农户"的方式建造了万余亩有机茶园，并且有 50 余套茶叶初加工、精制加工设备，每年可生产特种名优绿茶 150 余吨，年产值超过千万元，茶厂目前有企业管理人员 59 名、专业技术骨干 15 名、中级评茶师以上职称人员 6 名。

（二）狗牯脑茶厂得到的政策扶持

遂川县汤湖镇南屏村因基础设施薄弱、人居环境不理想，产业优势得不到充分体现。2019 年，民政部安排中国福利彩票发行管理中心社会工作部副主任蒋敏到汤湖镇担任南屏村第一书记，开展定点帮扶。南屏村是狗牯脑茶的重要原产地，自民政部定点帮扶南屏村以来，通过在央视 2 套福彩开奖前播出狗牯脑茶宣传广告的方式，扩大该茶的全国知名度；民政部规划财务司和中国茶叶集团有限公司以及遂川县人民政府签订了茶产业扶贫三方战略合作协议，使茶产品进入了中茶公司的销售渠道；中国福利彩票发行管理中心捐资 280 万元兴建了南屏茶厂，并注册了"南屏福"茶叶品牌，实施茶叶鲜叶收购积分返利、年终收益分红反哺茶农等利益联结机制，帮助茶农增产增收，壮大村集体经济，辐射带动当地茶产业做大做强。3 月中旬建成投产的南屏茶厂目前已生产干茶 2000 多公斤，实现销售利润 10 多万元，茶厂扶贫效益初步显现。如今，

南屏村交通便利，人居环境大幅改善，社会保障切实增强，为民服务水平不断提升，建起了"互助养老之家"，引进了"童伴妈妈"和"阳光家园"项目，加强了对留守儿童、空巢老人等重点人群的关爱。同时，通过百姓屋场会、茶乡夜话等形式，驻村工作队和帮扶干部一对一宣讲，大力开展脱贫示范户、道德红黑榜和最美庭院户等评选，激发贫困户脱贫的内生动力，增强他们脱贫的信心。2019年该村顺利实现脱贫退出。

2020年，江西省遂川县汤湖镇南屏村"南屏福"茶厂首条全自动化生产线安装调试成功。生产线将狗牯脑茶的六大加工工序细化到杀青、输送风冷、风选、回潮、初揉、解块筛分、二青、提毫和烘干等模块机组，实行程序化、可视化、数字化操作，同时利用单组小型机组的选择使用，生产加工不同品级的茶叶，改变了以往依赖手工、产量不高的局面。自动化、连续化、清洁化生产线的运用成功，将对狗牯脑茶产业飞速发展的生产需求起到积极作用。据悉，自民政部挂点帮扶南屏村以来，为助力产业扶贫，捐赠280万元帮助筹建汤湖南屏民富茶业有限公司（汤湖镇南屏茶厂）。根据民政部与中国茶叶集团及遂川县人民政府签订的促进狗牯脑茶产业发展的三方协议，由中国茶叶集团提供全方位技术支撑，按照OEM标准规范指导全流程管理，借此带动遂川狗牯脑茶产业的发展，是目前遂川县唯一一家集茶叶种植、生产、加工、销售和技术研发于一体的示范性、标杆性茶叶企业。茶厂正式投产后，以"合作社＋奖补＋分红"的形式，带动南屏村茶农增产增收。

（三）狗牯脑茶业助力扶贫情况

狗牯脑茶远近闻名，遂川县依托自身的资源优势和产业基础，将狗牯脑茶作为扶贫的第一工程，将茶产业扶贫作为扶贫治本的突破口，积极引导贫困户参与到茶业发展中来，实现由"输血"向"造血"的转变，有效带动群众增收致富。农户陈某说："以前在家，由于没技术，只能干些清扫、煮饭等家务事，一年到头就2000多块钱的收入，来茶厂上班后，每月工资有2500元，而且学到了制茶技术，收入增加到6万多块钱。"如今，陈某建好了安居房，每天下班后，不管多累，她都会耐心细致地把屋里屋外收拾得干干净净，她表示，今后会继续学习制茶技术，努力做好茶，希望将来可以带动更多群众发展茶产业。同乡清秀村的张某是村里的特困户，以往靠着几亩茶园的微薄收入度日。2015年，她来到厂里务工，与陈某成了同事，学习了茶园栽培管理和高档手工茶炒制技术，如今已成为遂川县内外小有名气的茶叶制作能手，2019

年，在遂川县城买了安居房。目前，遂川县的茶园面积已经发展到了 28.2 万亩，年产值达 21.7 亿元，当地有茶叶企业近百家，其中，有 30 余家茶叶产业扶贫基地，户均增收 4000 多元。

（四）"硬实力＋软实力"为狗牯脑茶叶发展助力

遂川是江西"四红一绿"的产茶县，狗牯脑茶是遂川特色产业的"金字招牌"。遂川县财政每年安排 3000 多万元用于茶叶基地建设、市场营销、标准体系建设、设备升级、品牌宣传和投资创新等项目奖补，建成了一批优质、高效、生态的标准化茶园和集茶园观光、加工体验为一体的示范茶园。遂川将以茶招商、以商招商，瞄准国际国内著名企业招大引强，利用其先进的理念、生产技术和销售渠道"借船出海"。引进了一批投资上亿元的茶叶龙头企业和战略合作者，共享"狗牯脑"茶品牌千帆竞发，实现全年不间断地采茶、制茶和售茶，春茶、夏茶、秋茶、绿茶及红茶同步开发。

硬实力固然重要，软实力也不可或缺。遂川已连续举办多次狗牯脑茶大型文化节，聘请了著名表演艺术家唐国强老师担任形象大使，荣获了"中国生态茶乡"和"中国茶文化之乡"称号，狗牯脑茶被授予"中华文化名茶"称号。如今的狗牯脑茶集中华老字号、中国驰名商标、地理标志证明商标和江西省"四绿一红"重点扶持品牌等荣誉于一身，品牌价值已达 18 亿元。遂川县政府还鼓励企业走出去，开设品牌连锁店和专卖店，开拓县外市场。近年来，遂川县在国外、省内外建立了 100 余家品牌连锁店，有近 1000 家商铺，形成了覆盖全国各地和遍布俄罗斯、东南亚及格鲁吉亚的市场营销网络。同时，还发展了茶业电子商务，建设了狗牯脑茶电子商城，现在规模以上的电子商务企业已有 10 多家、个体网店 100 多家。此外，遂川还通过规范县内茶叶市场，鼓励引导茶企经销商入驻茶博园，形成了集聚效应。

"茶叶＋"正在实现新突破，质量安全是茶叶的核心竞争力，也是茶叶发展的生命线。为此，遂川县对茶叶质量实行了从茶园到茶杯的全过程监管，确保狗牯脑茶成为广大消费者信得过的"安全茶"和"放心茶"。在此基础上，遂川县还在"茶叶＋旅游""茶叶＋文化"等方面实现了新的突破。一亩狗牯脑茶的年度纯收入在 5000 元以上，可以帮助贫困户实现稳定脱贫。因此，遂川县把茶叶产业作为扶贫"第一产业"，鼓励贫困户有本事的牵头建、有能力的自己建、能力弱的抱团建，通过奖补、贴息、技术培训和指导等进行全方位帮扶，目标就是要让每户贫困户都有一亩茶，真正让茶叶成为产业扶贫的主力军。遂川将重点打造桃源·汤湖国家级旅游养生度假区，建设草林茶旅特色小镇，形成集茶海、梯田和温泉于一体的可看、可玩、可泡的旅游集聚区。加快生态观光茶园建设，将茶园美景和茶叶清香与遂川县的红、古、绿旅游资源结合起来，开辟集茶园观光、采摘体验、茶艺表演、名茶选购和茶叶品尝于一体的生态茶乡旅游路线，培育新的增长点，让茶叶成为一张茶香四溢的旅游新名片。将茶文化融入到生活的方方面面，努力营造知茶、饮茶、爱茶的浓厚氛围，让更多人爱上狗牯脑茶。

四、狗牯脑茶产业发展的若干思考

（一）狗牯脑茶产业发展的成功经验

当地政府把狗牯脑茶产业作为兴县富民的第一产业、扶贫的第一工程，还把茶产业扶贫作为扶贫治本的突破口，在坚持为贫困户"输血"的同时，大力培育贫困村、贫困户的"造血功能"，依托狗牯脑茶产业，努力探索加快脱贫的新路子。当地政府以"政府主导、利益驱动、企业主体、社会参与、农民受惠"为原则，以发展绿色、高质、生态、有机茶为重点，以科技和政策为抓手，加强基地建设，培育合作社和龙头企业，实施品牌和市场推广等一系列手段和措施，推进茶业向产业化、规模化、生态化、品牌化方向发展，助力产业扶贫。

1. 扬优势，补短板

一是因地制宜谋布局。遂川是狗牯脑茶的黄金产区，依托遂川特有的资源，综合考虑当地的种植习惯、气候环境和土壤条件等各方面的因素，进行科学合理的布局，重点建设东部绿色高产茶产区、西部高山名优茶产区和北部生态有机茶产区，在久营和遂桂沿线打造茶叶"双百长廊"。同时，按照遂川县提出的"四个一"（一片茶山、一亩果园、一栏畜禽、一人就业）产业扶贫模式，按照建档立卡贫困户产业扶贫全覆盖规划，将茶业作为产业扶贫的主抓手，将贫困户纳入其中，确保贫困户增收。二是优厚政策牢根基。针对贫困户的特点，鼓励贫困户发展茶产业，新种茶叶超过1亩、成活率在85%以上的，每亩奖补1000元，即第一、第二、第三年依次奖补500元、300元、200元；实施茶叶低改在1亩以上的，每亩奖补500元。当地政府还计划每年投入3000万元建立"狗牯脑茶产业发展基金"，主要用于茶叶基地建设、标准体系

建设、市场营销、品牌宣传、设备升级和投资创新等，建立从基地建设到市场销售一条龙扶持的财政奖补机制。

2. 找重点，抓关键

在茶产业发展过程中要把握好基地、茶农、企业和市场这四个重要节点。在基地建设上，以每年新增 2 万到 3 万亩的速度扎实推进茶园面积增加，加强对老茶园的抚育工作，减少茶园的荒芜率，着力建设一批优质、高效、生态的高标准茶园，增加茶园的亩产量；同时注重茶树良种繁育工作，加强县茶科所建设，鼓励社会力量加入到狗牯脑茶树良种繁育工作中来，壮大规模。在茶农提升上，采取多种培养形式，以贫困户和茶企为重点，对其进行茶叶种植、加工等方面的技术指导，多次组织技术人员下乡开展提升种茶制茶技能的培训班，举办制茶技能大赛，并鼓励专业技术人员担任茶企技术顾问，对其进行相关指导，通过茶企辐射帮扶贫困户。在壮大企业上，注重龙头企业的示范作用，积极引进新的企业，加强扶持现有企业，着力打造一批集生产、加工和销售于一体的规模大、带动力强的茶叶龙头企业，如五斗江乡引进的宏茗茶业有限公司，不仅为没有加工技术的茶农代为加工鲜叶，还给茶农提供新的种植技术和采摘标准以及加工技术和销售渠道，带动当地发展了 800 余亩茶叶，该企业还与五斗江乡、新江乡和汤湖镇等乡镇达成了工厂基地联建合作意向。同时，整合各方资源，抱团发展，借助国家对贫困县企业上市的优惠政策，通过上市资本运作，实现茶产业提质增效、转型升级。在市场开拓上，坚持线上线下双向行动，利用媒体进行宣传，同时按照"巩固本省、拓展海外"和"进京、入沪、下粤、跨境"的思路和规划，鼓励茶叶企业进行市场开拓，鼓励其在国内各大中城市建立连锁店、专卖店和茶吧等，建立覆盖全国的营销网络，对达到验收标准的企业给予相应的奖补。

3. 重引领，强科技

只有与时俱进、开拓创新，产业发展才有后劲，才能长效。遂川县紧跟时代的脚步，结合现有的理念和技术等，助推茶叶产业发展壮大。一是高举"党建+"的旗帜。推行当地特有的"干部（党员）+贫困户"和"干部（党员）+企业（合作社）+贫困户"等产业扶贫模式，发挥党员干部尤其是贫困村党员干部的资源、知识和管理等优势，以贫困村、贫困户为载体，依托茶叶企业或者茶叶专业合作社，带领贫困群众增收脱贫，如全省劳模、高坪镇车下村党支部书记张冬梅创办的四季春茶叶专业合作社，允许贫困户以土地入股分红；与贫困户自行组织的小合作社签订协议，提供培训，带领贫困户脱贫致富。五斗江乡党委政府多次组织村党支部书记、村主任和部分茶叶产业大户到赣州、万安、泰和以及本县的汤湖镇和草林镇学习茶产业发展经验，回乡指导贫困户。二是插上"互联网+"的翅膀。遂川县不断创新思路，以互联网思维抓扶贫，投资1200万元在华影时代广场建设狗牯脑茶电商城，对那些要入驻电商城的企业给予免除5年以上租金的优惠；当地借助电子商务平台，大力推动茶叶营销，遂川县目前拥有以销售狗牯脑茶为主的电子商家一百多家，年销售额已经上亿元；当地大力发展"农村e邮"，在贫困村开村淘服务站，把农民富余、优质的农副产品放到网络平台上，从而销售到全国各地，解决当地农民有优质的农产品而没有销路的问题，带动老百姓脱贫致富，"扶"出脱贫致富新模式。2017年，南江乡引入"圈子你我"，在乡里成立了电商服务站，拓宽了茶叶的销售渠道，解决了茶农、茶企的茶叶销售问题。三是搭上"旅游+"快车。按照"全景遂川·全域旅游"的总体思路，结合当地的旅游资源优势，实施"旅游+农业"的经济发展模式，以当地特色的自然资源和人文资源（左安桃源梯田、汤湖温泉、红色文化资源等）为依托，打造具有遂川地方特色的旅游产业链，积极发展狗牯脑茶家乐。同时，整合涉农资金对茶叶基地的道路、排灌和观光等基础设施建设进行扶持，推进当地茶旅一体化。

4. 固利益，重联结

不断深化农村经营体制改革，大力发挥新型经营主体（农民专业合作社、家庭农场、专业大户和农业产业化龙头企业）的作用，充分发挥新型经营主体一头连市场、一头连农户的组织作用。首先是给有能力、有条件发展茶叶产业的贫困户提供一个借鉴作用，在茶叶的基地建设和茶苗提供以及技术指导等方面给予帮扶奖励，帮助他们成为种植大户，带动更多茶农种茶增收。在产业贷款方面，当地政府对贫困户的贷款按照同期贷款基准利率的100%进行贴息。比如，生活在南江乡沙美村的张某通过产业扶贫信贷通贷款了10万元，再加上自有的资金，发展了一个70亩的茶产业基地。为了进一步做大做强自己的茶叶产业，成立了合作社，向上级争取到了6万元的产业基地建设资金，其中3万元用于10户贫困户入股，3万元用于茶叶基地建设，确保每户贫困户总收益不少于4000元，用自己的产业推动扶贫，不仅自己脱贫，还进一步带动他人脱贫。其次是对于那些自身条件不足、很难独立发展茶产业的贫困户，由当地政府牵头，通过与茶业企业、合作社和家庭农场等新型经营主体建立利益联结机制，助力其脱贫。一是贫困户通过将土地、资金或茶园入股新型经营主体的方式取得分红，如雩田镇的狗牯脑黄金产业扶贫基地，公司按 1100 元 / 亩的价格向农户一次性支付 30 年的林地租金，农户可以以土地、资金入股，公司按每年不低于 15% 的投资回报率予以分红。目前，公司已吸纳 152 户农户（其中建档立卡贫困户 48 户）入股享受分红。同洲茶叶产业县级扶贫基地允许贫困户通过资金或者茶园入股，按照"五统一分"（统一供苗、统一培训、统一标准、统一物资、统一营销、分户经营）的方式，每年年底给社员分红 10%~15%，贫困户通过发展茶叶产业每年可增收 2000 元以上，带动 100 户贫困户脱贫致富。二是贫困户与新型经营主体签订固定用工协议，通过务工取得收益，如江西深海现代农林科技有限公司，只要有意愿在家务工的，公司高薪聘请，实现家门口就业。三是充分利用产业扶贫信贷通政策，公司可以通过"企贷企还"的形式为每位贫困户申请 5 万元的贷款作为股金入股新型经营主体，建档立卡贫困户不参与经营管理，雩田镇狗牯脑茶产业扶贫基地通过这种方式落实入股资金 300 万元，帮扶了 60 户贫困户，确保每户贫困户每年可分红 2000 元。

5. 品牌影响力蒸蒸日上

随着江西·遂川第三届狗牯脑茶文化节、2018 狗牯脑春茶上市暨地理标志证明商标使用管理新闻发布会和 2018 年以茶会友暨第二届"狗牯脑"全民饮茶日活动等活动的举办和召开，以及著名表演艺术家唐国强对狗牯脑茶的代言，狗牯脑茶的品牌知名度大大提升，遂川狗牯脑茶作为江西"四绿一红"之首的名号被更多人熟知。遂川县政府趁着好时机不断地加强品牌的整合力度，进一步提升品牌的知名度。一是当地政府积极配合江西省推进的茶叶品牌整合工作，通过不断的努力使狗牯脑茶成为江西第一大品牌。同时还通过各种渠道和方式大力宣传这一茶品牌，不断加快集团化的进程，下大力气做好遂川狗牯脑茶的品牌整合之路。具体体现为当地政府将狗牯脑茶定位为"遂川三宝"之一，并且出台了很多促进茶叶产业发展的惠民政策。当地政府每年都会拿出一部分专项资金，从茶叶种植、茶叶加工、品牌宣传和市场营销等环节对茶叶产业进行扶持。二是保护狗牯脑茶叶的品牌，确保茶叶的质量。首先，当地政府要建立茶叶质检中心，对茶叶质量严格把关。其次，要进一步加强农业投入品的管控，严格控制农药、化肥的使（施）用种类和数量，建立从茶叶种植到加工再到销售的全程质量可追溯管理制度，推行"狗牯脑"证明商标专用权使用许可和"狗牯脑"产品产地确认制度。最后，要加大打假力度，与工商和质监部门联合，在南昌、吉安和赣州等地进行打假，确保狗牯脑茶的品质名副其实（李招红，2017）。

（二）狗牯脑茶产业发展存在的问题

遂川县的茶叶产业经过社会各界三百多年的努力，取得了很好的成绩，相对于西湖龙井、铁观音等茶叶来说，狗牯脑茶的知名度还有待提升，还有很大的进步空间，狗牯脑茶存在的一些问题也不容忽视，需要高度关注并极力将其解决。

1. 资金投入不足

一是在狗牯脑茶的生长前期资金投入不足，发展的后劲力量不强。虽然现在茶园的数量较之前多了不少，但是茶叶亩产的效益并没有得到很大的提升，目前茶园的发展还是较为粗放，对茶园进行改造的力度有限，很多茶园建造的时间比较早，没有现代高科技的投入，还是之前的粗放经营模式。在当地出台扶持茶产业的政策后，也有一部分新增的茶园，但是新增加的茶园分布比较零散，没有集中连片发展，管护难度比较大。而且，因为茶园缺少资金的投入，茶园的人工管护成本非常高，很多茶园都是聘请当地的老人进行管护，管护的效果有限。有些茶园的水肥管理等很不到位，茶树的修剪也没有专门的技术人员负责，破坏了茶叶的生长条件，导致茶叶的质量得不到提升反而出现下降。

二是茶叶产业经营主体的资金投入短缺。虽然近几年金融改革的力度比较大，但是小农贷款还是比较困难，申请贷款的额度有限，特别是大企业申请贷款的流程多，而且贷款很难真正地落实到位。这些从事茶叶产业的经营主体资金投入不足，无法发挥其带动作用，进一步促进茶产业的发展。现有的茶叶企业虽然有几十家，但规模小、设备老化、厂房老旧，经济效益逐年递减，抵御市场风险的能力不足，影响茶叶产业向高质量水平发展。资料显示，目前，遂川县有制茶加工企业55家，省、市农业生产龙头企业9家，但没有一家企业的年产值超过1亿元。这表明当地龙头企业的带动作用不明显，辐射能力不足，新型经营主体没有很好地发挥它的带头作用，"公司＋农户""合作社＋农户"等新型的经营模式也不能很好地形成。这些都严重影响着茶叶品质的进一步提升，影响了茶产业附加值的进一步提高。

2. 茶叶质量参差不齐，缺乏高科技的人才

虽然当地种植茶叶的公司、企业和合作社比较多，但尚未形成一定的茶叶质量检测标准。笔者之前到遂川县的各个狗牯脑茶店进行调研，发现茶叶的质量参差不齐、价格也不统一，不太懂的人去购买茶叶就只能碰运气了。还有些茶叶里面好茶和中等茶参半进行销售。造成茶叶质量参差不齐的一个重要原因就是缺乏高科技的人才，茶叶的发展缺乏技术的支撑。遂川县虽然成立了茶叶科学研究所，但是研究人员目前只有8名，而当地现有的茶叶种植面积就有20多万亩，8名研究人员要负责整个县区20多万亩茶园，显然人手不够。而且这些专业的人员大部分都为当地的龙头企业服务，普通的茶农基本没有享受到科研人员的指导。科研技术人才的短缺使得整个市场的茶叶质量参差不齐，很多农户都是各自为政，都认为自己的比别人家的好，没有形成一股合力。而互相的竞争若没有很好地引导，会影响到狗牯脑茶的品牌。另外，由于缺乏科学技术，茶农生产的茶叶标准化程度比较低，很多农户都是直接贩卖鲜叶，导致茶叶的附加值不高。

3. 茶叶的品牌知名度不够

狗牯脑茶发展了三百多年，获得了很多大奖，也做了很多品牌的推广活动，如举办文化节，还在央视频道进行过推介。尽管在专业人士的眼中这是一款优质的好茶，但它却并没有被广大消费者熟知，于是出现了"买茶的人不喝，喝茶的人不买"和"在茶业界有名气，在业外无人知晓"的这些尴尬现象，从而导致狗牯脑茶的销售市场不够广阔，仍然局限在江西省内。虽然在很多城市都有狗牯脑茶的连锁店，但是其销售量有限。

4. 缺乏统一的经营和指导

狗牯脑茶的主产地在遂川县，虽然已经发展了很多年，但是目前的发展情况仍是一盘散沙，大部分都是农户独家独户经营，茶树的种植没有统一的规范，基本都是按照祖传的经验进行种植，茶叶的质量参差不齐。家里资本够的茶农就自己买一台加工机器，粗加工之后进行销售；家里资金不够的茶农就直接卖鲜叶，附加值也不是很高。茶叶的价格容易受到茶叶市场波动的影响，由于没有统一的经营和指导，很容易出现市场价格高时农户盲目采摘和凑数、扩大茶园规模，市场价格低迷时就抛弃茶园外出务工、放弃管理等现象，这些都制约着茶叶产业的稳定健康发展（刘祖刚和曾国华，2016）。

（三）狗牯脑茶产业发展的优化路径

遂川茶产业经过几百年的努力发展到今天实属不易，取得了很多的成绩，为接下来茶产业的发展奠定了基础，但也存在很多问题需要及时解决。只有在原有的优势上进一步提高，并将存在的问题一步一步克服，狗牯脑茶产业才会发展得越来越好。故而，为了进一步推动狗牯脑茶产业的发展，可以从以下四个方面着手，进一步保证茶叶的品质，实行统一的经营和管理，进行产业集群，不断提升狗牯脑茶的知名度，进一步促进狗牯脑茶产业的发展和壮大。

1. 保证狗牯脑茶叶的品质

一是要提高茶农的素质。茶叶的主要经营者就是茶农，所以提高茶农的素质是基础。只有茶农的素质得到提高，愿意接受新鲜的事物和新的经营方式与理念，茶农才会愿意接受现代化高科技的经营和管理理念，所以，当地政府要加强对茶农素质的培养。当地成立了科研院所，通过上夜课和屋场会等形式与茶农进行交流和沟通，或者开展培训班，聘请茶叶方面的专家来给茶农进行培训，邀请当地有经验的茶农分享种植经验。同时要充分发挥当地茶产业科研院所的作用，对茶叶的生产和后期加工进行实地指导。还要到其他地区去交流学习好的经验和做法，如去西湖龙井的产地进行交流和考察，开拓茶农的视野，更新他们的生产和经营理念，提高他们的生产技能，不断激发他们的创新能力。还要利用好本土人才，组织当地茶叶院校毕业的技术人才到实地去了解茶园的具体情况，充分发挥他们所学的知识，给茶农们提供一些指导性的服务，促进茶农整体素质的提高。

二是要打造高标准的茶园，茶园基地是茶叶产业发展的源头。首先要根据高标准精品茶园和生态茶园的建设要求，进一步整合支撑茶园发展的各项项目和资金，完善茶园的基础设施，打造出一批高标准、高质量的标准化茶园。其次要加大对低产茶园的改造力度，将无序的低产茶园进行改造，将茶叶品种进行更新换代，把小叶优良无性系品种作为狗牯脑茶叶的主导品种，在改造低产茶园的同时，也要发展新的、以小叶优良无性系品种为主导品种的茶园。

三是要注重茶叶品质的发展，茶叶的质量是茶叶产业发展的核心。首先要从茶苗繁育抓起，大力推广无性系繁殖技术（俗称克隆技术），使茶苗能标准化生产。其次要采用生物杀虫法，建立茶叶病虫害防治队伍，健全茶叶病虫害

的预测网络，及时提供病虫害防治信息和技术服务，还要加强对茶农滥用化肥农药、把茶叶以次充好问题的监管力度，确保茶叶的质量。最后要建立一套从茶园到茶叶再到消费者手中的茶叶的质量全程监控和保障体系，有任何问题都可以追溯到具体的茶园，更好地保证茶叶的品质，确保茶产品的生命力。

2.统一经营和管理，实施狗牯脑品牌共享战略

虽然狗牯脑的品牌知名度已经有一些，但是力度还不够。为了将茶产业转为经济效益，带动茶农脱贫致富，当地政府加大了狗牯脑品牌的整合力度，统一管理、统一经营这一品牌。首先通过统一的商标名称、质量标准、商标标识和宣传策划等方式共享和运行狗牯脑茶品牌，健全茶产品的流通体系，在茶叶主产乡镇建设集毛茶和茶青交易为一体的茶叶交易市场，使毛茶和茶青向龙头企业和加工厂集聚。其次在县城地区建设以狗牯脑茶品牌为主、汇集国内外名茶品牌的集茶叶商贸、茶艺展示和茶文化宣传等于一体的狗牯脑茶博园。最后不断健全茶叶营销网络，在全国中等以上城市设立狗牯脑品牌形象专卖店，鼓励发展连锁店、加盟店，形成覆盖全国的销售网络。

3.不断发挥新型经营主体的作用，加强产业集聚效应

新型经营主体在茶产业的发展中起着至关重要的作用，目前，龙头企业、合作社等新型经营主体的带动力不强，故而，下一步是要不断发展壮大新型经营主体的规模。之前，狗牯脑茶产业大多是小规模经营，容易受到市场的影响，抗风险能力比较弱，也没有足够的资金、技术和人才来发展茶产业。通过茶叶产业脱贫致富最重要的就是要大力发挥新型经营主体的作用。家庭农场、合作社、种植大户和龙头企业等新型经营主体的力量比较强大，技术和资源比较多，他们有条件通过"公司＋基地＋贫困户"和"合作社＋基地＋贫困户"等模式带动贫困户发展产业，带领群众共同脱贫致富。

为了发挥新型经营主体的作用，要积极开展"招大引强"活动，采取引进新企业、扶持现企业等办法，发展一批集生产、加工和销售于一体的规模大、辐射力强的茶叶龙头企业，提高企业的市场竞争能力。首先是充分发挥当地茶叶从业者和经济能人的作用，鼓励和引导民间资本创立与狗牯脑茶产业相关的企业，带动当地的老百姓脱贫致富。其次是建立良好的营商环境，通过招商引资的方式，充分发挥市场和资本的作用，引进一些优秀的企业入驻，引进一些先进的生产设备，将茶产业进行深加工，如开发茶饮料、食品和保健品等深加

工产业，提高茶产品的附加值，同时提升生产能力和科技水平，促进茶产业的深度发展。最后是当地政府要加强对新型经营主体的支持，虽然当地茶叶发展的历史比较长，但是新型经营主体的发展才刚开始起步，也遇到了很多问题，故而，当地政府要加大对茶产业的支持力度。

4.统筹规划，不断优化产业布局

在目前的产业发展背景下，当地政府以"统筹安排、协调发展、分步实施、逐步推进"为总要求，以"政府主导、茶农主体、部门协同、企业支撑"为总原则，以"一个管理机构、一套倾斜政策、一个有机标准、一批支撑企业、一个可观效益"为总框架，在"双百茶叶长廊"左安镇、汤湖镇、高坪镇、大汾镇、戴家埠乡和营盘圩乡等乡镇，积极创建国家有机农业（茶叶）遂川示范区，实现遂川茶产业的有机标准化、适度规模化和产业现代化目标，实现茶产业的统一管理和统一经营。同时采取"政府主导、茶农主体、企业实施、社会参与、财政奖补"的工作机制，打造高速公路沿线、高速公路连接线等"四线"茶叶长廊。以企业为主体，以市场为导向，以"绿色、品牌、文化"为主线，优化茶叶产业布局，大力打造品牌，建设高产茶园，建立健全科技支撑体系，推进茶叶产业化经营，做大、做强、做优遂川县茶叶产业。

第三节 泰和乌鸡产业

一、背景

(一) 政策背景

泰和地处赣中南吉泰盆地的腹地，因"地产嘉禾，和气所生"而得名，自古享有"声名文物之邦"的美誉。泰和乌鸡是国家地理标志产品，更是泰和县的一张"名片"，泰和县历届县委、县政府都高度重视乌鸡产业的发展，一直把泰和乌鸡当作产业富民的优势主导产业来抓。为了促进泰和乌鸡产业的发展，各级领导以"创新、协调、绿色、开放、共享"五大发展理念为指导，以产业富民、农民增收为目标，大力培育龙头企业，积极推进泰和乌鸡产业化经营，为泰和县乌鸡产业的健康、可持续发展提供了有力支撑。在此基础上，该地政府相继出台了《泰和乌鸡商标保护管理办法》《泰和乌鸡规范管理实施方案》《"泰和乌鸡"标志标识使用管理规则》和《关于进一步加快泰和乌鸡产业发展的决定》。吉安市围绕培植壮大特色主导产业，重点扶持泰和乌鸡等一批优势农业产业，通过提升品质，使传统产业重新呈现出强劲的发展势头。吉安市政府为了扩大吉安市特色农产品的发展规模，提升市场占有率，带动农民增收致富，出台了《吉安市 2007–2010 年特色农业发展规划》，为特色农业的发展提供了强有力的支撑。2016 年，江西省农业厅出台了《江西省农业厅关于加强"泰和乌鸡、崇仁麻鸡、宁都黄鸡"等地方鸡品牌建设的指导意见》和《"泰和乌鸡、崇仁麻鸡、宁都黄鸡"等地方鸡品牌建设实施方案》，成立了由原省农业厅和省直 13 个单位组成的地方鸡品牌建设协调推进小组和省级技术专家组，为了加强地方鸡品牌建设的统筹协调和技术指导，江西省财政安排了 300 万元的省级现代农业地方鸡品牌建设项目资金用于建设泰和乌鸡品牌（龚琛虎和罗永平，2019）。为了积极策应全省"三只鸡"品牌战略，培育壮大泰和乌鸡产业，泰和县以实施国家农村一二三产业融合项目为契机，重点在种源保护、规模养殖、龙头培育、产品研发和市场开拓上下功夫。县财政投入 4000 多万元用于开展泰和乌鸡原种场整体搬迁工作，重点打造了汪陂途农场、西昌凤翔、汉君雄和榕泰禽业等一批标准化、规模化的泰和乌鸡养殖基地；以食品工业园为载体，培育龙头加工企业 13 家，围绕抓好新产品研发，与中国农科院合作，实施了《系统研究解析泰和乌鸡（蛋）的营养、功能组分挖掘及功效评价》科研项目，目前，已出科研成果 9 项，取得发明专利 2 项（罗善平等，2018）。省委、省政府出台的一系列政策促使泰和乌鸡产业不断发展壮大（见表 3–6）。

表 3–6　泰和县乌鸡产业发展扶持政策（部分）

政策文件	主要内容
《关于加快泰和乌鸡产业发展的实施方案》	以农业供给侧结构性改革为抓手，坚持市场主导、企业主体、政府推进、自主创新、各方参与的原则，依托泰和乌鸡的品质优势，通过加大政策、资金和技术等方面的引导与扶持，夯实产业基础，提升品牌效益，力争到"十三五"期末，全县原种泰和乌鸡种鸡饲养规模达 100 万羽以上；培育万羽以上养殖企业 200 家以上，全县的泰和乌鸡饲养量在 8000 万羽以上，出栏量在 7000 万羽以上，力争 80% 以上的规模养殖企业的泰和乌鸡及乌鸡蛋通过有机产品认证（周小红，2016）；培育年销售额超亿元的泰和乌鸡龙头企业 6 家以上，其中，超过 10 亿元的企业 1 家，至少发展 1 项以泰和乌鸡为主题的文化创意旅游项目，力争研发一批拥有自主知识产权的新产品，使年加工转化率达 70% 以上，泰和乌鸡产业的年产值达百亿元

政策文件	主要内容
《关于加快泰和乌鸡产业发展的实施方案》	1. 优化区域布局 以泰和乌鸡的发源地武山为中心，以澄江、塘洲、冠朝、马市、南溪和沿溪等乡镇为重点，规划建立泰和乌鸡标准化示范区，培育壮大汪陂途都市农场、汉君雄、西昌凤翔、和太乐、榕泰养殖场和禽仙子等一批泰和乌鸡规模化养殖企业，其他乡镇各建设一个以上具有一定规模的标准化养殖示范基地，实现泰和乌鸡养殖由零散型向集约型转变 2. 加快智能养殖 在全县的泰和乌鸡规模养殖企业建立物联网，建立集环境信息采集、无线传输、自动控制、视频监控和信息管理等功能于一体的智慧农业系统，实现对鸡舍内光照、温度、湿度、饲料添加和疫病防控等功能的控制，并通过软件系统实现专家远程协助和消费者远程查询功能。通过试点，引导泰和乌鸡养殖由传统型向智能化转变 3. 发展泰和乌鸡新业态 泰和乌鸡与旅游有着天生融合的"姻缘"，其食购、赏娱、文创、养生和研学等产品特性，非常适宜"旅游＋休闲农业""旅游＋文化创意""旅游＋健康养生"和"旅游＋食品工业"等多产业整合发展（崔建玲，2018）。引进国内外知名的文旅集团公司，开发建设泰和乌鸡主题文化街区、泰和乌鸡吉尼斯文化乐园和工业旅游产业园等，多途径发展泰和乌鸡业态，提升泰和乌鸡的产业附加值，实现产业间的互融共生 4. 实施品牌共享 一是规范泰和乌鸡品牌标志标识。通过聘请专业公司或向社会公开征集方案的方式进行VI（视觉识别系统）设计，统一品牌名称、标志、造型、标准字、标准色、标准图片、卡通图案和宣传用语等，做到风格统一，强化视觉冲击，在广告宣传、产品包装、店面装修、陈列展示以及印刷出版等领域广泛应用，助推泰和乌鸡品牌成长，累积品牌资产 二是共享泰和乌鸡品牌资源。制定泰和乌鸡品牌共享准入规则，凡符合准入条件、经核实批准的泰和乌鸡养殖、加工和销售企业，都可申请使用"泰和乌鸡"商标品牌、二维码标识和科研成果。同时，规范"泰和乌鸡"商标的使用标准，建立严格的"泰和乌鸡"品牌监管保护措施及"四统一"运行机制，即统一商标名称，采取母子商标制，企业在统一证明商标下加注自有商标；统一质量标准，按泰和乌鸡国家质量标准开展养殖加工和产品检测；统一标志标识，企业按照泰和乌鸡的VI设计规范使用商标标识，根据泰和乌鸡产品质量追溯系统管理办法使用二维码标识，做到商标标识和二维码标识标准、形象、美观；统一开展宣传，树立品牌形象
《吉安市2007–2010年特色农业发展规划》	吉安市以科学发展观为指导，以建设社会主义新农村为目标，以建设现代农业为抓手，以特色产业为平台，按照壮大主导产业、发展新兴产业、提升传统产业的思路，整合资源，采取"有所为、有所不为"的非均衡发展措施，集中力量，促进特色产业带快速扩张，将特色产业培植成农民增产增收、城乡协调发展、和谐共建的支柱产业。支持乌鸡产业板块的做法如下：

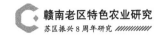

续表

政策文件	主要内容
《吉安市 2007–2010 年特色农业发展规划》	1. 合理安排项目资金 主要布局泰和县武山周围的澄江、塘洲、马市、沿溪、冠朝、南溪、螺溪、禾市、沙村和万合各个乡镇，到 2010 年发展乌鸡饲养专业户 4960 户，乌鸡种鸡饲养规模达 60 万羽，出笼商品鸡 5000 万羽，繁育鸡苗 5400 万羽。以泰和乌鸡原种场和汉君雄实业发展有限公司为龙头建立泰和乌鸡良种提纯复壮繁育基地，继续巩固和完善刘梁养鸡场扩繁场，使之成为泰和县乌鸡产业发展的良种供应基地。年产乌鸡系列口服液、年产乌鸡板鸡和乌鸡保健饮料加工厂各一个，乌鸡系列加工年产值达 5 亿元。对于特色农业产业加工企业和经济组织，以及具有一定规模的农村合作经济组织，重点安排产业化、农业综合开发和财政补贴等项目资金，用于建设加工项目的生产厂房、购买配套设备设施、批发市场建设或冷库以及投资水、电配套等固定资产 2. 组织农民系统培训 以市农业科技培训中心为依托，结合"千名农村致富能人"培训工程，重点选择一批基本素质较好、致富心愿较迫切的农民参加产业全过程生产技术培训；鼓励产业带头人到职业技术学校进行专业学习，并对其安排相应补助；通过电视台、报刊等新闻媒体举办特色产业种养实用技术、市场营销和农业经济理论等知识讲座 3. 扶持壮大农村合作经济组织 通过申报农业综合开发产业化经营等项目，壮大一批初具规模的农村合作经济组织，发展一批特色农业产业农村合作经济组织。加快建设农村现代流通体系，围绕特色农业产业做好相应的市场体系建设规划，利用农业综合开发产业化经营和优势产业奖补等项目资金，建设一批具有一定规模的专业批发市场和交易市场。同时实施品牌战略，各级政府要加大特色农业宣传力度，积极申报地理标志、绿色食品、无公害农产品及名牌产品等

资料来源：吉安市人民政府网。

（二）产业背景

1. 泰和乌鸡产业的发展概况

（1）泰和乌鸡产业简介。

吉安市委副书记刘义硚曾强调，作为有着两千多年历史文化积淀的泰和乌鸡，乌鸡产业的发展有较好的基础，要努力把这个产业做成顶天立地、富民强县的产业，做成吉安乃至江西的本土优势产业。要高度重视，加强领导，尽快成立培育本土产业工作领导小组和办事机构，拿出科学的乌鸡产业近远期发展规划、发展目标、发展举措和扶持政策，建立并逐步完善促进乌鸡产业稳健发展的有效运作机制；要整合乌鸡名片，划分好原产地保护标志与中国驰名商标的使用条件、使用范围和使用权限；要强势宣传，扩大影响力，不断增进乌鸡和乌鸡产品的市场认同，增强企业及其产品的影响力和竞争力；要整合资源，快速推进，发挥市场资源配置的基础作用，整合政府、干部、企业及养殖户的力量，延伸乌鸡产业发展链条；要深度挖掘乌鸡的历史文化，整合泰和乌鸡多年积淀的市场资源，下功夫将乌鸡文化融入产业发展，力求将乌鸡的文化优势转化成产业发展优势，将乌鸡作为本土产业的重点来抓，逐步将其培育成富民强县的本土产业和优势产业。泰和县把乌鸡产业当作富民产业来抓，坚持习近平总书记的讲话精神，落实吉安市委的指示，目前，该县已涌现出乌鸡生产重点乡镇 10 个、重点户 2100 家、以乌鸡为主要原料的高科技产品研发和加工企业 10 余家。

泰和乌鸡外形独特，营养价值极高，深受广大老百姓的喜爱，乌鸡系列产品远销中国的香港、澳门、台湾地区以及东南亚、澳大利亚等国家。泰和乌鸡的具体情况如表 3-7 所示。

表 3-7 泰和乌鸡的介绍

营养价值	泰和乌鸡是著名的饮食药用鸡，具有丰富的营养价值。乌鸡全身均可作为药材使用，可以搭配多种药方使用。经检测，泰和乌鸡含有 18 种氨基酸（人体必需的氨基酸）和 8 种微量元素及大量的维生素，食用后可补充多种营养成分。泰和乌鸡是正宗乌骨鸡，已列入国家原产地域保护产品，它因保健、美容和防癌三大药用价值而名闻古今中外
特征	因具有丛冠、缨头、绿耳、胡须、丝毛、毛脚、五爪、乌皮、乌肉、乌骨十大特征以及极高的营养价值和药用价值而闻名世界（崔建玲，2018）
外形	它来自江西省泰和县的武山。在武山，它已有超过 2000 年的饲养历史。经过进化及繁殖分布，现在很多国家都有它的踪迹。它们不但喙、眼和脚是乌黑的，而且皮肤、肌肉、骨头和大部分内脏也都是乌黑的。由于饲养的环境不同，乌鸡的特征也有所不同，有白羽黑骨、黑羽黑骨、黑骨黑肉和白肉黑骨等。乌鸡羽毛的颜色也因饲养方式的不同而变得更多样。除了原本的白色，还有黑色、蓝色、暗黄色、灰色以及棕色。从营养价值上看，乌鸡的营养远远高于普通鸡，口感非常细嫩。至于药用和食疗，更是普通鸡所不能相比的，被人们称作"名贵食疗珍禽"（洪学，2010）
饲养管理	饲养乌鸡需要一定的技术和严格的饲养管理流程，饲养是否得当，直接影响着乌鸡的质量，影响着乌鸡产业的发展。乌鸡的饲养分为三个阶段：雏鸡饲养管理、育成鸡饲养管理和种鸡饲养管理 1. 雏鸡的饲养管理 雏鸡是指 0~60 日龄的鸡。要想养好乌鸡，必须育好雏。育雏饲养管理的好坏将直接影响育成鸡的生长发育过程和种鸡种用价值的利用等。因此，育雏饲养管理是乌鸡饲养成败的关键

续表

| 饲养管理 | （1）做好育雏前的准备工作。 |

（1）做好育雏前的准备工作。

在进雏前的 1 周内，应充分做好以下工作：①彻底清洗育雏室，先用 20% 的石灰水刷白地面及墙壁，再用 2%~5% 的烧碱溶液洗刷，最后关闭门窗用福尔马林熏蒸。②清除乌鸡舍周围的杂草、污物，用菌毒敌对全场进行喷雾消毒，在主要路面铺垫石灰渣。③准备好足够的饲饮设备及笼具，并彻底清洗、消毒。④准备好垫料、疫苗、药品和饲料，以及保温设备和照明灯。⑤安排好值班人员，准备好各种记录表格

（2）选择好育雏方式。

在自然环境条件下，一般在春秋育雏最好，初夏与秋冬次之，盛夏最差。农产养乌骨鸡选择平面育雏中地下温床育雏或地上烟道育雏方式为宜，也可用保温伞育雏、红外线灯育雏、网上育雏、分层育雏和笼育雏等方式，但成本较高，供电要有保证（刘晓云和王海英，2011）

（3）雏鸡的选择与运输。

选择活泼健壮、动作敏捷、叫声响亮、眼睛有神、羽毛整洁、初生重较大、符合品种特征的健康鸡。剔除脐部愈合不良、体重较小、跛脚、瞎眼等弱雏鸡。用专用运输箱或雏鸡箱、一般的纸箱、木板箱运输，箱底最好铺垫回纺布或麻袋布，箱盖和箱壁应有通风孔。箱内雏鸡不能装得太多，以免挤压死亡。长途运输以专用运输工具为佳，运输中应有专人看护，一般要求出雏后 24 小时内运抵目的地，运回后马上转入准备好的育雏室

（4）提供良好的环境。

①适宜的湿度、温度及密度。首先，乌骨鸡生性惧寒，因此需要给雏鸡供温。其次，乌鸡生存需要特定的湿度。一般来说，乌鸡生存的适宜相对湿度为：第一周65%~70%，第二周保持在 55%~60%。如果环境中的湿度过低，会导致雏鸡的羽毛生长不良、皮肤比较干燥，加之空气中存在尘土等物质，容易暴发呼吸道等疾病，直接影响乌鸡的存活率。因此，在梅雨季节要特别注意保持地面的干燥。最后，乌鸡生长环境的密度大小也会直接影响雏鸡的饲养，雏鸡饲养需要有合理的比例。如果雏鸡的数量过多，密度过大，会导致雏鸡的活动范围很小，出现大群挤压死亡的现象，容易染上一些疾病，增加死亡概率。如果密度过小，鸡舍的空间利用率低，则会影响经济价值。②光照时间。1~3 日龄的雏鸡，每天需要 24 小时的光照，用 100 瓦的灯泡照明；4~7 日龄的雏鸡，每天需要 18 小时的光照，用 60 瓦的灯泡照明；7 日后，每周光照减2 小时，用 40~15 瓦的灯泡照明，直到接近自然光照（刘晓云和王海英，2011）。③新鲜的空气。育雏时必须要保持新鲜的空气摄入，保持通风，但是也要注意温度，防止雏鸡感冒

（5）保证雏鸡营养充足。

雏鸡的喂养要做到定时、定量，及时补充营养。开始用小号饮水器，逐步改用中、大号饮水器。饮水应充足干净，1~30 日龄最好饮用冷开水，2~4 日龄可给予 0.05% 的高锰酸钾水

（6）日常管理。

在日常中要加强雏鸡的管理，注意观察，如精神萎靡、不爱活动、打堆，说明育雏温度太低或有病；当鸡群食欲差、采食量减少时，可能是小鸡有病，或是饲料突然改变，饲料单一，质量不好；对于体质瘦弱的雏鸡，应随时挑出来特殊照顾；当啄癖发生时，应及时将啄伤的小鸡取出，涂上碘酒或紫药水，并查明原因，及时排除不利因素

饲养管理	2.育成鸡的饲养管理 育成鸡即青年鸡，指的是 60~150 日龄的鸡。育成鸡饲养管理的主要目的是将优秀个体选入种鸡群。因此，育成鸡的饲养管理也非常重要 （1）育成鸡的饲养。 为防止青年种鸡过肥，一般采用限制饲养法，即限制青年种鸡日粮的营养水平，并减少饲喂次数和饲喂量。青年鸡在 60~90 日龄期间每天喂 3 次精料；91~150 日龄每天喂 2 次精料和 1 次青料，青料占日粮的 30%~35%。每次喂料以 25 分钟内鸡能吃完为宜，如果 10 分钟鸡已吃完，说明饲喂量不足；25 分钟未吃完，则表明喂料量过多。日粮的营养水平及饲喂量可根据乌骨鸡的标准体重来判断，一般要求 90 日龄的体重达 750 克，120 日龄的达 900 克，150 日龄的达 1100 克。每两周抽选 10% 的鸡称重，当平均值低于标准体重时，应增加喂量或饲喂次数；反之则减少喂量，多喂青料 （2）育成鸡的管理。 ①适宜的温度。通常来说，育成鸡生长的最佳温度是 15℃ ~20℃。在夏季高温时节，如果温度超过 35℃，应该注意降温，如采取人工降温的方式或者降低饲养密度来保证新鲜空气摄入。②相对湿度。育成鸡的相对湿度通常比雏鸡低，适宜湿度为 50%~55%，在梅雨季节应当保持地面干燥，适当降低湿度；在干旱季节，应当提高湿度。③合理的光照。育成鸡与雏鸡饲养在光照上有着较大的差别，育成鸡对于光照的要求没有雏鸡高，通常开放式鸡舍以自然光照为宜，不必再补充人工光照。④密度。育成鸡饲养有严格的密度要求，育成鸡平养密度为：2~3 月龄的平养密度为 12~15 只 / 平方米；3~4 月龄的平养密度为 10~12 只 / 平方米；4~6 月龄的平养密度为 8~10 只 / 平方米。⑤通风。开放式鸡舍应适当打开门窗通风，进行通风换气。⑥分群。对 60 日龄的育成鸡进行公母、大小和强弱分群，每群以 150 只左右为宜。⑦育成鸡的选择与淘汰。60 日龄进行第一次选择，淘汰外貌特征不齐全、跛脚、弱小的鸡；150 日龄进行第二次选择，淘汰外貌特征不齐全、发育不良、体重达不到一定要求的鸡。⑧其他。例如，给予安静的环境、搞好清洁卫生、防病治病、定期称重等 3.种鸡的饲养管理 （1）种鸡的饲养。 为防止种鸡过肥，节省饲料，提高经济效益，对母鸡采取分阶段饲养的办法。第一阶段：初产期（从初产到产蛋 7 周龄），日粮的蛋白质水平为 16%。第二阶段：盛产期（产蛋后 10~24 周龄），要保持 70%~90% 的产蛋率，必须喂含 18%~19% 粗蛋白的日粮。如果饲养得当，高峰期可以维持近 3 个月，产蛋 7 周龄后，开始喂盛产期日粮，产蛋率降至 70% 以下时，应降低日粮的蛋白质水平。第三阶段：产蛋后期（产蛋 25 周龄后），日粮的蛋白质水平可降至 16%（刘晓云和王海英，2011）。种鸡的饲喂量因体重和产蛋率的不同而不同 （2）商品鸡的管理。 ①实行"全进全出制"。②公母分群饲养。③采用红色光照。从 4 周龄到上市，除白天的自然光照外，人工补充光照，补充光照以红光为佳。因为红光可使鸡安静，利于增重。④保持鸡舍干燥。⑤防止大群发生啄癖。⑥防病治病

为实现乌鸡产业的复兴壮大，泰和县利用乌鸡制成了一系列产品。目前，全县有一品乌鸡精、半边天药业、白凤酒业和汪陂途实业等乌鸡加工企业 13 家，涵盖酿酒、制药和食品加工等行业，先后开发出 8 个系列 130 多个品种。

特别是乌鸡补酒、乌鸡白凤丸和复方乌鸡口服液等产品深受消费者的喜爱（周小红，2016）（见表 3-8）。另外，当地政府还在食品工业园专门安排了 1800 亩的土地用于落户乌鸡食品产业，目前，已有几户食品加工企业落户。近年来，该县已经初步形成了乌鸡深加工、粮油加工、饲料加工和特色休闲营养食品四大产业链，落户企业达 61 家。

表 3-8 泰和乌鸡特色产品介绍

产品名称	具体内容
泰和乌鸡酒	泰和乌鸡酒以正宗泰和乌骨鸡为原料，口感好，品质高，不含色素、防腐剂，可以放心饮用。泰和乌鸡酒以优质米酒为酒基，精选高等药材作为辅料，采用现代生物与工程技术精酿而成，借用高科技更大程度地保证乌鸡及药材的有效成分，品质优良，曾被外交部选为国家礼品酒，曾荣获国家质量银质奖、中国食品博览会金奖，受国内著名食品专家的鼎力支持。根据 2013 年吉安市政府发布的《关于加快全市酒业发展实施意见》，由泰和县工信委牵头，对全县的酒类生产企业进行摸底调查。情况如下： 一、泰和县酒业的发展现状 目前，泰和县从事乌鸡酒系列产品生产的厂家有 5 家（白凤酒业、吉凤实业、福泰酒业、武山凤酒业和和美酒业），黄酒生产企业 1 家（泰和县南门酒厂），在建的果酒企业 1 家 二、泰和酒业发展存在的问题 泰和酒类企业发展面临诸多问题，尤其是传统产品泰和乌鸡酒，其发展面临着很多制约，主要表现在以下几个方面：一是泰和乌鸡酒质量检测标准不统一，产品质量参差不齐；二是酒类企业的税收标准不统一，导致正规企业税负率过高，无法做大做强；三是酒类行业没有龙头企业，缺乏领军人物，目前的市场环境也无法培育龙头企业；四是酒类企业之间存在无序竞争，五家乌鸡酒生产企业产品包装混乱，品种驳杂，没有形成大品牌、高质量的消费概念；五是市场销路狭窄，产品市场局限在江西省境内，有国家级品牌的底蕴，却没有全国的市场销售网络 三、发展壮大泰和酒业的有利条件 1. 泰和乌鸡独一无二 2005 年泰和乌鸡获得原产地保护，2006 年获得国家地理标志产品保护，2007 年被认定为全国唯一活体类"中国驰名商标" 2. 品牌历史悠久 白凤牌系列乌鸡酒在 1985 年荣获国家"优质产品银质奖"，白凤牌商标连续被评为"江西省著名商标" 3. 资源丰富 泰和县是全国粮食的主产区，气候温和、雨量充沛、水资源丰富，有得天独厚的山泉水资源，发展酒业有很大的资源优势 4. 市场潜力大 "十二五"期间，随着我国进一步实施扩大内需，人民群众的消费水平不断提升，保健意识进一步增强，保健酒市场前景广阔。2012 年全国保健酒产业的总产值达 500 亿元，其中，湖北劲牌有限公司 2012 年的销售额达 56 亿元，交税 10 亿元。因此，泰和乌鸡酒将迎来更好的发展机遇

产品名称	具体内容
泰和乌鸡酒	四、泰和乌鸡酒业的发展目标 （1）至2015年，泰和乌鸡酒的产量达到3万吨，黄酒的产量达到0.5万吨，完成主营业务收入4亿元，实现利税1亿元 （2）至2020年，泰和乌鸡酒的产量达到12万吨，黄酒的产量达到1.5万吨，完成主营业务收入15亿元，实现利税3.6亿元 （3）至2030年，泰和乌鸡酒的产量将达到30万吨，黄酒的产量达到5万吨，完成主营业务收入40亿元，实现利税10亿元 五、工作重点和实施步骤 1. 创新发展机制 要实现泰和乌鸡酒产业的发展壮大，必须强强联手，明确统一的发展模式。联合现有的五家乌鸡酒生产企业及南门酒厂，实行企业重组，组建股份制的江西省泰和乌鸡酒业发展集团公司，按照民营企业的运作模式经营，由集团公司制定统一的宣传方案、质量标准等，避免企业之间的恶性竞争 2. 实施品牌战略 利用泰和乌鸡这一全国唯一"活体"类"中国驰名商标"的品牌优势，对传统品牌"白凤牌"商标进行保护和传承，力创中国驰名商标。确定几个主打产品，精心包装、设计，走高质量、高消费的保健酒发展路线，提升泰和乌鸡酒在消费者心目中的档次 3. 提升产品质量 严格按照国家标准生产各种酒类产品，必须使用泰和原产地乌鸡，同时加大产品研发力度，针对泰和乌鸡酒喝了偏热等问题，调整配方，添加一些凉性成分，中和药效，侧重保健 4. 创新营销策略 聘请有知名度的明星做泰和乌鸡酒的形象代言大使，提升产品的知名度；利用江西的独特资源，结合景德镇的青花瓷瓶和吉安的吉州窑瓷瓶，做出具有收藏价值的泰和乌鸡酒；以青花瓷瓶和吉州窑瓷瓶作为载体，打造"泰和乌鸡"这一中国原产地名片，吸引消费者收集并珍藏，从而大幅度提高泰和乌鸡酒的档次
乌鸡白凤丸	"泰武牌"乌鸡白凤丸是泰和制药厂生产的传统名药。该产品历史悠久、配料考究、用料精良。它以国内珍禽泰和骨鸡为主要原料，由上等党参、黄芪、熟地、淮山、白术、茯苓、当归、白芍、川芎、五味子和丹皮等20余种中药制成。产品分大蜜丸和瓶装小蜜丸两种，具有清热、补血崩不止等功效，对胃溃疡、慢性肝炎和肺结核等病也有很好的疗效。曾于1982年、1985年和1986年分别被评为江西省和国家医药管理局优质产品。多年来，该产品畅销全国27个省份，1983年后远销马来西亚、新加坡等国，深受国内消费者的喜爱
复方乌鸡口服液	复方乌鸡口服液以正宗泰和鸡为君药，辅以11味名贵中药材，有补气血、益肝肾的功效，适用于月经不调、带下异常、痛经、经前期综合征以及更年期综合征等症状。复方乌鸡口服液为温补类中药，有补气血的作用，在补气血的同时，会增加人体血铁和钙的含量，服用期间稍微有些热气，故服用期间宜避免辛辣、生冷等刺激性饮食，适当地多喝水，多喝凉茶。属阴虚火旺体质的女性可以搭配半边天六味地黄丸服用

资料来源：吉安市人民政府官网。

泰和乌鸡是泰和独特的种质资源，拥有国家级畜禽保护品种、中国首例活体原产域保护产品、中国地理标志产品和中国驰名商标等多块"金字招牌"。近年来，该县依托本地的资源优势，大力推进品牌建设，推动乌鸡相关项目建设（见表 3-9），促进了泰和乌鸡产业的发展壮大，计划全县的泰和乌鸡出笼量在 2019 年突破 2000 万羽，力争 3~5 年内产值达到 50 亿元。

表 3-9　泰和乌鸡的相关建设项目（部分）

项目名称	具体情况
泰和乌鸡活性多肽建设项目	1. 项目内容 新建厂房、仓库和办公楼 35000 平方米左右，新上两条乌鸡活性多肽生产线 2. 项目地址 泰和县工业园区 3. 市场分析及经济效益预测 市场分析：本项目是南昌大学食品科学与技术国家重点实验室田颖刚博士及其科研小组多年研究的成果，该项目由国家自然科学基金会立项研究，研究乌骨鸡黑色素的提取、利用和乌鸡活性多肽的提取、利用，受到了科学界的普遍好评，获得了国家专利，达到了世界领先水平。该项目原料丰富，产品质量稳定，工艺相对简便可靠，产业化前景广阔，对泰和县乌鸡产业化工程和乌鸡资源开发利用具有重大意义。本项目的产品具有水溶性好、营养价值高、服用方便、口感好和吸收高效等特点，突破了蛋白质只有降解为氨基酸才可被吸收的界限，生产的降解小肽片更易被人体吸收，且功效更好，在学术界获得了一致好评，市场前景广阔 效益预测：项目投资后，年产值可达 2.16 亿元，税金达 650 万元，税后利润为 4350 万元，投资回收期为 4.6 年 4. 项目总投资 2 亿元 5. 投资者投入 2 亿元 6. 合作方式 独资
泰和武山乌鸡谷文化产业园项目	1. 项目内容 主要建设乌鸡观光区、展示馆、特色农业种植观光区以及停车场、旅游公厕等基础和配套设施等。目前，已编制泰和县乌鸡谷农业文化产业园建设项目可行性报告，正在进行土地流转工作 2. 市场分析及经济效益预测 项目建成后，预计年接待游客 70 余万人，年收入可达 3.5 亿元，年利润达 0.5 亿元，预计回收周期为 8 年 3. 项目地址 泰和县南溪乡 4. 项目单位 泰和乌鸡谷文化产业园有限公司

续表

项目名称	具体情况
泰和武山乌鸡谷文化产业园项目	5. 总投资 5 亿元 6. 合作方式 独资
泰和乌鸡产业化建设项目	1. 项目建设内容与规模 围绕泰和乌鸡产业化发展目标，做大做强泰和乌鸡产业，建设集养殖、深加工、新产品研发和销售于一体的泰和乌鸡产业化建设项目 2. 建设条件与市场分析 泰和地处江西省吉泰盆地的中部，是世界珍禽泰和乌鸡的正宗原产地。为实现泰和乌鸡产业区域化布局、生态化养殖、标准化生产、集约化经营的目标，成立了泰和县乌鸡产业化工作领导小组，制定了泰和乌鸡"十一五"发展规划和长远规划。近年来，泰和县在泰和乌鸡宣传、标准制定、基地和市场建设方面投入了大量的人力和物力，取得了较明显的成效。2014 年泰和乌鸡饲养量达 2000 万羽，商品乌鸡饲养户达 2100 户，年饲养能力为 4100 万羽，完全可以满足项目生产的需要。"泰和乌鸡熟食品技术开发与应用"项目依托南京农业大学和江西农业大学食品科学院的先进技术，对泰和乌鸡进行了科学加工，其产品具有肉质鲜嫩、骨质松脆和油脂低、蛋白含量高等特点，远销北京、上海、南京及广州等城市 3. 项目单位 泰和县乌鸡产业领导小组办公室

资料来源：吉安市人民政府官网。

　　泰和县立足本地特色，不仅延伸出一条产业链，推动产品发展，还创新举措，多点发力，使乌鸡产业发展再提速，形成了一系列推动乌鸡产业发展的新模式。

　　第一，统一生态养殖模式。该县把保障泰和乌鸡遗传性状稳定和质量提升作为乌鸡产业发展的主攻方向，在构筑种质资源保护平台、抓好提纯复壮的同时，按照科学布局、适当集中的原则，将澄江、南溪、塘洲、马市和沿溪列为泰和乌鸡产业核心发展区，实行统一技术规范、统一提供鸡苗、统一饲料配方、统一疫病防控的"四统一"生态养殖模式。西昌凤翔禽业公司和汪陂途都市农场率先引进物联网技术，建立起了泰和乌鸡产品可追溯管理系统和远程视频监控平台，实现了产品溯源。

　　第二，巧打特色品牌。一是严把质量标准，树好品牌形象。该县从种源保护入手，按照泰和乌鸡种鸡质量标准和地理标志证明商标以及二维码使用管理办法，完善审批发证制度，明确各级保种繁育场的业务范围和规范要求，建立层次分明、分工明确、衔接紧密的"保种场——一级扩繁场——二级扩繁场"三级保种

繁育体系（范玉庆等，2017）。同时，采取"公司+新型经营主体+农户"的模式，以汪陂途、榕泰禽业、西昌凤翔和武源凤为重点，建立一批泰和乌鸡标准化、规模化养殖基地，通过加强投入品控制，严格饲养规程，不断优化泰和乌鸡的养殖生态环境。结合中国科学院亚热带地区林下泰和乌鸡全生态养殖技术集成与试验课题，充分利用林地、果园和鱼塘周边等空闲地，开展林（果）下、荒丘人工有机泰和乌鸡养殖技术试验示范，推广以草养鸡、以牧促林、以林护牧的全生态养殖。在全县选择3~5家泰和乌鸡规模养殖企业开展物联网试点，建立集环境信息采集、无线传输、自动控制、视频监控和信息管理等功能于一体的智慧农业系统，通过软件系统实现消费者远程查询（范玉庆等，2017）。二是推进融合发展，提升品牌效益。泰和县为了将泰和乌鸡品牌优势转化为产业发展优势，一方面以龙头企业为依托，大力开展泰和乌鸡精深加工，目前，拥有"半边天"药业、白凤酒业、汪陂途禽业和倍得力生物科技等乌鸡加工企业14家；另一方面协调加工龙头企业联合组建泰和乌鸡研发中心，与中国农科院和中国科学院等科研机构合作，引进科研和技术人才和充分挖掘泰和乌鸡滋补、保健和美容等功效（范玉庆等，2017），重点开发泰和乌鸡药品、高端营养保健品及美容产品等系列产品。与此同时，该县利用武山良好的生态环境，引进恒大农牧集团，投资40亿元建设中国泰和乌鸡特色小镇，项目按照"四园一馆"（即泰和乌鸡原种保护园、泰和乌鸡科普科研园、泰和乌鸡休闲观光园、健康养生园和泰和乌鸡馆）的格局建设，将其打造成集泰和乌鸡一二三产业融合发展的核心示范区。三是创新宣传方式，扩大品牌的影响力。好酒也要靠吆喝。该县建立政府主导、企业参与、部门协作的联动机制，对泰和乌鸡品牌宣传实行统一策划，一方面，充分发挥泰和乌鸡深厚的历史文化底蕴和泰和乌鸡知识产权优势，聘请有关专家，按V1设计规范，高标准制作泰和乌鸡宣传广告片，我国首部乌鸡题材的动漫电视剧《乌鸡秀秀》已于2018年8月7日在泰和县举行了创作签约仪式。40集的动漫电视剧《乌鸡秀秀》由上海线影文化发展有限公司和泰和县文化广播电影电视新闻出版局联合制作，以泰和乌鸡为题材，塑造独特的泰和乌鸡卡通形象，展现了泰和良好的生态环境和扶贫成效及改革开放40多年来泰和的发展变化。动漫电视剧《乌鸡秀秀》推动了泰和乌鸡及其相关产业的发展，带动了泰和文化旅游事业的优势繁荣发展。另一方面，定时确定一个产业融合的宣传主题，有重点地开展泰和乌鸡品牌宣传，并结合红色旅游景区的优势，采取政府搭台、企业运作的方式，以国道沿线为主轴，规划实施集泰和乌鸡文化宣传、产品展览销售、餐饮小吃品尝和休闲娱乐于一体的旅游项目，提升游客的体验感，扩大泰和的影响力。为进一步宣传和发展乌鸡产业，振兴县域经济，泰和乌鸡参加了"乌鸡文化节""中国白凤乌鸡杯书画大赛"和"中国鄱阳湖国际生态文化节"等活动（见表3-10），提高了其知名度。通过内外结合，多层次、全方位地宣传和推广，不断提升泰和乌鸡的影响力和知名度。

表3-10 乌鸡产业宣传活动（部分）

活动名称	具体情况
乌鸡文化节	近年来，泰和县高位推动，解放思想，创新理念，把乌鸡产业作为富民产业来全力推进，切实加大了泰和乌鸡的保护和开发力度，壮大了一批乌鸡深加工龙头企业。泰和县要以这次"乌鸡文化节"为契机，进一步强化招商、落实举措、提升品质、做大规模、优化服务，努力把资源优势转化为产业优势，把产业优势转化为品牌优势，把品牌优势转化为当地群众致富优势。在"中国泰和乌鸡文化节"开幕式上举行了泰和乌鸡有机产品认证授牌仪式和泰和乌鸡产业发展招商及产品销售签约仪式，共签订了10个乌鸡产业项目，涉及乌鸡生产加工、产品销售和规模化养殖等项目，并首次在乌鸡销售中引入了电商
中国白凤乌鸡杯书画大赛	泰和乌鸡已成为兴县富民的重要引擎。为弘扬民族传统文化艺术，唱响泰和乌鸡，泰和县在2009年举办了"首届中国白凤乌鸡杯书画大赛"，以宣传和发展乌鸡产业，如开展以"发展泰和乌鸡，振兴县域经济""乌鸡珍宝，星火燎原"及"白凤仙子，展翅高飞"等为主题，内容健康向上的诗、词及楹联等征稿活动，由中国书法家协会和中国美术家协会评审委员会的成员组成评委团，本着"公平、公正、公开"的原则对参赛作品进行评选，评选过程由泰和县司法公证处公证。此次大赛是首届中国白凤乌鸡杯书画大赛，共设一等奖2名，奖金各6000元；二等奖4名，奖金各3000元；三等奖8名，奖金各1000元；优秀奖40名，入选作品160件。所有获奖作品将展出并结集出版，届时邀请优秀奖以上的作者来江西泰和参加颁奖仪式，活动期间组织获奖作者赴泰和乌鸡生态养殖园和加工企业参观并组织井冈山旅游（首届中国"白凤乌鸡杯"书画大赛征稿启事，2009）
中国鄱阳湖国际生态文化节	"中国鄱阳湖国际生态文化节"为江西的国际文化交流搭建了一个大型的互动平台，泰和乌鸡参加了"中国鄱阳湖生态文化节"，在此让世界人民对泰和乌鸡产品有了一定的认识，了解乌鸡文化，同时也帮助泰和了解世界文化，促进相互交流学习
2019年中国商标品牌节	"中国国际商标品牌节"是我国商界最高规格、影响最广的品牌盛会。"2019中国国际商标品牌节"于7月6日至8日在银川市举办，县市场监督管理局积极组织泰和县乌鸡产业办公室、江西倍得力生物工程有限公司和泰和武山凤酒业等多家企业参展，带来了地理标志产品——泰和乌鸡相关产品，涵盖了酒类、保健品、药品、熟食制品及调味品等30多个品种，吸引了众多客商驻足。经过专家及学者等专业人士的严格评审，最终泰和乌鸡在748家参评单位中脱颖而出，荣获2019中华品牌商标博览会金奖。商标节期间，王海滨副县长还受邀代表泰和县出席了"发现地标之美"论坛，并发表了演讲，全方位展示了泰和县地理标志品牌形象。泰和县通过此次参展进一步扩大了国家市场监管总局的对口支援优势，将泰和乌鸡地理标志品牌优势转化为产品优势、产业优势和发展优势，成为促进革命老区扶贫的强力引擎

资料来源：吉安市人民政府官网。

第三，加大招商引资力度。泰和县以全面推进乡村振兴战略为目标，围绕加快现代农业发展进程，引领农民脱贫、增收致富，坚持以项目攻坚为抓手，一方面，立足本地产业特色，精选一批规模大、具有发展潜力、辐射带动力强、无污染的现代农业产业项目及休闲农业项目，精心包装，并积极对外宣传推介；另一方面，抓住沿海地区产业梯度转移的有利时机，瞄准世界 500 强、民企 500 强、主板上市企业和央企国企，由县四套班子领导带队，组建农业招商团队，奔赴珠（长）三角沿海经济发达省市开展农业招商活动，通过制作 PPT，全方位、宽领域地推介本县的农业资源、区位优势、政策环境及产业发展需求项目。同时，建立帮扶责任制，实行一个项目一名县领导挂点一个单位对接，全方位、全天候、全过程地跟踪服务，为产业招商提供政策、人才和融资等方面的支持，让项目引得进、落得下、留得住。通过加大农业招商引资力度，强化农业主导产业和特色产业的区域化、基地化建设，填补农业短板，提升农业专业化、规模化水平。泰和乌鸡小镇是该县近年来引进的规模最大的农业项目，总投资 40 亿元，规划面积 5000 亩，按照"四园一馆"（即泰和乌鸡原种保护园、泰和乌鸡科普科研园、泰和乌鸡休闲观光园、健康养生园和泰和乌鸡馆）的格局进行打造，项目建成后，将成为泰和乌鸡一二三产业融合发展的核心示范区，不仅能带动县域经济的发展，还能使农民通过土地入股，参与项目建设，从中获得分红和劳务报酬，实现稳定增收。

第四，积极引进人才。千烟洲院士工作站以林下乌鸡养殖等为主要研究方向，吸引了中科院地理资源所从事生态农业、农林复合经营、林下经济开发和农业文化遗产等方面的国内一流专家，助力该县组建并申报泰和乌鸡产业技术战略联盟和乌鸡实验室，制定泰和乌鸡产业发展规划，科学规划泰和乌鸡产业发展方向。泰和千烟洲院士工作站的挂牌成立，填补了该县院士工作站建站空白，是泰和县引进人才，特别是高端人才的重大举措，为实施创新驱动发展提供了更有力的人才保障和智力支持。

（2）泰和乌鸡的发展历程。

江西省泰和县位于井冈山脚下，是中国乌鸡的原产地。泰和乌鸡是江西省泰和县的特产，原产于泰和县武山北麓，已有 2200 多年的饲养历史。泰和乌鸡的发展历程如表 3-11 所示。

表 3-11 泰和乌鸡的发展历程

起源	在泰和当地流传着一个神奇而美丽的传说——泰和乌鸡是白凤仙子的化身。世传，当年仙人吕洞宾等"八仙"云游至武山，恰逢重阳佳节，处处丹桂飘香、金菊怒放，一派祥和景象，便乘兴登临武山，饮酒论道，赏景赋诗。武山的风景使"八仙"深深陶醉，"八仙"便相约500年后的重阳节再游武山。500年后吕洞宾等"八仙"故地重游，但见武山一带瘟疫流行、民不聊生、颓废不堪。吕洞宾遂与诸仙商定，决定在武山武叠峰北岩开坛炼丹，以济苍生。经过七七四十九天的修炼，丹药炼成，正待出炉之时，忽然天昏地暗，妖风大作，仙丹危在旦夕。"八仙"一面合力与妖魔斗法，一面向王母娘娘求援。王母娘娘速派身边的侍女——两位白凤仙子携带瑶池琼浆玉液置于炼丹炉中，"八仙"顿时功力大增，将妖魔降除。两位仙女却被妖风卷入炼丹池，忍受烈焰锻炼，皮肉、内脏和骨头俱被烧得焦黑。丹药出炉后，两位仙女化成一对白凤乌鸡。为防止妖魔再次兴风作浪，白凤仙子留在人间，为百姓祛病驱邪，造福天下（崔建玲，2018），后被世人誉为"神鸟"，这就是泰和乌鸡
泰和乌鸡 发展历程	1915年泰和乌鸡在"巴拿马太平洋万国博览会"展出，一举夺得金牌。泰和乌鸡似凤非凤，似鸡非鸡，其奇美独特的外貌博得了参展各国的好评，被列为"观赏鸡"，自此誉满全球（周小红，2016）。2001年原国家农业部确定泰和乌鸡为首批国家级畜禽保护品种；同年，泰和乌鸡证明使用商标在国家工商总局注册；2002年为了提纯复壮，从全国100多种地方鸡中选出泰和乌鸡蛋搭乘"神舟三号"飞船登上太空，泰和乌鸡及其系列产品名声大噪；2004年泰和乌鸡"原产地域保护"经原国家质检总局论证通过，获得"原产地保护产品"标志（周小红，2016），泰和乌鸡标准已在原国家质监总局备案；2007年泰和乌鸡获得"国家地理标志保护产品"标志；同年，"泰和乌鸡"商标被认定为"中国驰名商标"。为做大做强泰和乌鸡产业，泰和县围绕泰和乌鸡推进产业聚集，推行标准化养殖，加大产品开发力度。通过泰和乌鸡深加工企业，强化市场监管，拓展市场营销渠道，推进泰和乌鸡一、二、三产业融合发展。2017年，农业部公布了2016年中国重要农业文化遗产，认定了408项有潜在保护价值的农业生产系统。其中，泰和县泰和乌鸡养殖系统成为该县第1个、全市第8个获得该项认定的项目。为进一步做大做强泰和乌鸡产业，泰和县与中国农业科学院农产品加工研究所签订了泰和乌鸡技术开发合同。近年来，泰和乌鸡先后荣获"首批国家级畜禽保护品种""全国首例活体原产地域保护产品""中国农产品地理标志产品""中国地理标志产品"和"中国驰名商标"等荣誉

资料来源：吉安市人民政府官网。

2. 泰和乌鸡产业的发展优势

第一，区位优势明显。泰和交通发达，井冈山机场正式通航，京九铁路、赣粤高速、泰井高速、105国道、319国道和赣江水道在境内纵横交错，形成水陆空立体交通网络。泰和县自然条件优越，是乌鸡之乡。泰和县依山傍水、风景秀丽，全县森林覆盖率78%，为泰和乌鸡提供了良好的生态环境。

第二，气候条件独特。泰和县位于江西省的中南部，革命摇篮井冈山的脚下，吉安市的西南部，北纬 26° 27′ ~26° 59′，东经 114° 57′ ~115° 20′，泰和境内气候温暖，光照充沛，年平均气温 18.6℃，年温差 23.20℃，全年日照 1791.50 小时，光照充足，适应乌鸡的生长。

第三，优质的水源。泰和特有的水体与土壤含有丰富的磷、钾、钙等有效营养成分，因此，乌鸡产业发达。泰和乌鸡长期生长在依山傍水、风景秀丽的武山地区，其水源含有泰和乌鸡生长所需要的多种特殊的矿物质，故有"不饮武山水，不是武山鸡"的说法。

第四，地貌。泰和县土地总面积 2667 平方千米，总人口 53 万，主要地貌为山地、丘陵和平原。放牧是提高肉鸡肉质的重要措施之一，泰和乌鸡是通过野外散养的形式进行养殖的，养殖基地的保护区非常大，所以，里面养的乌鸡很疏散不会太密集，除了五谷玉米和稻谷外，养殖园区还种植有很多樟树，樟子、虫子和地上的草根都是宝贵的资源，这种地形地貌有利于乌鸡的散放饲养，林下散养不仅能提高乌鸡的质量，还能减少饲料的喂养次数，降低养殖成本。

第五，政府重视。泰和县历届县委、县政府都高度重视乌鸡产业的发展，在规范乌鸡标准化养殖、壮大乌鸡饲养规模的基础上，重点在拓展乌鸡深加工、延长乌鸡产业链上做文章。一是规划建设乌鸡产业园。在县食品工业园中规划了 500 亩土地用于建设乌鸡产业园，目前，已入驻 3 家乌鸡深加工企业。二是扶持已落户企业。重点帮扶半边天药业和汪陂途等一批发展势头良好的企业，扩大生产规模，扩大产品的影响力，做强以乌鸡酒为代表的保健酒产业。三是大力引进乌鸡深加工企业。新引进的一品乌鸡精项目正在紧张施工，年内有望竣工投产。特别值得一提的是，泰和县已和煌上煌集团初步达成了合作开发乌鸡产业的意向，计划打造一条包括饲料生产、种苗提供、养殖基地、肉食加工和熟食终端的泰和乌鸡完整产业链，不断提高泰和乌鸡的产业化经营水平。2018 年全县建有标准化乌鸡养殖基地 5 个、大型乌鸡养殖场 16 家、5 万羽以上的养殖大户近百户，全县乌鸡饲养规模已达 1400 万羽。四是科学开发，强化保护。县财政投入 300 万元与中国农科院农产品加工研究所签订了泰和乌鸡（蛋）技术开发合同，与中科院合作创建了泰和千烟洲院士工作站，投资 4000 余万元启动了国家级保种场——泰和乌鸡原种场整体搬迁建设项目。委托中华商标协会完善泰和乌鸡地理标志证明商标管理规则，扩注泰和乌鸡地理标志证明商标保护范围，完善泰和乌鸡二维码溯源体系，加大对假冒伪劣产品的打击力度，维护泰和乌鸡的品牌形象（龚琛虎和罗永平，2019）。

二、若干思考

(一)泰和乌鸡助力致富的经验

泰和是中国乌鸡之乡，乌鸡的发源地。乌鸡体型娇小，具有极高的营养、药用、观赏价值，名扬海内外，先后获得"世界地理标志产品""全国首例活体原产地域保护产品""全国首例活体驰名商标"和"首批国家级畜禽保护品种"等九项荣誉。近年来，泰和县将地理标志品牌优势转化为产品优势和发展优势，紧紧围绕泰和乌鸡产业谋划项目，认清形势、抓住机遇、乘势而上，做大做强本土优势产业，借力乌鸡产业增收致富，探索出了一系列值得借鉴的经验。

一是政府主导，高位推动。江西省吉安市高度重视乌鸡产业的发展，泰和县委、县政府将泰和乌鸡产业作为富民强县的优势主导产业来抓，出台了《关于加快泰和乌鸡产业发展的意见》等一系列政策，成立了由县委书记任组长的泰和乌鸡产业发展工作领导小组，县财政每年安排泰和乌鸡产业发展专项资金200万元，用于泰和乌鸡的产业发展和品牌建设，一系列优惠扶持政策的出台促进了泰和乌鸡产业的发展。泰和依托县内乌鸡养殖龙头企业，采用"公司+农户"等模式，保证了农户的较高收益。

二是授人以渔，激发内生动力。泰和县举办了产业脱贫技术培训班，并开展了全程跟踪服务。为了提高农户的科技种养水平，该县以实施新型职业农民培训项目为平台，免费培训劳动力742人，并充分发挥"田教授"服务团作用，采取"1+1+4"（即1名"田教授"+1名乡村干部+4名贫困户）的模式结成帮扶对子，将种养技术传授给农户，指导农户发展产业，走出了一条由"输血型"向"造血型"转变的产业致富路。

三是注重宣传，增收致富。泰和县组织泰和乌鸡相关产业部门参加国内相关的农产品展销会、博览会和交易会等活动。同时，通过中央电视台等新闻媒体持续扩大品牌影响力。2017年6月，在扬州召开的世界地理标志大会上，泰和乌鸡地标产品得到了国务委员王勇和世界知识产权组织总干事高锐的高度赞赏。目前，恒大集团农牧板块已投资40亿元建设中国泰和乌鸡特色小镇，构建泰和乌鸡"1+3+X"产业体系，打造高端养生度假旅游目的地及新型健康科技产业平台。该县着力实施"龙头企业+""互联网+"和"农产品品牌+"三大行动，借助电商销售特色产品。目前，全县拥有规模以上农业产业化龙头企业185家，其中，市级龙头企业26家、省级龙头企业9家，建立产业基地452个，带动农户6.3万户；累计发展农产品电商企业150家，其中，规模以

上电商企业 11 家。自 2019 年以来，泰和乌鸡的线上销售额约为 310 万元，线下销售额约为 300 万元，帮助 406 户农户实现增收。

（二）乌鸡产业发展面临的困境

近几年来，乌鸡产业虽然取得了很大的进展，但是仍面临一些困境，具体如下：

第一，品种保护意识有待提升，品牌侵权现象严重。泰和乌鸡一直以良好的品牌和声誉畅销全国各地，其优良的品种吸引了各地商人的眼球，使全国各地很多人到泰和引种泰和乌鸡，导致优质品种流失，全国各地出现大量的杂交乌鸡，杂交乌鸡数量暴增，致使本地原种乌鸡销售受到影响。某些企业受利益驱使，盗用泰和乌鸡品牌，在全国各地销售速成鸡或者杂交鸡，以获取暴利。加之，随着泰和乌鸡价格的不断上升，本地一些养殖户急功近利，掺杂使假，极大地损害了泰和乌鸡的品牌形象。

第二，外地大型禽类养殖企业的兴起，使泰和乌鸡产业受到挤压。一是成本较低的杂交乌鸡在全国各地广泛分布，使消费者难识庐山真面目，挤占了泰和乌鸡的销售市场；二是泰和乌鸡的生长周期长、体态娇小、料肉比低、饲养成本高，无法与杂交乌鸡竞争市场，更不用说与饲养风险低的大型禽类养殖企业竞争。

第三，资金投入欠缺。多年来，各级领导一直把泰和乌鸡当作富民强县的重要支柱产业来抓，成立了专门机构，制定了优惠政策。自 2009 年以来，县财政每年给予 100 万元的资金扶持。但作为一项产业来说，总的投入仍然是杯水车薪。一是在拓展销售渠道和占领市场方面办法不多、投入不足。政府投入受财力所限，企业因规模小不愿投入，只想搭车赚钱，导致泰和乌鸡品牌优势难以发挥。二是泰和乌鸡现有的系列产品因生产工艺技术水平低、附加值低，早已无法适应市场需求，而且在新产品的研发上缺少资金、技术和人才的支持，泰和乌鸡的营养、药用价值没有得到充分挖掘，导致泰和乌鸡的加工转化能力停滞不前。

（三）培育壮大泰和乌鸡产业的对策建议

享誉全球的中国泰和乌鸡，是泰和对外宣传的一张名片和宝贵的特色资源。大力发展泰和乌鸡产业是江西省委、吉安市委及泰和县政府共同的目标，近年来，在历届领导的大力扶持下，泰和乌鸡产业取得了极大的成效。但因市场竞争等多种因素的影响，泰和乌鸡产业发展仍面临一些问题。针对泰和乌鸡产业发展所面临的一些问题，提出几点对策。

第一，宣传工作要到位，维权力度需加大。一是泰和乌鸡之所以享誉全球，除了其品种质量上乘外，宣传工作也是非常重要的方面。在品种掺假、杂交乌鸡盛行的时代，更加不能忘了宣传正宗乌鸡，不能让消费者忘却原本的泰和乌鸡。在宣传路径上可以通过企业筹资、政府拨款的方式，利用新媒体大力宣传乌鸡原种鸡的特点及营养价值，为消费者选择泰和乌鸡建立信心。二是需加大打假维权力度。对于泰和乌鸡而言，打假维权不仅能保护正宗的乌鸡品牌，还能为宣传泰和正宗乌鸡贡献一分力量。在打假维权上，一方面，可以设立打假举报网，给提供打假信息的人一定的奖励；另一方面，对于那些没有使用泰和乌鸡做原料，但其产品说明或标识有"泰和乌鸡"字样的药厂、保健品厂和酒厂等生产企业，要依法采取法律手段进行维权。

第二，组建泰和乌鸡产业发展集团，打造产业航母。整合现有的乌鸡生产和加工企业资源，组建泰和乌鸡产业发展集团，打造泰和乌鸡产业航母。利用科研检测数据，制定泰和乌鸡衍生产品的行业标准和国家标准。在饲料种苗供应、禽病防疫、价格定位和产品销售等方面规范市场秩序，增强抵御市场风险的能力，降低产销成本，提高产品质量，让泰和乌鸡系列产品进入大型超市，占领大中城市。一是培育壮大龙头企业，增强辐射带动功能。通过整合兼并、内引外联的办法，引进并着力扶持一批龙头企业，帮助它们上规模、上档次，使其做大做强。二是发展专业化合作组织，提高饲养户的组织化程度。按照《农民专业合作社法》的要求，坚持"民办、民管、民受益"的原则，创建一批泰和乌鸡养殖专业合作社，为养殖户提供产前、产中、产后服务，架起从生产到销售的桥梁。同时，引导龙头企业、专业合作组织与养殖农户结成利益均沾、风险共担的经济共同体，让泰和乌鸡专业合作组织与龙头企业对接，提高饲养户的市场化、组织化程度和抗风险能力，促进泰和乌鸡产业的发展。

第三，加大科研投入。目前，我国市场上的肉用鸡种，虽然生长快、周期短、利润高，但其肉色发白、肉中水分多、口感差。泰和乌鸡营养价值高、口感极鲜，在营养保健、药用价值等方面有着广阔的发展前景。国内外研究表明，乌鸡的肌肉和内脏中含有丰富的营养成分，其氨基酸种类齐全。因此，要加大科研投入，加强与科研院所、高校等之间的合作，同时加大科研奖励力度，激发科研人员的积极性，研发一系列专属泰和乌鸡的产品，提高泰和乌鸡的知名度，带动泰和乌鸡及其他衍生产品的消费，促进整个泰和乌鸡产业链的振兴。

第四章

特色农业在抚州老区增收致富中的作用

第一节 南丰蜜桔产业

　　南丰蜜桔是我国名特优柑桔品种，因其皮薄核少、汁多无渣、酸甜适口、营养丰富被列为皇室贡品，多次被评为全国优质水果，素有"桔中之王"的美称。南丰县因盛产蜜桔而闻名全国，被称为"蜜桔之乡"，南丰蜜桔的种植培育系统被列入全国重要农业文化遗产名单。南丰县多次获得"国字号"荣誉，2017年被评为"全国休闲农业与乡村旅游示范县"；2018年获评"全国农村一二三产业融合发展先导区""全国电子商务进农村综合示范县"和"全国资源循环利用基地"等。

一、南丰蜜桔产业的发展背景

（一）政策背景

　　南丰县制定了一系列蜜桔产业扶持政策来促进蜜桔产业发展、农民增收。南丰县大力发展菜、茶、药等高效作物，抓好现代农业蔬菜项目建设，辐射带动全县"百村百点"农业种植示范基地，形成了一批精品蜜桔村、烟叶村及白莲村等产业致富村。鼓励龙头企业、种养大户、农民合作社和家庭农场带头，引导农户发展产业，帮助农户就业；扶持农村、农户发展特色农业产业，改善农业生产条件，提高农业综合生产能力。

　　根据抚州市财政局2018年工作情况汇报，抚州市争取将蜜桔、白莲、油茶和烟叶纳入农业政策性保险目录。目前,除南丰蜜桔已纳入省级财政农业政策性保险保费补贴范围外,烟叶、白莲和油茶未纳入省级财政农业政策性保险保费补贴范围。南丰蜜桔已纳入省级财政农业政策性保险保费补贴范围,并取得了初步成效。南丰县是抚州市蜜桔种植大县,截至2018年底,该县投资于蜜桔的保险保费达1514.97万元,其中,财政资金605.98万元,其他资金908.99万元。在保险期间,被投保的果树所在行政乡气象观测站经审核的日最低气温及持续时长达到保险合同约定的起赔标准,保险人依照保险合同约定负责赔偿。从保险条款实施之日起,保费逐年递增,截至2019年初,保费规模为1136.35万元,投保的桔农不断增加,参保的面积也从起始的几百亩变为2019年初的71021.67亩。

为加快南丰蜜桔产业的转型升级,全面提升南丰蜜桔产业的市场竞争力,促进蜜桔产业的高质量发展,结合南丰的实际情况做好巡视整改工作。2019年11月,南丰县人民政府印发了《关于促进南丰蜜桔产业高质量发展的实施意见》,以党的十九届四中全会精神及习近平总书记视察江西时的重要讲话精神为指导思想,积极践行新发展理念,强力推进南丰蜜桔产业的供给侧结构性改革。南丰县以提升南丰蜜桔品质、保障产业安全为重点,坚持质量和效益并重、一二三产业融合发展,构建总体布局合理、生产技术规范、果品优质安全、营销网络完善、品牌效益凸显的南丰蜜桔产业体系,建设现代果业强县,助推乡村振兴。其主要目标是至2023年,全县柑桔面积调整到60万亩,其中,南丰蜜桔40万亩左右、精品生态桔园1万亩、标准化示范园6万亩。将柑桔的黄龙病平均病株率控制在3%以下;壮大柑桔龙头企业,力争出口量占总产的20%以上,电商、微商等网络平台的销售量占总产的20%以上,精深加工能力达到总产的10%以上。南丰蜜桔的品牌价值保持在全国高级农产品品牌价值榜先进行列。

2020年初,受新冠肺炎疫情的影响,南丰蜜桔的滞销现象突出,再加上蜜桔的保鲜期较短,蜜桔的销售遇到瓶颈。为了贯彻落实江西省委、省政府有力促进南丰蜜桔的销售,推动南丰蜜桔产业的发展,保障全县桔农的收益,南丰县人民政府印发了《关于应对疫情促进南丰蜜桔销售扶持办法》,对不同的企业采取了不同的奖励方法。第一,针对县内蜜桔鲜销企业或个人。凡在规定时间内向桔农收购南丰蜜桔达50吨(含50吨)以上的,按20元/吨的标准予以奖补。第二,针对县内电商企业。鼓励电商企业创新模式,大力发展宅经济、线上经济,拓展线上销售渠道。电商出单数在100单(含100单)以上的,

按 0.5 元 / 单的标准予以奖补。第三，针对县内蜜桔外贸出口企业。在当地属地检验检疫和报关通关的，除享受原有外贸出口奖励补贴外，再按 40 元 / 吨的标准予以奖补。第四，针对县内蜜桔深加工企业。按实际 20 元 / 吨的标准予以奖补。同时，协调金融机构，加大蜜桔加工企业的贷款支持力度，收购资金实行封闭运行。给予蜜桔深加工企业收购流动资金贷款最长不超过一年的贴息补助（贴补期限不超过 2020 年 12 月 31 日）。贴息补助由县金融办和工业园区牵头，根据蜜桔的收购金额（桔农通过一卡通收到的蜜桔收购款）确定补助期限。

（二）产业背景

1. 南丰蜜桔产业的发展概况

（1）南丰蜜桔产业的发展阶段。

南丰蜜桔是我国优良的柑桔品种之一，也是南丰、抚州乃至江西的珍贵特产。江西省南丰县是南丰蜜桔的原产地和主产区，其栽培历史已有 1300 多年。据相关历史记载，南丰蜜桔是由乳桔演变而来的，早在唐代开元时期，乳桔落户南丰，由于果实味道甜美、微酸、香气扑鼻，后来人们称它为"蜜桔"。南丰蜜桔的生产发展在清末民初进入鼎盛期，那时年产量最高可达 12 万担。民国时，南丰蜜桔的发展受战乱和自然灾害的影响由盛转衰，桔农被迫大量砍伐桔树，桔园荒芜，产量下降，产量下降至 1 万~2 万担 / 年。中华人民共和国成立前夕，南丰县的蜜桔种植面积不到 300 亩，年产量不到 2000 担。南丰县城区和城郊的茅店、水南、瑶浦及杨梅等乡村是蜜桔栽培的主要集中地，而以城区为中心的 5 公里范围外则少有栽培。中华人民共和国成立后，受到党和政府的高度重视，在一系列政策措施的加持下，桔农得到了相应的扶持，南丰蜜桔的生产发展也得到了有效恢复。

中华人民共和国成立后，南丰蜜桔按照其发展阶段，大致可划分为六个阶段。

第一阶段，恢复发展（1950~1958 年）。在政府的帮助和指导下，桔农开始采用科学的方法栽培桔树，生产积极性空前高涨，原本衰退的南丰蜜桔产业得到恢复。仅两年的时间，蜜桔产量大幅提升。1952 年的年产量达 1080 吨。1954 年底至 1955 年初，受强低温影响，南丰蜜桔遭受了一次严重的冻灾，年产量一度降至 650 吨。经过这次冻灾后，蜜桔产量逐年上升，1958 年是中华人民共和国成立后的第一个高产年，蜜桔的年产量达2270吨。

第二阶段，低产停滞（1959~1972年）。在这段时期，南丰蜜桔生产受各种因素的影响进入连续的徘徊局面。1961~1964年，年产量只有1000余吨，还不到1958年产量的1/2。1970年，全县的桔园面积只剩1300余亩，成为中华人民共和国成立以来种植面积最少的一年。1972年蜜桔总产量上升至2210余吨，但仍未达到1958年的水平。

第三阶段，稳定发展（1973~1979年）。1973年后，南丰蜜桔生产开始走出低谷，总种植面积增加至5200余亩，年产量达2730余吨。此后，每年扩种约1000余亩，到1977年总种植面积发展到11500余亩，是1970年的8倍之多。1978年以后，扩种规模逐年加快，到了1979年底，整个南丰县的柑桔种植面积为22900余亩，年产量达5740余吨，创历史新高，此时的南丰蜜桔进入了一个新的发展阶段。

第四阶段，快速发展（1980~1991年）。党的十一届三中全会以后，南丰蜜桔产业迅速发展。蜜桔产区发生了新的变化，从此前的县城近郊扩展到远区，从原本的平地延伸到山地丘陵，从小块种植发展到大片栽培。到1982年底全县的蜜桔种植面积发展到39700余亩，1983年总产量达10400余吨，是1979年的1.8倍，并在接下来的4年里平均每年增产1150吨。1986年总产量达20000余吨，比1983年增加了9650余吨，平均每年增产3200余吨。到了1991年，全县的蜜桔种植面积发展到81000余亩，年产量达40000余吨。桔园总面积与中华人民共和国成立初期相比增加了26倍，蜜桔总产量增加了50倍。

第五阶段，迅猛发展（1992~2001年）。1991年冬季极为寒冷，南丰县遭受了百年未遇的特大冻害。受冻害的影响，蜜桔的生产遭到了毁灭性的破坏。全县的南丰蜜桔有八成被冻死，总面积为81578亩，冻死了65480亩。1992年春，冻灾结束，南丰县委、县政府展开紧急部署，发动并组织全县人民齐心协力抗击冻灾、开展自救，引导并扶持桔农重建桔园，加快恢复蜜桔生产；另外，县委、县政府通过采取一系列的有效措施和制定优惠政策来促进蜜桔生产，广大桔农和群众受到了极大的鼓舞，生产积极性空前高涨，人们纷纷开荒建园，出现了个人、集体和国营齐头并进的发展新局面。在短短的几年内，通过全县上下的共同努力，南丰蜜桔得到了迅速的恢复和发展，蜜桔产区遍布全县的各个乡镇，涌现出了一批主产乡镇，如桑田、莱溪、市山、白舍、洽湾和桥背等。到了1999年，全县的南丰蜜桔种植面积达16.8万亩，年总产量达 60000 吨，面积和产量均超过了冻灾前的水平。此后，南丰县大力普及南丰蜜桔栽培技术，用科学的方法提升南丰蜜桔的产量和质量，创立自主品牌，推动了蜜桔产业的迅猛发展。截至 2001 年，南丰蜜桔的种植总面积达到 18.2 万亩。

第六阶段，持续发展（2002 年至今）。2002 年以后，南丰蜜桔持续发展。2002 年，南丰蜜桔的产值首次超过粮食总产值，成为南丰县的支柱产业之一。2004 年，南丰县农民人均纯收入中有近 1/3 来自蜜桔产业，其中，农民增加的收入中有 58% 来自南丰蜜桔产业。2014 年，南丰蜜桔的种植面积达 26 万亩，总产量达 17 万吨，总产值达 4 亿元，超过了粮食总产值，已成为南丰县经济发展的支柱产业。截至 2018 年，该县的蜜桔种植总面积达 70 万余亩，总产量达 140 万吨，综合产值达 130 多亿元，南丰县农村居民人均可支配收入中大概有 2/3 来自蜜桔产业。目前，南丰县的蜜桔产业正持续发展。

（2）产业现状。

第一，产业规模。2019 年南丰县的柑桔种植面积达 70 万亩，预计年总产在 100 万吨以上。通过 5000 多户、2 万余人的蜜桔经销商队伍的努力，南丰蜜桔销往全国各地。南丰蜜桔的出口地区涉及 40 多个国家和地区，遍布亚、美、欧等大洲。南丰蜜桔已经成为我国出口量最大的柑桔果品之一。

第二，品牌荣誉。南丰蜜桔先后被评为"国家地理标志产品"和"中国名牌农产品"，并获得了"农产品地理标志"，"南丰蜜桔"证明商标为宽皮柑桔类首个"中国驰名商标"，是中国果品区域公共品牌 50 强，是最受消费者欢迎的农产品公共品牌 100 强，南丰蜜桔（证明商标）品牌价值 51.14 亿元，南丰蜜桔（农产品地理标志）品牌价值 209.70 亿元。南丰县作为全国绿色食品原料（南丰蜜桔）标准化生产基地，是全国首批"出口水果质量安全示范区"之一。

第三，在县域经济中的地位。南丰蜜桔是南丰县的农业主导产业，是农民收入的主要来源，2018 年南丰县农村居民人均收入超过 2 万元，其中，2/3 来自南丰蜜桔产业。南丰蜜桔产业集聚了蜜桔生产、物流、包装和销售企业 150 多家，生物有机肥生产企业 2 家，蜜桔深加工企业 3 家，蜜桔专业合作社 700 多家，种植农户近 5 万户，已初步形成了生产、销售、物流、包装、加工、旅游和服务一体化的产业链条，现已建成罗俚石蜜桔生态园、观必上乐园、前湖庄园和南湾农庄等桔园旅游采摘休闲景区 30 多个，蜜桔综合产值达 120 多亿元。

2. 南丰蜜桔产业的发展环境

（1）南丰蜜桔的生长环境。

第一，温度。南丰蜜桔的生长发育主要受到温度的影响。南丰蜜桔的生长温度最低为12℃，最高为30℃，最适宜的温度在23℃~29℃。冬季，南丰蜜桔能承受的最低气温为-7℃，此时，果树枝梢及叶片受冻，当气温低于这个温度时，果树将受到严重冻害，甚至死亡。夏季，高温会影响南丰蜜桔的生长发育，当气温升至35℃时，光合作用降低一半；当温度在45℃时，会出现落叶，果实会发生日灼。在花期和生理落果期，若气温在30℃以上，会引起严重的落花落果。在果实成熟期，若温度在13℃左右，有利于果实着色，白天温度高、晚上温度低，有利于糖分的积累，果肉的成熟会加快。

第二，湿度。南丰蜜桔对水分的要求较高，如果空气湿度太低或变化太大，果皮会变得粗厚，且多渣。南丰蜜桔适宜的年降水量在1500~2000毫米，适宜的空气湿度为80%~85%，一般土壤水分应保持在田间持水量的60%~80%。若夏秋干旱时间长，会抑制果实的生长，导致果实偏小；若久旱后降大雨，果肉会快速膨大，果皮生长速度跟不上，容易出现大量裂果；若果实的成熟期严重干旱，果实的含酸量就会增高。

第三，光照。南丰蜜桔在宽皮柑桔类中是比较耐阴的品种，但阳光是进行光合作用的必要条件，同时热量是伴随着阳光而产生的，因此，光照对南丰蜜桔具有重要作用。光照充足时，叶片的氮、磷含量较高，因此，可加强树体的生理活动，提高光合作用的强度，改善树体的有机营养状况，促进枝叶的生长，减少病虫害，使花芽分化良好，坐果率高。果实着色充分，能提高果的实产量和品质。若光照过强，易造成果实日灼，甚至枝干皮裂；如果光照不足，会导致树体郁闭，内膛枝枯死，病虫害大量发生，树体营养差，不利于花芽分化及果实着色。

第四，土壤。南丰蜜桔能适应各种类型的土壤，但以土层深厚、富含有机质、保水、排水良好的沙壤土为宜。南丰蜜桔要求土层深度在1米以上，有机质含量在2%以上；酸碱度适宜，以pH值在5.5~6.5的微酸性土壤为宜；土壤疏松，能排能灌。

第五，地势。南丰蜜桔既适宜在平地种植，也可在丘陵地带发展。坡度在25°以下的山地都可种植南丰蜜桔，最好利用南坡、东南坡种植，这样可以更有效地避免冻害，而且南坡和东南坡的日照量大、日照时间长，可避免寒风的直接危害，桔树可安全越冬。

第六，小气候。不同的地形在同一大气候下会出现多种小气候区域，桔树种植也要利用大山体的阻挡作用，利用大水体（江河、湖海和大水库）的增温效应，使小区域能冬暖夏凉，从而促进南丰蜜桔的生长。山谷和无冷空气出口的低洼地，往往冷空气沉积，易进难出，容易引起冻害，此处不宜种植南丰蜜桔。

（2）南丰蜜桔产业的发展优势。

第一，区位优势显著。南丰县地处江西省的东南部，毗邻福建省三明市，位于长江、珠江和闽江三江的扇形辐射面上，是海峡西岸经济区的重要组成部分，也是浙、赣地区连接闽、粤的商贸要冲，地理位置优越。鹰瑞高速穿境而过，福银高速擦境而行，昌厦一级公路及南建、丰杉省道贯穿其中，仅需花费 4~6 个小时即可到达上海、广州、深圳、杭州、福州和厦门等沿海大中城市，交通便捷。鹰厦铁路、浙赣铁路及向乐铁路在周边县市交汇，向（塘）莆（田）铁路穿境而过。从南丰县驱车至南昌国际机场和武夷山机场仅需 2 小时，1.5 小时即可从这两个机场飞到广州、深圳、厦门、上海和香港等地，距湄洲湾港和福州港仅 3~4 小时车程。

第二，政策扶持有力。该县出台了一系列政策支持南丰蜜桔产业的发展，如《南丰县产业扶贫直补到户实施方案》等，从南丰蜜桔产业发展、种植补贴、农业技能培训和产业扶持等方面推动了南丰蜜桔产业的发展。

第三，气候条件优越。南丰县位于江西省的东南部，属亚热带季风气候，全年温暖湿润，降雨充足，四季分明，无霜期长，气候条件优越，十分适合农作物的生长。据南丰县气象局连续 20 年的气象资料记载，南丰县的年平均温度为 18.3℃，有效积温（≥10℃）为 5805.9℃，一月为最冷月，均温为 6.1℃，历年平均极端低温为 -4.7℃，无霜期长达 271 天，具有冬短、冬暖、春早、秋迟、作物生长期长、积温高和热量资源丰富的特点。南丰县雨量充沛，年平均降水量为 1700 毫米，年均日照总时数为 1928.2 小时，日照率为 44%，这正是南丰蜜桔最适宜的气候条件。

第四，农旅结合有效。"蜜桔＋旅游"的农旅结合方式已经成为南丰县开启旅游全域化新时代的"金钥匙"。该县大力建设乡村示范休闲游项目，通过吸引社会资金及鼓励单位、个人投资投工投劳参与项目建设，将桔园改造成游园、公园，景区化改造与旅游化提升全面进行，集中培育、建设一批"美丽乡村"，使之充满乡愁韵味和文化内涵。琴城镇在 2013 年入选"国家级生态乡镇"，2015 年入选"江西省十大休闲小镇"；罗俚石蜜桔生态园等十家"桔园游"农家乐荣获"中国乡村旅游金牌农家乐"称号；市山镇包坊村荣获首批"中国乡村旅游模范村"称号。2017 年，该县水南国礼园被评为"江西省4A 级乡村旅游景点"，创意桔灯获评江西省"十佳旅游商品"。打造桔文化旅游产业集聚区，将蜜桔种植文化、当地傩文化和名人文化结合起来，形成独具特色的无围墙景区，成功被评为国家 4A 级景区。另外，重点打造了 30 多个风格各异、独具特色的"桔园游"项目。南丰县引领了休闲游新时尚，春夏秋冬各有去处：春赏花、夏避暑、秋采桔、冬泡泉。凭借着独特的蜜桔优势和全县的积极努力，南丰县于 2016 年被列入首批"国家全域旅游示范区"名单。

第五，地理环境良好。南丰县地势起伏较大，多丘陵山地，多为红壤土，是适宜南丰蜜桔种植的良好土壤类型。另外，经过耕作熟化的水稻土也是适宜南丰蜜桔种植的土壤类型之一。红壤土的成土母质多为残积、坡积的酸性结晶岩风化物、泥质岩和石英砂岩，也含有花岗岩、板岩、片麻岩和混合岩等，土层深厚。经过长期耕种的水稻土具有土壤肥沃、保水保肥的特点，两者均是种植南丰蜜桔的良好土壤资源。此外，土质疏松、宜耕性好的冲积土，磷、钾含量丰富的紫色土等也是种植南丰蜜桔的优良土壤类型。

第六，品牌优势显著。中华人民共和国成立以来，南丰蜜桔先后取得了诸多荣誉，多次被评为"全国优质水果"和"名牌产品"。南丰县于 1988 年被评为"全国柑桔商品生产基地"，于 1995 年被授予"中国南丰蜜桔之乡"称号，在 2001 年被认定为"全国园艺产品出口示范区"，是"全国绿色食品原料（南丰蜜桔）标准化生产基地"和中国首批"出口水果质量安全示范区"之一。

第七，技术支持可靠。南丰县积极发挥精品桔园和科技培训示范基地的带动作用，着力打造了 41 个精品示范桔园、2 个县级农业科技培训示范基地，要求每个乡镇建立各自的蜜桔种植示范基地。2018 年，该县相关部门与各乡镇联手，在各蜜桔示范点开展科技示范户培训，接受培训的人数达 320。

二、案例分析

（一）江西省鸿远果业股份有限公司简介

江西省鸿远果业股份有限公司的前身是南丰县微红果业有限公司，从一个家族式的私人企业走向集团化的民营企业，诞生于 1996 年，注册于 2004 年。公司现位于南丰县曾巩大道延伸段，占地面积 2 万平方米。公司将科研、生产、技术推广、加工和销售融为一体，严格按照 GAP 质量管理体系，对南丰蜜桔的种植、加工和生产等进行严格把控。为了确保产品的质量和消费者的健康，对生产的全过程实施科学化、规范化管理。公司所获荣誉如表 4-1 所示。

表 4-1　公司荣誉

年份	主要荣誉
2005	公司基地取得了商检备案
2006	荣获"无公害农产品证书"和"绿色食品证书"，被授予"市级龙头企业"称号
2007	获"GAP"证书和 ISO9001 证书
2008	获得"有机食品"证书，被授予"守合同重信用 AA 单位"称号
2010	公司良种繁育基地获得"GLOBAL GAP"认证
2011	荣获"优秀产业化龙头企业"和"先进私营企业"称号，并连年被评为"南丰蜜桔销售大户"
2012	荣获"省级龙头企业"和"江西省名牌农产品"称号
2013	公司良种繁育基地获南丰蜜桔擂台赛精品"优质示范园"，并荣获"江西名牌产品"称号。同年 12 月，公司"喜根园"品牌被认定为"百佳标准化农产品品牌"
2015	公司良种繁育基地获南丰蜜桔品质擂台赛精品桔园金奖，同年 12 月，公司荣获"江西省专精特新中小企业"和"省级龙头企业"称号
2016	公司"果劲"品牌荣获"第十四届中国国际农产品交易会"参展农产品金奖
2017	南丰蜜桔的广告在中央电视台第一频道的《新闻联播》前三十秒展播一个月

资料来源：笔者收集整理。

洁西农场是该公司旗下的一个现代农场。2012 年几个大学刚毕业的年轻人在山里承包了一个农场，想把他们见过的、学过的、更先进、更科学、更生态的种植方式真正地实践起来，种出最好吃的桔子。他们从小同父辈在山里种桔子，现在想着可以用更好的方法帮助父辈培育出更加优质的品种。这个农场就像一个实验室，可以在里面进行各种各样的尝试，把现代新农业当中的各种新技术和新手法用来做实验。承包农场后的第一件大事就是培育良种。在农场的良种繁育基地，将这些优良品种对业界公认为是最棒的蜜桔品种进行精心培育。在种植技术方面，定期给土壤做配方测量，检测土壤的成分。尝试用物理、生物和化学等多种方式来处理病虫害，通过病虫害绿色防控技术来尽量减少农药的使用量。在肥料方面，通常用的是鸡屎和枯饼这两种有机肥。枯饼就是油菜籽榨油后剩下的残渣，这种肥料种出来的桔子比一般桔子更甜、渣更少，而且更加环保、无公害。鸡屎施肥是常用的方法，但是这样容易造成有些桔子特别甜，有些桔子差一些。当然农场正在想办法解决这个问题，争取每个桔子都甜如蜜。洁西农场的桔子是首个通过欧盟标准"GLOBAL GAP"，可以在欧洲销售的中国桔子。"水肥一体化"是他们花了非常多心思做的一个科学灌溉系统。刚开始种植的时候，灌溉水和生物化肥的使用是分开的，而且都是人工施肥，特别容易造成水和化肥分布不均匀，桔树不能有效地吸收养分。后来，做了"水肥一体化"滴灌系统，在每一棵桔树下安装了一个小小的水阀，保证土壤正常的水和化肥需求。此外，农场还会定期进行人工除草。追溯系统是农场种植试验中一套非常棒的系统，就是把农场各个小片区的桔子做上不同的标记，在生产过程中区分，使每个小桔子都可以被追溯。购买桔子的企业在原材料入库的时候可以扫描二维码，读取产品原产地、生产者、种苗基因、生产台账（农药、化肥等）以及生产日期和期限等相关信息。在生产和加工过程中，按照生产配方和桔子的优良程度，把它们分成各个批次，再通过机械光电机对各个批次的桔子进行选果、称重、分包、粘贴二维码和手工装包。

（二）江西省鸿远果业股份有限公司的运作情况

1. 质量把关：引用韩国先进技术、欧盟标准

随着销量的不断扩大，蜜桔生产已满足不了市场需求。2010 年公司引用了韩国先进技术，购置了一台价值 100 多万元的光电选果机，进入了更加规范化、规模化的生产经营。

公司采取了集生产、科研、技术推广、加工和销售为一体的管理模式，从南丰蜜桔的种植到加工生产都严格按照欧盟"GLOBAL GAP"质量管理体系，对生产的全过程实施科学化、规范化管理，从而确保产品的质量。

通过引入光电选果技术以及欧盟"GLOBAL GAP"质量管理体系，江西省鸿远果业股份有限公司的果品品质有了很大的提升。每个产品均可被追溯，产品的质量和安全有了保障，极大地满足了消费者的更高需求。

2.产品来源：农场种植＋向农户采购

该公司南丰蜜桔的货源渠道有两条，一是公司农场种植，二是与农户签订购销合同。其中，公司农场种植是最主要的供货来源。公司目前有五个蜜桔生产基地，分别位于南丰县白舍镇望天村、桑田镇、付坊乡、市山镇和莱溪乡，总面积达4000亩以上，每个生产基地从良种培育到种植、从施肥灌溉到采摘、从选品到产品追溯均采用了先进的技术，基本实现了果园厂家一条龙以及自产自销。另外，已同10000余户农民签订了购销合同，每到蜜桔采摘季，从农户手里收购蜜桔进行统一销售，大大解决了农户们的果子积压问题，带动了上万家桔户共同富裕。

3.销售：国内外市场并走

国内市场：南风蜜桔在国内蜜桔市场上一直占有较大的份额。2009年，在蜜桔成熟之际，该公司与华润万家合作，现场签订了6000吨的蜜桔销售合同，通过超2800家门店，南丰蜜桔走进千家万户，打响了"农超对接"第一炮。2016年公司与中国科学技术大学赵其国院士合作研发的富硒蜜桔深受消费者的喜爱，2017年11月，富硒蜜桔成功进入盒马生鲜线上线下销售系统。

国际市场：1996年，南丰蜜桔销售困难，公司响应政府号召，大胆创新，改变历年来蜜桔仅往北销售的思路，带着200竹篓蜜桔来到深圳，进入香港市场，打响了南方销售的第一炮。通过香港的贸易平台，蜜桔逐步走向东南亚市场，为南丰蜜桔在东南亚的销售开创了先河。公司凭着自己的诚信和优质服务，在全国和东南亚等地区建立了一个非常广泛和坚固的销售渠道，并与法国家乐福、美国沃尔玛、香港惠康等大型超市建立了良好的贸易关系。

在蜜桔出口贸易方面，公司一直占有高额的市场份额，出口俄罗斯、加拿大、菲律宾、斯里兰卡、泰国、迪拜、哈萨克斯坦、孟加拉、巴基斯坦、阿富汗和伊朗等60多个国家，在国际市场上享有很高的声誉。销售量每年按20%递增，到2017年底，年销售量达500多个集装箱货柜，年流通能力将近16000吨。

三、若干思考

（一）成功的经验

1. 有力的政策扶持为蜜桔种销保驾护航

一直以来，南丰蜜桔作为南丰县的支柱产业，得到了县级、市级乃至省级政策的支持。政策扶持推动了南丰蜜桔的产业发展，蜜桔产业反过来促进了经济社会的发展与进步。南丰蜜桔的政策扶持从技术支持、桔农补贴，到技术指导、病虫害防控，再到财政支持、销售鼓励，可谓是全方位、多层次。近年来，南丰县加大力度建设现代精品桔园，推进一、二、三产业融合发展，实施"四三三"工程，推进蜜桔品质提升。从 2018 年开始，南丰县用 3 年的时间建设了 100 个精品桔园（其中，2018 年 40 个、2019 年 30 个、2020 年 30 个），截至 2019 年，实际建设精品桔园 61 个，示范面积 12000 余亩。2020 年初，面对突如其来的疫情，南丰县人民政府印发了《关于应对疫情促进南丰蜜桔销售扶持办法》，对不同的企业采取了不同的奖励方法。

2. 先进的种植技术为蜜桔种植提供支持

在整个南丰县开展病虫害绿色防控技术，结合太阳能杀虫灯和黄板等防治粉虱、蚧类和蛾类等害虫，切实将农药残留降到最低程度，确保精品园的果品质量。建成南丰蜜桔无病毒良种繁育基地 166 亩，财政总投资 1250 万元，主要包括新建母本园网室 2880 平方米、采穗圃大棚 3200 平方米、砧木园播种大棚 3200 平方米、繁育圃大棚 28800 平方米、砧木种子园网室 640 平方米，共建有温室、网室等各类大棚 53 栋，目前均已投入使用。将老母本园内的柑桔品种资源迁移至基地控根定植，保存南丰县地方柑桔品种（品系）38 个，引进外地优良柑桔品种 46 个。2019 年，繁育 SS-28、杨小-26 和桂花蒂等南丰蜜桔优质无病毒苗木 10 万余株，今后，每年可繁育优质南丰蜜桔等无病毒柑桔苗木 50 余万株。2018 年，该县规划在曾巩文化园旁新建一处现代柑桔产业示范园（又称"百果园"）。该项目以"智慧农业，四季果园"为规划定位，打造集产业研学、山水休闲、文化体验和文创产业于一体的综合性现代柑桔示范园，总建设面积 582.53 亩，概算总投资 4212 万元，主要包括南丰柑桔文化展示区、学术交流区、生态餐厅、生态桔园示范区、高效柑桔示范区、生态果园观光区和滨水景观区。项目以提升蜜桔产业为主要目的，以蜜桔产业稳定发展和农民持续增收为主要目标，通过集成新技术、引入新品种，做到四季有花、四季有果。集中力量，改善品质，提升全县柑桔的综合生产能力，集产、学、研及创新为一体，使之成为全省乃至全国的现代柑桔产业科技示范基地。

3. 有效的合作方式助力桔农增收

南丰县以"建区域强县，创桔都辉煌"为总目标，坚持把做大做强南丰蜜桔产业化为农业结构调整的重头戏来抓，大力实施"蜜桔兴县"战略，有力地促进了县域经济的发展。

2018年，全县桔园面积达百亩以上的家庭农场有1000余家，300亩以上的园艺场有200余家，1000亩以上的大型园艺场有10余家。其中，包括2家国家级农业产业化龙头企业、5家省级龙头企业、18家市级龙头企业、500余家蜜桔专业合作社、11家市级以上示范社。南丰蜜桔产业致富效果突出，在全县增收致富中占主导地位，逐渐形成了南丰蜜桔等优势产业为主、多种经营为辅的产业发展新格局。

4. 构建一、二、三产业融合发展新局面

为了推进蜜桔产业的高质量发展，推动供给侧结构性改革，南丰县大力构建蜜桔一、二、三产业融合发展新局面。该县以本地乡村特色及蜜桔文化旅游资源为依托，经过科学规划，在结合各地资源优势的基础上，创新开展"蜜桔文化节旅游""桔园游"和"中国农民丰收节"等旅游活动。南丰县提出了桔园变游园、桔园变公园的目标，启动了包括聚福堂、小隐山庄、桔缘山庄、前湖庄园、南湾农庄、仙乐谷庄园和梦缘山庄等30余个各具特色的休闲农业和乡村旅游休闲项目，开展了乡村旅游示范点扶贫工作。鼓励、引导农村、农户发展传统农家乐、桔园游、果蔬采摘、休闲农庄、民俗风情、特色餐饮、民宿和古村聚落等乡村旅游，实现创业致富。近年来，电子商务发展蒸蒸日上。该县通过采取一系列的有效措施和优惠政策，积极鼓励和引导电商企业与农户结对帮扶；此外，该县完善了县级农产品运营中心和部分乡村两级益农信息社，打通了南丰蜜桔线上、线下销售渠道。同时，针对有发展愿望但缺乏相应资源和能力的农户，该县组织对其进行综合业务培训，资金由运营中心提供，通过导入农资、旅游等业务，帮助农户销售农产品。大力推进互联网在南丰蜜桔等特色产业中的普及和运用，帮助农户增收致富。截至2019年，南丰县的蜜桔深加工企业只有3家，目前，南丰县正在推动蜜桔产业融合发展，在现有桔

饼、桔糕等产品的基础上，引进精深加工企业，拓展南丰蜜桔的精深加工产品系列，充分利用 70 万亩的桔海，继续打造"桔园游"。

（二）存在的问题及困难

当前，南丰蜜桔产业在生产、销售和加工等环节面临着一定的困难和问题。

第一，市场及气候风险加剧，生产效益低下。目前，全国的柑桔面积和产量持续增长，品种不断丰富，熟期不断拉长，这给南丰蜜桔这样的传统柑桔造成了较大冲击。抚州市的南丰蜜桔面积达 120 多万亩，年总产近 200 万吨，销售期主要集中在 11 月至次年 1 月，鲜销压力较大，生产效益持续偏低。近十多年来，产地收购价格基本介于 1.4~2.8 元 / 千克。尤其是 2015~2018 年，连续四年冬季出现持续阴雨天气，严重影响了蜜桔的采收和贮藏，价格走低，基本处于亏损状态，弃收弃管的桔园逐步增多。

第二，品质和品牌意识不强。重外观轻内质、重栽轻管的现象严重，管理粗放，偏施化肥，种出的蜜桔渣多、偏酸。品牌意识不强，整个抚州市生产的南丰蜜桔都集中在南丰销售，基本不分等级，统货销售行为普遍，精品销售和品牌的市场占有率不高，恶性竞争现象时有发生。在对江西省鸿远果业股份有限公司调查的过程中发现，公司官网的信息滞后，最近的信息也只停留在 2015 年 12 月。另外，虽然公司官网公布了联系方式，但是电话却一直打不通，线上反馈也迟迟得不到回复。在如今的信息时代，线上浏览成为人们获取信息的首选方式，网购也凭借着迅速、便捷、省时、省力的优势成为发展趋势。然而，企业没有充分利用好信息技术，人们只能了解到几年前的过时信息，而且，该公司的线上销售渠道也没有公示出来。企业网站本应该是连接企业和普通民众的一座桥梁，但由于管理不当，人们获取不到新鲜资讯，消费者无法获悉购买方式，有意向的合作商了解不到合作渠道，导致官网成了摆设，桥梁变成了屏障。

第三，黄龙病发生风险仍在加大。黄龙病蔓延趋势不可避免，已严重威胁到该县的蜜桔产业安全，必须加以严密防范。南丰蜜桔的种植散户较多，柑桔木虱统防统治难度大，桔农没有经历砍树毁园的"切肤之痛"，防控意识不强，加之近年来南丰蜜桔的效益偏低，桔农的生产管理放松，喷药次数减少，失管园增多，导致了黄龙病的蔓延加剧。

第四，队伍建设与科技投入不足。该县有 70 万亩的蜜桔，按照每 3000 亩配备1个专业技术人员的标准,需要配备技术人员233人,但该县目前仅有14名专业技术人员,并于2009年实行参公管理。2018年,聘用农民柑桔技术员100人,但由于科研投入少、技术研发能力弱,效果并不明显。

第五,蜜桔加工业发展滞后。南丰蜜桔的精深加工量不到总产量的2%,目前,南丰县实际投产的蜜桔精深加工产品只有江西桔花香食品有限公司生产的桔糕和桔饼系列,而南丰县华夏五千年生态酒庄有限公司的桔酒一直处于研发状态,未大量投放市场。

(三)对策建议

第一,坚持精品桔园建设工作,不断促进品质提升。推行"一园一品"和"一村一品",引导桔农通过高接换种的方式,将园内品系调整为统一熟期的品系,推行机械化种植技术,着力打造高标准生态示范园,降低生产成本,带动南丰蜜桔品质的全面提升,促进价格的全面上扬。

第二,完善良种繁育基地建设。建立无病毒良种苗木繁育和供应体系,建设以市场为导向的优良品种采穗园。同时规范露地育苗,强化苗木的检疫监管工作,杜绝不合格的苗木进入种植环节,保护产业安全。

第三,加强质量管控,探索有效的品牌运行模式。完善标准,规范南丰蜜桔公共品牌商标标识的使用规范,通过南丰蜜桔公共品牌的授权,鼓励企业或专业合作社自创品牌,形成"公共品牌+企业品牌"的母子品牌运行模式,打造出各具特色的蜜桔销售品牌,使公共品牌成为南丰蜜桔品质的象征。凡是使用公共品牌标识的,必须加入质量追溯管理体系,接受全程监管,以保障品质和质量安全。

第四,坚持做好黄龙病防控工作。坚持黄龙病防控长期机制,加大宣传和监管力度,大力普及防控知识,层层落实柑桔黄龙病防控工作责任制。开展灌根技术等统防统治柑桔木虱的试验推广工作,逐渐形成联防统防的机制。

第五,完善科技体制,加强同高校和科研院所的合作。根据事业单位改革的要求,进一步加强县、乡、村的科技队伍建设,培养人才梯队,成立县级技术推广机构,继续培养果业员和村级农民柑桔技术员。

第六,促进产业融合发展。在现有桔饼、桔糕等产品的基础上,引进精深加工企业,拓展南丰蜜桔的精深加工产品系列,充分利用70万亩的桔海,继续打造"桔园游"。

第二节　南丰龟鳖产业

　　南丰县的甲鱼养殖起源于 20 世纪 90 年代初，经过近 30 年的不懈努力，稳定了以中华鳖亲本养殖为主的养殖模式，并在此基础上一步步引进国内外多品种的龟类进行养殖培育，多年来不断创新，探索出了许多龟鳖新品种，技术含量日益提升，适应市场的能力和市场竞争力逐步成熟和提高，产业现状相对稳定，产品的生长势头好、品质优越、性价比高，备受消费者的喜爱。甲鱼种蛋、种苗的供应量占全国的 50% 以上，南丰县已经成为全国闻名的中华鳖亲本养殖、种蛋种苗生产供应基地，南丰龟鳖与南丰蜜桔同为南丰县两大农业支柱特色产业。

一、南丰龟鳖产业的发展背景

（一）政策背景

　　为了进一步促进南丰县甲鱼产业的健康发展，该县成立了南丰县水产健康养殖示范县创建活动领导小组，出台了《关于加快南丰甲鱼产业发展的实施意见》（以下简称《意见》），指出要充分认识到加快南丰甲鱼产业发展的重要性和紧迫性。《意见》提出了产业发展目标和主要措施，产业发展目标是到 2015 年，全县的甲鱼养殖面积达 1.5 万亩，年产种蛋 2.2 亿枚，商品甲鱼 2700 吨，年产值达到 5 亿元。主要措施有科学规划、合理布局，规范种业、科研提质，扶优扶强、培育龙头，政策扶持、延伸产业，创建品牌、开拓市场，加强领导、强化监管。出台了《江西省南丰县养殖水域滩涂规划（2016–2030 年）》等文件，制定了《南丰县龟鳖亲本优选、提纯复壮工程实施方案》，用来指导县龟鳖产业的健康发展。聘请上海海洋大学生命科学院制定《南丰县龟鳖产业五年百亿规划》，该县正在着手将太和镇打造成中国龟鳖小镇。

(二) 产业背景

1. 南丰龟鳖产业的发展概况

(1) 南丰龟鳖产业的发展概况。

南丰县是享誉中外的蜜桔之乡，但除了蜜桔之外，近年来，当地又新添了一个特色支柱产业，那就是南丰龟鳖。南丰龟鳖产业以培育种蛋、种苗为主，现如今，龟鳖种蛋、种苗的供应量占据了全国市场的主要份额。许多鳖农通过此行业增收致富，有的甚至成为百万富翁。龟鳖行业受到了极大的关注，成为当地老百姓茶余饭后的谈资。

20 世纪 90 年代，南丰县的龟鳖养殖开始起步。随着养殖户的日益增多和养殖技术的逐步成熟，龟鳖产业不断发展、壮大。南丰龟鳖产业发展至今经历了三个阶段：第一个阶段为初始期（1992~1997 年），第二个阶段为扩充期（1997~2015 年），第三个阶段为崛起期（2015 年至今）。

在产业扩充期间，在高额利润的诱导下鳖农盲目生产，多地小水塘被用来养殖龟鳖，随之而来的就是品种杂乱、质量参差不齐、无序竞争等各种问题。为了提高产量，鳖农纷纷修建了养殖龟鳖的温棚，但是高密度的温棚却让很多农民亏得血本无归。2012 年左右，南丰龟鳖产业由盛转衰，陷入低谷，亏损最多时一个种蛋亏 1.2 元。

发现了问题的严重性后，南丰县委、县政府于 2013 年开展了长达数月的龟鳖养殖基地走访和市场调研，最后出台了一个新的产业发展规划。这次的产业规划有别于以往，不同之处在于：第一，走绿色农业发展道路，强调生态环境保护在农业发展中的重要地位，提出要在保护农田及水塘的耕作层的基础上发展龟鳖产业；第二，禁止在三大水库养鳖，52 座小水库可在一定限制内养鳖；第三，为确保鱼塘的水质安全，环保部门不定期进行检查。一系列的限制措施虽然使鳖农的增收渠道减少了，但却得到了大部分养殖户的认同和支持。

2015 年，中央农村工作会议提出要着力加强农业供给侧结构性改革。南丰县坚持贯彻会议精神，找到了龟鳖产业供给侧结构性改革的路径，即以满足市场需求为前提，从盲目扩大转向质量追求，鼓励抱团发展、多元发展，逐步掌握龟鳖市场的主动权。这种转变需要政府的积极引导，最重要的是需要当地农民对市场规则有一个基本的了解，农民作为农业主体，种什么？养什么？决定权在他们手里。如果说生态养殖是市场倒逼出来的被动选择，那么自发成立南丰县龟鳖产业化联合体，有效控制龟鳖的生产和销售两端市场，则是一次主动出击。要想获得长远发展，南丰龟鳖产业就必须学会舍弃，否则永远无法做大做强。生态养殖是一根把粗放养殖排除在外的"红线"，产业联盟是一座把损害养殖户利益的人挡在门外的"堡垒"，而多元发展则是一扇让大家看到更多元的世界"窗户"。

2017 年是南丰龟鳖产业的崛起年。在这一年，南丰龟鳖种蛋畅销全国，创造了 20 多亿元的经济产值，是一次全新的突破，龟鳖市场的话语权第一次掌握在南丰人手里。南丰县被中国渔业协会授予"中国龟鳖之乡"的称号，太和镇被授予"中国龟鳖良种第一镇"的称号，实现了经济效益、社会效益大丰收。

同年，该县成立了南丰县龟鳖产业化联合体。联合体是以企业为龙头，以公司、合作社、家庭农场和养殖户为纽带的现代农业产业化联合体，采取统一规划设计、统一建设、统一采购、统一管理、统一技术指导、统一销售的生产经营机制，创新推行新市场环境下龟鳖产业化联合体的专业化分工、多元化合作、规模化开发、标准化生产，并参与"鄱阳湖"（我省农业公益品牌）的品牌化运营，最终实现利益共享、风险分担。这种产业联盟的经营模式有效控制了龟鳖的产、销两端市场，中间商的利润被挤压，养殖户掌握了市场的话语权。2019 年 8 月，首次出现了尾货（甲鱼停止产蛋前产的最后一批蛋）比刚上市的甲鱼蛋还贵的现象，平均一个种蛋卖到了 1.8 元，净利润达 1.2 元（李耀文，2019）。

（2）产业现状。

三年来，南丰龟鳖产业不断发展，如今，南丰已经成为全国最大的中华鳖亲本养殖、种蛋种苗生产供应基地，带动了更多的人进入该行业，产业链条得到了延伸。之前无人问津的无精蛋（未受精的种蛋）变成了餐桌上的抢手货，肉龟、观赏龟的养殖也在逐步兴起。

南丰龟鳖的产业链条日益延伸，该县正在有意识地引导龟鳖产业向农业全产业布局。2018 年，南丰县成功入选"全国农村一二三产业融合发展先导区创建县"，南丰县正加紧南丰龟鳖的地理标志认证。

2019 年，全县通过了国家级渔业健康养殖示范县验收，全县龟鳖类养殖农户 800 余户，参与户 2000 余户，龟鳖产业的总投入为 9 亿元，养殖池塘的面积为 2.4 万亩，其中，中华鳖的养殖面积为 1.6 万亩，亲本存塘量为 800 万公斤，年产种蛋 2.4 亿枚、种苗 0.8 亿只、商品苗 0.6 万吨；龟类的养殖面积为 0.8 万亩，亲本存塘量为 200 万公斤，年产种蛋 0.5 亿枚、种苗 0.4 亿只、商品苗 0.16 万吨。亩均年收入 3.5 万元，全县龟鳖产业渔业经济总产值实现 20 亿元。建立以太和镇为核心的龟鳖产业集群区域，实施以外塘龟鳖类亲本培育为主的养殖方式，主推龟鳖类亲本培育、种蛋孵化、种苗培育、温棚"二段法"稚幼苗育养、外塘商品龟鳖生态养殖、后备龟鳖亲本选育、"稻—鳖综合种养"及"莲—鳖综合种养"等一体化的现代渔业新模式。按照现代农业生产发展渔业建设项目要求，建设 12 个池塘标准化水产健康养殖示范基地、4 个甲鱼良种扩繁场改扩建基地、164 栋标准化环保型温棚。全县注册且正常运行的龟鳖养殖公司 11 家、渔业专业合作社及家庭农场 77 家、农业部水产健康养殖示范场 6 家。

2. 南丰龟鳖产业的发展环境

气候环境适宜。南丰县属亚热带季风气候，全年温暖湿润、雨量丰沛、四季分明、日照充足，受暴雨、干旱和台风等自然灾害的影响较小，有利于龟鳖冬眠、晒背、产卵等，这种生长条件下的龟鳖具有高产蛋量、高受精率、高孵化率及低死亡率等优势，所以，南丰县有九成左右的龟鳖养殖户以种蛋、种苗为主打产品。

品牌优势显著。2017 年，南丰县被中国渔业协会授予"中国龟鳖之乡"的称号，太和镇被授予"中国龟鳖良种第一镇"的称号，南丰县已成为全国知名的中华鳖亲本养殖、种蛋种苗生产供应基地。

品种繁多。近年来，南丰县一改往日龟鳖品种单一的状况，通过引进和培育，龟鳖品种日益繁多。中华鳖有日本品系、鄱阳湖品系、黄河品系、绿卡鳖和黄沙鳖等，其中，种质优势明显、养殖利润较高的日本品系占全县中华鳖品系的 98% 以上。龟类有巴西龟、中华草龟、台湾草龟和鳄龟等。

区位优越，交通便捷。南丰县是鄱阳湖生态经济区、海西经济区、生态文明先行示范区、赣闽产业合作示范区和昌抚合作示范区等发展战略叠加区，也是西部政策延伸县和国家农发行对口支援县，是向莆经济带上由赣入闽的第一站和桥头堡。南丰县交通便捷，福银高速、济广高速与规划中的昌莆高速穿境而过，向莆铁路与规划中的丰瑞城际铁路贯穿全境，G1684 次高铁单向停靠，G206 国道和 G322 国道纵横交叉，通用机场已经布局，立体快速的大交通格局已初步形成，是江西乃至我国中西部许多城市的出海大通道。

产业化发展优势突出。在经历了衰退期后，南丰县开始重视龟鳖的产业化发展，成立了南丰县龟鳖产业协会及龟鳖产业化联合体，吸纳了众多农户入会，在实践中探索出了一条龟鳖产业健康发展之路。

二、案例分析

（一）江西添鹏生态农业有限公司简介

江西添鹏生态农业有限公司（添鹏生态园）成立于 2012 年 11 月，坐落于南丰县太和镇丹阳村。这里山清水秀，蜜桔繁多，空气清新，环境优美。由于本地无工业企业，环境无污染，无论是水源还是土壤，完全达到了国家有机水产品养殖的要求。随着社会的发展及人们生活水平的提高，绿色食品、有机食品越来越受欢迎。公司的甲鱼养殖注重品质，只给甲鱼喂养小鱼小虾，甲鱼品质能与野生甲鱼相媲美。当前，养殖的日本甲鱼受到了人们的好评。

公司现有职工 122 人，其中，管理人员 12 人、技术人员 6 人、熟练工人 104 人，是江西最大的甲鱼种业基地。按照现代农业生产发展渔业建设项目实施方案，自 2012 年以来，公司先后投资 8500 万元，用于池塘标准化水产健康养殖示范基地改造、工厂化设施渔业建设、甲鱼良种扩繁场改扩建等，建成并投产 4 个养殖区，共计 1170 亩，其中，康都种甲鱼培育区 230 亩；丹阳后备种甲鱼选育区 220 亩；下洋标准化环保型温棚 60 亩；外塘商品龟鳖类生态养殖面积 400 亩；望天外塘商品甲鱼生态养殖区 260 亩。现有中华鳖日本品系亲本存塘量 30 万公斤，年产种蛋 1000 万枚、稚幼苗 500 万只、商品龟鳖类 100 万公斤，年销售收入突破 5000 万元，实现年纯利润 1800 万元。添鹏生态园是该公司的一个养殖区，总面积 500 亩，总投资 1 亿元，是一个集生态养殖、种苗繁育、科普培训和研学教育为一体的田园综合体项目。公司的经营理念是"诚信经营、奉献社会、服务三农"。

生态园内设有中科院院士工作站、中科院水生生物研究所教学实验基地、重点实验室、南昌大学实践基地和现代农业生产发展渔业建设示范基地，承接甲鱼良种繁育、甲鱼种质基因库、保护环境友好型甲鱼健康养殖、稻鳖工程、莲鳖工程等项目。全国农业重大技术协同推广示范基地、江西省科技特派团富民强县工程南丰甲鱼特派团对接基地，获评"全国龟鳖良种繁育特别贡献奖""全国龟鳖产业发展创新特等奖""农业部（第八批）水产健康养殖示范场"和"抚州市休闲农业示范点"等荣誉，其产品获得了 GB/T 19630 有机产品认证,"鄱阳湖"注册商标使用权授权证书。2018 年 12 月,江西首个种水产(龟鳖)院士工作站在江西添鹏生态农业有限公司揭牌成立。南丰县在太和镇丹阳村设有甲鱼养殖扶贫基地,其中,标准化甲鱼塘 10 亩,总投资约 27 万元。公司采取"公司 + 贫困户 + 技术"的运行模式,贫困户将产业直补资金作为股金委托添鹏生态农业有限公司独立建立基地,独立核算,自负盈亏,添鹏公司负责统一管理。项目建成后每年分红一次,如基地盈利,基地收益去除支出,所得按户分红;如若亏损,添鹏公司按每户 500 元发放红利,确保每户每年的分红不低于 500 元。

(二)江西添鹏生态农业有限公司的运作情况

2017 年,抚州市组织龙头企业、合作社、家庭农场和农民创建"龙头企业 + 合作社 + 家庭农场"的农业产业化联合体,坚持收益共享、风险共担、抱团发展、合作共赢。经过一段时间的运营和实践,农业产业化联合体取得了明显成效。南丰县南丰龟鳖产业化联合体(以江西添鹏生态农业有限公司牵头)的销售额首次突破 12 亿元,拥有全国龟鳖产业的定价权,对比联合体成立之前,实现了产值翻倍。鳖农加入产业联合体后,把自家的龟蛋送到添鹏公司进行统一储存、统一管理(每月的 5 号、10 号、15 号、20 号……每隔 5 天送一次),到了销售时间通知鳖农到公司,公司统一收购鳖农的龟蛋进行售卖或培育。这样大大降低了个体的养殖、销售风险,提高了鳖农的收益。另外,联合体制定了严格的产品标准,使原本参差不齐的产品标准得以规范,南丰龟鳖质量得到了进一步提升。

添鹏公司的龟鳖产业大致可分为育苗、养殖和销售三个环节。

育苗:育苗规模根据龟苗的重量决定,交易的龟苗重量为每只 20 克,每个池子育 10 万苗。龟苗培育出来后,转到较大的池子作为肉龟再育三年。

养殖:养殖类型分为龟苗养殖和种鳖养殖。龟苗重量达 5~10 克即可上市卖给客户。肉龟有专门的养殖池塘,肉龟经过一段时间的养殖就可以挑选出售。种鳖养殖就是将品质较好的龟鳖作为种鳖进行养殖,种鳖产下的蛋是公司最主要的产品。龟鳖产卵的环境有一定的温度、湿度等要求,否则会影响龟蛋的成活率和孵化率。刚产下的蛋为白色,经过一段时间的孵化,颜色逐渐变为粉红。种鳖产下的蛋要经过严格的筛选才能出售,每颗蛋按不同的重量标准筛选,如 3 克、3.5 克、4 克等。

销售:销售类型分为龟苗销售、肉龟销售和龟蛋销售。龟苗经过培育后根据其花纹、品相和基因检测结果等进行分类，品质较好的龟鳖作为种鳖和肉龟继续养殖，品质次一点的则投入市场进行售卖。销售的肉鳖有两类，一是专门养殖的肉龟，二是外塘自然淘汰的超大规格的生态龟鳖、温棚养殖的商品龟鳖类及综合种养的生态鳖。添鹏公司与省内外众多甲鱼养殖商家存在合作关系，建立了销售网络。龟蛋按标准筛选后，以每箱650枚、750枚和850枚等不同的规格装箱运往广东、福建等地销售。

三、若干思考

（一）成功的经验

1. 推进龟鳖"三化"发展

南丰县的龟鳖养殖一开始就受到了极大的追捧，异常火爆，那时候，只要养了龟鳖就能赚钱，于是，许多农户投身龟鳖养殖业，这为后来的发展埋下了祸根。1992~2015年，南丰龟鳖产业经历了由盛转衰的历程，使得南丰县高度重视龟鳖产业的组织化、产业化和品牌化工作。根据市场的产销需求，以市场为导向来调整产业结构链，利用区域性优势资源，创新模式，从过去热衷于单一品种养殖向多重养殖新模式发展，形成了多品种、多方式、多链条、多渠道的绿色发展态势。

自2017年南丰县龟鳖产业协会及龟鳖产业化联合体成立以来，在众多成员的共同努力下，不断探索践行龟鳖产业发展之路，南丰龟鳖产业逐步走向健康可持续的发展道路，形成了各环节分工明确的产业链条。通过行业自律，不正当竞争明显下降，大大提高了龟鳖产品的品质，并带动了周边农村一二三产业的融合发展，取得了显著的经济、社会、生态效益，提升了南丰龟鳖的品质和市场竞争力，实现了南丰县龟鳖产品由传统生产向质量控制标准化、养殖生产设施化、技术服务社会化、养殖管理规范化的现代渔业全面转变。在强化组织化、产业化的基础上，极力推进龟鳖品牌化发展。目前，全县共获批"三品一标"无公害水产品基地18家，有机水产品2种，无公害水产品16种，省级龙头企业1家，省级示范社1家，省级原良种场4家，市级龙头企业1家，龟鳖注册商标7家。

2. 坚持绿色渔业发展

南丰县重视生态环境建设，坚持"绿水青山就是金山银山"的绿色发展理

念，持之以恒地紧抓环境治理不放松。

一是治理渔业资源。近年来，南丰县结合生态文明建设和农村环境整治，持续开展渔业资源保护专项整治，有效保护了盱江水系及其16条一级支流和8条二级支流的水生生物，进一步修复了县域范围内的渔业生态环境。同时，定期开展水生生物保护工作。

二是推进综合种养。大力推进稻田综合种养，逐步发展"稻—鳖综合种养"及"莲—鳖综合种养"等一体化的现代养殖新模式。积极推进龟鳖养殖尾水处理，2018年已完善龟鳖养殖尾水整治方案，各经营主体均签订承诺书。现已立项7家经营主体养殖尾水处理工程项目，1家企业已初步建成，2家企业正开始建设施工，其余4家已立项，开始项目实施程序。

三是强化行业监管。近年来，南丰县不断加强渔业行业监管，大力提倡健康养殖。加大监管力度的同时，建立"三项记录，五项制度"，完善水生动物防疫检疫、水产品安全监督服务体系。要求养殖主体单位完善生产、用药、销售记录，建立生产操作规程及相关农产品质量安全监管、药残抽检等各项制度，配备专职水生动物防疫员、内检员和质量安全技术员。

3. 促进科技渔业发展

一是积极强化产业科技支撑。一方面，加强同科技院校及科研院所的合作。在政府主导和企业沟通下，2018年，桂建芳院士工作站揭牌成立，建立了科学实验室，为南丰县龟鳖产业的健康可持续发展奠定了建设基础。此外，江西添鹏生态农业有限公司与南昌大学生命科学院洪一江教授团队建立了长期合作，争取2020年底前获得国家水产新品种认定。另一方面，要加强健康养殖技能培训。每年定期举办水产健康养殖培训班，邀请省、市权威专家进行授课，进行实地考察，大大提高了南丰水产业的技术水平。加紧开展龟鳖种质提纯复壮及其他品质提升工程，创建品牌，加快推进渔业科研、生产、营销向产业化、现代化、规模化发展的进程，为南丰县打造百亿龟鳖产业奠定了坚实的基础。

二是积极推进智慧渔业。加快建设智慧农业平台，目前，县级智慧农业平台已投入使用。通过项目支持，加快推进龟鳖产业的智慧平台建设。目前，南丰县福园水产养殖有限公司和南丰县美孙甲鱼养殖专业合作社已完成信息化建设，江西添鹏生态农业有限公司及丰野现代农业有限公司的企业智慧渔业正在建设。

4. 建设标准化池塘

采取周边乡镇互补的方式，按照标准将水库、浅滩、鱼塘和山塘等进行龟鳖池塘改造。按照现代农业生产发展渔业建设项目的要求，立足本地实际，重点抓好养殖池塘的标准化改造，建设标准化水产健康养殖示范基地，以保障全县形成亲本培育和生态商品龟鳖养殖齐头并进的发展格局。不同池塘采取不同的标准，如甲鱼幼苗养殖池塘的水深要保持在30~40厘米，每周至少换2次水，水色呈绿色时状态最佳。放少量水葫芦等绿色植物在水中，一是可以改善水质，二是让甲鱼苗相互隐蔽，降低互伤概率。

5. 有力的政策扶持

为了促进龟鳖产业发展，南丰县出台了《江西省抚州市甲鱼产业区域发展初步规划方案》《关于加快南丰甲鱼产业发展的实施意见》《南丰县盱江中华鳖生态保护区建设》《江西省南丰县养殖水域滩涂规划（2016-2030年）》和《南丰县龟鳖亲本优选、提纯复壮工程实施方案》。按照《南丰县龟鳖产业发展规划2018-2025》，结合国家的土地、环保等政策，南丰县出台了《龟鳖产业发展意见2019》，创建了国家级渔业健康养殖示范县，大力支持现代农业生产发展、国家级水产健康养殖示范场、种业建设示范和养殖尾水处理示范等项目，打造百亿龟鳖产业。

（二）存在的问题和不足

1. 科研力量不足

一是资金投入不足。2019年，南丰县的龟鳖养殖面积达2.4万亩，龟鳖产业总投入为9亿元，平均每亩投入37500元，包括池塘建设、温棚搭建、水质监测、饲养、人工、科研等各项投资，由此可见，每亩科研投入是不足的。二是专业科研人员短缺。虽建立了院士工作站和实验、实践基地，但是人手不够，大部分专业科研人员也不是常驻在南丰县，所以，这方面存在弊端。三是与外地的技术交流不够充分。我国长江以南盛产甲鱼，如湖南、广东、浙江和福建等，湖南常德汉寿县被称为"甲鱼之乡"。由于南丰县的龟鳖科研资金投入不足，再加上科研人员短缺，导致该县没有余力与外地进行充分的技术交流。

2.产业链条不完善

目前,南丰龟鳖产业的育苗、养殖等基础生产环节日趋平稳,但科研环节有待完善;市场环节逐步走上正轨,但是深加工环节较为薄弱,南丰龟鳖产业链条亟待完善。从整个产业链条来看,基本处于产业的初级阶段,没有形成完整的上、中、下游链条。因此,难以释放出整个龟鳖产业所蕴含的价值。

3.深加工企业较少

龟鳖的深加工可以涉及饮食、保健、美容和药用等领域。就目前来看,南丰县的龟鳖产业大多局限于养殖,龟鳖深加工企业较少。利益来源以销售龟鳖种蛋种苗为主,以销售外塘自然淘汰的超大规格的生态龟鳖、温棚养殖的商品龟鳖类及综合种养的生态鳖为辅。

(三) 对策建议

1.进一步加大科研投入

一是资金投入向科研方面倾斜,支持南丰龟鳖的实验研究。二是南丰县科技局要做好科技特派员管理与服务工作,充分发挥科技特派员的作用,助力乡村振兴。鼓励南丰水产科技特派员加大龟鳖产业健康持续发展的服务力度,开展相关技术培训,给予更多的技术指导。三是加强与外地的交流合作,如定期举办甲鱼行业交流会,搭建交流平台,邀请专家到场讲解先进知识,养殖户分享经验等;到外地的甲鱼养殖基地进行考察,邀请外地养殖者到南丰县进行考察,促进双方的交流。

2.完善龟鳖产业链

除了要重视龟鳖的科研环节,还要加大对深加工环节的投入。龟鳖产业具有丰富的资源优势,要充分利用此优势,引导养殖企业、合作社与科研单位同县内优势企业联结合作,研发龟鳖饮食、保健、美容和药用等深加工产品,建设工业园区,拓展龟鳖全产业链;采取"农旅结合"的方式发展龟鳖"养殖—垂钓—休闲"一条龙服务,全面提升南丰龟鳖产业的经济效益和社会效益。

3.推进绿色龟鳖产业发展

提升龟鳖产业服务能力,建设南丰龟鳖产业市场中心,增强行业自律和服务功能,一方面进行统一的龟鳖养殖技术指导与管理,在饲料和用药方面握紧龙头,确保龟鳖亲本、种苗及商品的质量和产品安全,积极推行绿色养殖;另一方面进行统一营销,重点加强对销售环节的监督与管理,积极推行绿色营销。内外兼攻,加大力度,增强南丰龟鳖的品牌效应。

4.进一步鼓励抱团发展

鼓励龙头企业通过股份合作、租赁和兼并等形式,整合资本与技术,重建品牌,重组技术,重建资产,逐步统一南丰龟鳖产业的品牌、标准和工艺。鼓励鳖农加入合作社、协会和联合体等集体性组织,建立紧密型甲鱼产业联盟,带动全县龟鳖产业健康发展。

第三节 广昌白莲产业

广昌白莲因色白、粒大、味美、清香和营养丰富等特点驰名中外,远销海外。药用价值更是众所周知,成为和茶树菇一样畅销的特色产品。

广昌县是名副其实的中国白莲之乡,全县的白莲种植面积达10万亩,有百里莲花带景观,是中国白莲种植面积最广的地方。从已有的文字记载来看,广昌白莲的种植历史可以追溯到1300年前,实际上,真正种莲的历史更早,只可惜缺乏相应的文字记载。广昌县的"中国通芯白莲之乡"称号是由1995年3月于北京人民大会堂召开的首届百家中国特产之乡命名大会命名的。1999年4月,《人民日报》推出了"中国特色之乡"大型宣传活动,广昌县被授予"中国优质白莲之乡"的称号。2020年2月,广昌白莲中国特色农产品优势区被认定为第三批"中国特色农产品优势区"。

一、广昌白莲产业的发展背景

(一) 政策背景

为促进白莲产业的发展，广昌县制定了《广昌县贫困村创业致富带人培育工作实施方案》，就白莲等特色农业种植技术及病虫害防治指导等相关内容进行了系统的讲解。加快推进广昌县电子商务进农村工作，实现农业增效、农民增收，推进电子商务与农业的深度融合发展，加大农产品的产业化生产力度，着力培育农业生产新经营主体，提高农业产业化生产力度，扩大生产规模，提升产品质量；加大农产品品牌扶持力度，立足该县的农业主导产业和特色产业，做好农产品 QS 认证，创建无公害、绿色、有机食品，培植一大批具有鲜明地方特色、适合网上销售的农产品，重点扶持广昌白莲、茶树菇和泽泻等农产品，促使其率先成为广昌县网销品牌农产品，同时鼓励网商创办实体企业。先后出台了《广昌县城镇贫困群众脱贫解困结对帮扶工作实施方案》《广昌县全面决战决胜脱贫攻坚工作方案》《广昌县白莲产业发展规划（2017-2025）》和《广昌白莲区域品牌建设规划（2017-2025）》，帮助农民实现了增收。广昌县被国家工信部评为"白莲产业集群建设试点县"，组建了江西省莲产业工程技术研究中心，成为国内首个子莲省级工程技术研究中心。

(二) 产业背景

1. 广昌白莲产业的发展概况

（1）历史悠久。

广昌县的白莲种植历史悠久，从已有的文字记录来看，广昌县的白莲种植历史可以追溯到1300年前，甚至更早。

广昌的"莲乡"称号由来已久。南宋绍定元年（公元1228年），县令谢觉之在白莲池旁修建了"莲香堂"。相传，每逢农历六月二十四日，县太爷便邀请乡贤墨客到依山傍水、造型别致的亭台水阁相聚，通过漏窗，居高临下，观赏莲田景色，作诗抒怀。后"莲香堂"在民间广为流传，历代相沿。在民间口语中"香"与"乡"谐音，所以，民间就将广昌称为"莲乡"。20 世纪 30 年代，不断有报纸、杂志将广昌称为"莲乡"，其中最权威的要数马洪主编的《中国经济名都、名乡、名号》一书。1994 年，广昌县在全国地方名特优产品命名大会上荣摘"中国白莲之乡"的桂冠。

到了近代，广昌县白莲的生产步伐逐步加快。1918 年，日本派员对广昌白莲的种植、加工和销售做了系统考察，赞誉广昌白莲为"莲中珍品"。根据1936 年《民国日报》刊载的《江西省运杭特产展品调查》一文，广昌白莲产品属于广昌县，销往长汀、漳州、汕头、广州、九江和南昌等地，并由香港转销东南亚国家。1949 年，白莲作为该县的一大特色产业，受到了极大的重视。为了提高广昌白莲的产量和品质，党和政府采取了一系列有效的措施（见表4-2）。

表 4-2　广昌白莲的措施和成效

时间	措施	成效
1952 年	成立农业示范垦殖场，开展白莲种植技术的调查、规范、宣传和指导	全县白莲的种植面积恢复至3627 亩
1955 年	成立县农业技术推广中心站，后改设县农业技术推广站，之后各区（现行的乡镇）设区农技站，业务上受县站指导，开展白莲种植技术的研究宣传和指导	1958 年，广昌白莲被列为国家二类商品
1961 年	国家对收购白莲实行奖售换购	促进了全县白莲的发展
20 世纪70 年代	（1）推广莲田套种晚稻技术，有效地解决了莲粮争地的矛盾，在"以粮为纲"的年代保持了白莲生产的稳定性 （2）推广莲田施用石灰技术，使连作莲田病害发生率明显减少 （3）开展白莲新品种选育和白莲种子秋播繁育试验，选育并推广"广莲1号"白莲新品种	进一步促进了广昌白莲的稳定发展，1978 年 3 月，广昌县被江西省批准为"白莲外贸出口基地县"

20 世纪 80 年代国家大力推行家庭联产承包责任制，这种统分结合的生产方式极大地调动了农民的生产积极性，广昌县委、县政府因势利导，重新规划，调整产业结构，指导农民发展白莲产业，农民纷纷参与到白莲生产中。1984 年，成立了全国第一家白莲科学研究所，开始对白莲的新品种选育、栽培技术、病虫害防治以及综合利用进行全面系统的研究，并成功培育了"赣莲 85-4""赣莲 85-5"和"赣莲 62"等新品种，在全县大面积推广，受到了农民的极大欢迎。1989 年，广昌县成立了白莲协会，综合协调白莲科研、生产、技术推广、营销以及加工利用等各行业，极大地促进了整个白莲产业的发展。广昌白莲产业在这个时期得以迅速发展，全县白莲的生产面积比初期增加了 7 倍多，由 1 万余亩

发展到 8 万余亩，白莲产值超 1.2 亿元，广昌白莲成为该县的支柱产业。从 20 世纪 90 年代开始，广昌周边和其他白莲产区的白莲面积不断扩大，给广昌白莲造成了一定影响。在此情况下，广昌白莲科学研究所与中科院遗传所展开合作，承担 863 项国家项目，开展白莲航天诱变育种研究，成功培育了"太空莲"系列品种，为的是确保广昌白莲的地位，进一步提高广昌白莲的产量和质量。"太空莲"系列品种通过美国 FDA 检测，具有生育期长、花多、蓬大、粒大、结实率高、产量高和品质好等特点，是目前广受欢迎的子莲新品种。

（2）富民产业。

一直以来，广昌县奋力将科学技术融入白莲产业中，志在用科技创新打造白莲产业核心竞争力。为开展白莲科研攻关，该县于 2017 年柔性引进高层次人才，成立了县莲科所院士工作站。在科研人员的不断探索中，一系列重要的科研成果接连发表，其中，最令人瞩目的是"太空莲 36 号"良种，该良种在全国范围内得以推广应用，每年销往全国各地的太空莲种藕达 7000 万株，莲农每年户均增收 2000 余元。

该县做好白莲产业的工业、旅游业"接二连三"工作。在"接二"方面，鼓励龙头企业开展技术改造、申报绿色食品标志、参加相关展销会，并给予一定补贴，在利好政策的推动下，白莲加工企业如雨后春笋般快速成长。目前，全县有省市级农业产业化龙头企业 5 家、白莲系列产品生产企业 20 余家、白莲经济合作社 80 余家。在"连三"方面，利用白莲的资源优势——良好的生态和遍地盛开的莲花，发展旅游产业，目前有彭田生态村休闲度假区、头陂镇小平生态农庄等许多各具特色的乡村旅游点。2018 年，全县的莲花生态游共接待游客 82.4 万人次，同比增长了 20%。

2017 年，抚州市组织龙头企业、合作社、家庭农场和农民创建"龙头企业＋合作社＋家庭农场"的农业产业化联合体，坚持收益共享、风险共担，抱团发展，合作共赢。经过一段时间的运营和实践，农业产业化联合体取得了明显成效。广昌白莲产业化联合体（由致纯食品股份有限公司牵头组建）的产值达 16.87 亿元，成为广昌致富队伍中的"主力军"。

广昌县作为我国第一个"白莲之乡"，如今，其白莲种植面积已达 11.3 万亩，比《若干意见》出台之前增加了 3 万亩，增加了 20% 左右，全县的白莲总产量达 9000 吨，总产值达 7 亿元，面积和产量均居全国县级榜首。全县拥有白莲系列产品深加工企业 20 余家，拥有自主品牌注册商标 30 余个，开发了通芯白莲、莲子汁饮料、藕粉、荷叶茶、莲子饼干和藕粉面条等白莲系列产品,白莲综合产值达 10 亿元以上。同时,还带动了广昌周边地区,如石城、宁都和于都等种植白莲,种植面积达 40 余万亩,成为全国最大的通芯白莲产区,也是产区的主导产业和乡村振兴的主要抓手。

目前,全县良种的覆盖率达 100%,主栽品种包括"太空莲 36 号"(俗称红花莲)和"建选 17 号"(俗称白花莲),特别是广昌县自主选育的"太空莲 36 号"成为国内子莲的主栽品种,年推广种植面积超过 200 万亩,子莲的种植面积占全国的 80% 以上。广昌县也成为全国最大的种苗输出中心,年销售量达 8000 万株。自《若干意见》出台以来,广昌白莲的单产水平提高了一倍以上,品种结构进一步优化,创建了全国首家绿色食品广昌白莲标准化原料生产基地,制定了首个《广昌白莲》国家标准、国家首个绿色食品广昌白莲标准化生产技术规程省级地方标准,标准化生产实现了全覆盖。近几年来,先后组织实施了统筹财政支农资金整合、高标准农田建设等一批重大项目,集中整合各方资金,开展了以莲田水渠、田间道路等为主要内容的农田基本建设,2018年整合涉农资金近 3 亿元,建设高标准农田近 6 万亩,白莲的综合生产能力大幅提升。2018 年,该县还在积极申报国家级有机食品示范区,争取在近几年内使有机莲的栽培面积达 6 万亩以上。

2. 广昌县白莲产业的发展优势

第一,区位优势显著。广昌县交通便捷,距省会南昌市 260 千米,距出口海岸厦门市 440 千米,距浙赣铁路枢纽鹰潭市 200 千米,距广州 660 千米,是连接粤、闽、浙、沪四个经济发达地区的重要交通枢纽,处在东西"产销半径"的最佳位置。境内济(南)广(州)高速、广建高速、广吉高速、昌厦一级公路和 206 国道纵横交错,福(州)银(川)高速、向莆铁路擦境而过,广昌成为闽、粤、沪、江、浙互通的交通门户和黄金通道。广昌县的区位优势的日益明显,为经济发展奠定了更加坚实的基础。

第二,政策扶持有力。广昌县白莲产业的快速发展得益于政策的有力扶持。该县先后出台了《广昌县城镇贫困群众脱贫解困结对帮扶工作实施方案》和《广昌县全面决战决胜脱贫攻坚工作方案》等政策文件。

第三,生长条件优越。广昌县位于江西省抚州市的南端,东经 116°6′~116°34′,北纬 26°30′~26°59′,是赣江支流抚河的发源地,东靠武夷山脉。广昌县属亚热带季风气候,四季分明,气候温和,雨量充沛,无霜期长达 273 天,年平均气温 18.1℃,年平均降雨量 1734 毫米,年平均日照

1828.5 小时。广昌县耕地肥沃，土壤有机质含量高。独特的地理位置和土壤、气候条件，造就了广昌白莲的形成和发展。

第四，农旅结合有效。广昌县依托丰富的旅游资源，打造生态旅游目的地。近年来，该县依靠当地丰富的莲资源和深厚的莲文化，发展白莲生态旅游，打造莲花特色小镇。2017 年，广昌中国莲花景区获评 4A 级旅游景区；2019 年，驿前镇姚西村入选江西省首批乡村旅游重点村名录。到广昌旅游的人数不断增加，据不完全统计，年增长率在 25% 以上，2017 年，仅莲花生态旅游就有 100 多万人。

第五，品牌优势显著。广昌白莲闻名全国，是国家地理标志保护产品。全国首个绿色食品标准化原料基地通过了农业农村部续展认证，组建了广昌白莲质量安全检验检测中心，有四家企业通过了国家质量安全可追溯体系第三方评估；组织相关企业参加全国展销会，在中央台黄金时段投入广告，进一步做大做强做优广昌白莲品牌。广昌白莲成为国家地理标志保护产品，获评"中国名牌农产品"称号。2017 年获评"中国农产品区域公用 100 强品牌"和"最受消费者喜爱的中国农产品区域公用品牌"称号（见表 4-3）。2017 年，成功举办了中国·广昌白莲产业高峰论坛，广昌白莲被列入第四批中国重要农业文化遗产名单。2019 年，广昌白莲还被省农业农村厅推荐为国家第三批"特色农产品优势区"。

表 4-3　公司荣誉

年份	荣誉
2015	获广昌县莲乡爱心联谊会"爱心企业"称号
2017	"莲爽"莲子汁被外交部选用于接待各国驻华使节和国际贸易代表，获得了高度赞誉；"莲爽"莲子汁荣获第十三届江西"生态鄱阳湖·绿色农产品"（上海）展销会产品金奖
2018	1 月，公司产品"莲爽"莲子汁荣获第十六届中国国际农产品交易会参展农产品金奖 10 月，被江西省旅游资源规划开发质量评定委员会评为"江西省工业旅游示范基地" 12 月，获"江西省龙头企业"称号，"莲爽"莲子汁被确定为江西航空指定饮品
2019	"莲爽"莲子汁广告在央视一套黄金档隆重发布，品牌影响力和知名度进一步提升；公司获"省级科学技术进步奖"；"莲爽"入选"江西农产品 50 强企业品牌"；致纯食品股份有限公司入选"2019 抚州民营企业 50 强"

资料来源：笔者收集整理。

第六，技术可靠。广昌白莲的快速发展得益于科技创新。1984年，成立了全国第一家白莲专门研究机构——广昌县白莲科学研究所；2006年，又专门成立了广昌县白莲产业发展局；2009年，修建了广昌县莲花科技博览园，到目前为止，博览园总投资4000多万元，占地面积180多亩，博览园是集白莲科研、良种繁育、白莲文化展示、旅游观光和科普教育为一体的莲花科技博览园。2012年，组建全国首个省级白莲工程技术研究中心；2017年，组建了以方智远院士为首的全国首个子莲院士工作站；2017年，广昌县被列入国家"十三五"现代农业产业技术体系，标志着白莲所科研实力已进入国家队行列。自《若干意见》实施以来，依托科技创新平台先后组织开展了广昌白莲太空育种、离子注入法育种、杂交育种及栽培技术改良及病虫害绿色防控等全方位技术攻关，并取得了省科技进步一等奖、中华农业科技成果二等奖等一批科技成果，特别是在子莲新品种选育方面，处于国内领先水平。

二、致纯食品与现代农业产业园

（一）致纯食品股份有限公司简介

1. 发展历程

致纯食品股份有限公司成立于2012年6月，总投资2亿元，占地面积120亩，是一家根植莲乡，着力推进有机种植，莲系列食品深加工、销售以及莲文化创意休闲旅游开发的融合发展，打造绿色莲全产业链的观光综合型食品企业，是江西省农业产业化省级龙头企业和全省工业旅游示范基地。公司的主要业务包括从白莲种植到白莲产品的研发加工，以及文化产品的融创与开发。公司目前的占地面积为130亩，共有员工108人。

致纯食品始终贯彻"科技强企、质量兴企"的办企思想，已通过ISO 9001国际质量管理体系认证、ISO 22000食品安全管理体系认证和HACCP危险分析与关键控制点体系认证。在产品研发方面，公司与南昌大学和福建农林大学达成产学研合作，计划成立白莲食品研发中心。目前，公司已申报国家专利26项，其中，发明专利3项、实用新型专利20项、外观设计专利3项。

公司秉持"不忘初心、致纯至真"的企业精神，全力打造生态农业、生态食品和生态旅游三产合一的莲产业帝国。

此外，公司还被评为广昌县白莲产业化联合体理事长单位。"莲爽"系列

产品还亮相日本、泰国等国家和地区的国际展会，并获得了认可。

2. 公司的运作情况

（1）生产模式。

采取"公司＋合作社＋农户"的生产模式，通过订单式种植，全程监控，确保原材料的高质量。在白莲生产中，由致纯公司牵头，遵循莲农自愿入社原则，吸引莲农加入合作社，组建广昌县白莲产业化联合体，产值达16.87亿元，成为广昌县增收致富队伍中的主力军。

自新型冠状病毒疫情暴发以来，各行业遭到了不同程度的打击。广昌县通芯白莲严重滞销，许多农户家里出现了白莲积压的情况。年前的收购价为40元／斤，现在35元／斤都没商贩收购。致纯食品始终坚持发展莲产业，带动农户增收，在了解农户的售莲困难后，响应党和政府的号召，打通"政＋企＋农"的对接模式，以高于市场价5%的价格上门收购农户白的莲产品，既解决了农产品的滞销难题，又避免了人口聚集带来的潜在风险，农民足不出户就可以卖出囤积的莲子，抗疫、助销一举两得。

（2）产品加工。

在产品加工方面，公司引进数条国内外先进食品生产线，实行标准化作业，从原材料初加工到白莲产品的深加工，建立完善的追根溯源体系，以确保产品的高品质。公司现有莲子汁、荷叶茶、莲花茶、莲子素饼、莲子酒、莲子面、莲子百合面、藕粉、通芯白莲、有机莲花香米、九品香莲、荷花枕、莲子手串和莲爽瓷器等产品。其中，荷叶茶是由荷叶、桑叶、菊花、金银花和冰糖制作而成的，纯天然、零添加，具有清热解暑的功效，还可去油解腻。莲子汁可静心安神、养胃助眠。有机香米产于轮耕时的莲田，莲田三年轮耕一次，这样既可保持土壤养分，又可以种出味道香甜的大米。莲花茶含有丰富的维生素B$_2$，可去火解热，对口腔溃疡有很好的治疗效果。莲子手串是将晒干的莲子抛光后穿制而成的。

（3）产品销售。

公司开通线下线上双渠道。线下：致纯食品立足莲乡，放眼世界，广交爱莲人士，已与东南亚及台湾、香港的多家企业建立合作关系。致纯食品与上海复星集团达成合作，同时，"莲爽"系列产品畅销华润万家、天虹、豫园商城及盒马鲜生等国内大型连锁商超和东南亚、欧洲市场。公司目前已启动"五年百城百馆"发展项目，已成立华东、华南、华北、华中及西北营销中心，建成了广州、上海、南昌、抚州等地莲爽体验馆。线上：开通淘宝莲爽官方旗舰店，所有产品均可在店铺找到，消费者只需打开淘宝搜索进店即可购买；还开通了京东线上店铺，有莲子汁、荷叶茶和通芯白莲三款经典产品可供选择。

（二）广昌现代农业示范园

1.园区简介

广昌现代农业示范园核心区位于广昌县盱江镇小港村，东至 206 国道，西靠鸡拔笼水库，北邻头陂水。规划总面积 3614 亩，核心区（一期）项目建设面积 1216 亩，建立"一核驱动，循环串联，三向拓展，八区扩散"的发展构想，打造"一核、一环、三向、八片区"的空间形态。一核：由莲—菌产业研究、新型农民培训、农机推广和旅游接待等构成综合服务核；一环：以园区道路系统构建景观绿道环线；三向：以莲—菌产业为根本，融合拓展"农+""旅+"和"智+"三个产业发展方向；八片区：创意农业体验区、观光农业休闲区、生态农业种养区、山谷农业康养区、特色民俗文化区、循环农业展示区、综合服务区和智慧农业展示区。项目分两期建设，一期的规划建设面积为 1216 亩，建设投资为 2 亿元，核心区农业设施建设总面积为 81 万平方米，七个异形大棚的面积为 12821 平方米，一个莲花大棚的面积为 2300 平方米；8 个连栋温室培育果蔬大棚的面积为 24320 平方米，生态水湖区域的面积约为 9 万平方米；管理中心、农技推广服务中心、江西广昌食用菌研究所、院士工作站和游客服务中心（四星级标准）等建筑的面积为 1.56 万平方米。以国家田园综合体为标准，借鉴国内外现代农业产业发展的先进经验，发挥行业引领和示范作用，努力打造科技农业、智慧农业、意趣农业和田园社区相融合的现代农业示范区。目前，广昌县现代农业示范园核心区已由丰登农业科技有限公司整体运营，其中，食用菌研究所已开展科学研究工作；设施农业大棚种植了台湾有机水果、蔬菜以及鲍鱼菇、虎奶菇、茶树菇、白茶树菇、毛笋菇和樟树灵芝六种有机食用菌。广昌县于 2017 年启动了现代农业产业园核心区建设，广昌县现代农业示范园于 2018 年被"省政府认定为省级现代农业示范园"。

2.园区目标

广昌现代农业示范园以建设国家级田园综合体为目标。田园综合体是以农民合作社为主要载体，让农民充分参与和受益，集循环农业、创意农业和农事体验于一体的综合体，通过农业综合开发、农村综合改革转移支付等渠道开展试点示范。

田园综合体集休闲农业、现代农业和田园社区于一体，是全新的特色小镇和乡村综合发展模式，是在城乡一体格局下，顺应农村供给侧结构性改革和新型产业发展，结合农村产权制度改革，实现中国乡村现代化、新型城镇化和社会经济全面发展的一种可持续性模式，主要包含六大建设理念：

第一，以旅游为先导。现如今，乡村旅游热度不断上涨，已成为当前世界性的潮流，顺应这股浪潮，田园综合体破壳新生。乡村旅游资源看似匮乏实则丰富，老宅、残碑、断桥、溪流和古树有说不尽的故事，如何把故事说出来，则需要匠心独运的开发。瑞士的无烟工业（手表、军刀）、无本买卖（金融业）和无中生有（旅游业）被称为"三无经济"，这个国家把一个原本不存在的产业——旅游业做得有声有色，值得我们借鉴。

第二，以产业为核心。田园综合体是集现代农业、休闲旅游和田园社区于一体的三产业融合体，换言之，一个完善的田园综合体应是一个包含农林、渔牧、加工、制造、文旅、餐饮、酒店及房地产等各行业的产业型特色乡镇。农民生于农村、扎根农村，为了给家人创造更好的生活条件，很多人选择进城务工，然而，这样对他们来说牺牲太大。更为可行的办法是，在本区域内多元发展，创造一个能从多产业融合发展中获取收益的模式，打造田园综合体，用多个产业支撑它、充实它。各级各类现代农业科技园、产业园和创业园应适当向田园综合体布局。

第三，以文化为灵魂。文化是田园综合体可持续发展的内涵，文化就是"人化"与"化人"的过程。要在田园综合体中体现当地的文化，发掘出当地世代形成的风土民情、乡规民约和民俗演艺等，让游客体验农耕活动和乡村生活以及其中的苦乐与礼仪，以此引导人们重新思考生产与消费、城市与乡村以及工业与农业的关系，从而产生符合自然规律的自警、自醒行为，在陶冶性情中自娱自乐。

第四，以流通基础为支撑。偏僻乡村与广阔世外需要一座连接的桥梁，而这座桥梁就是包括交通、通信、物流、人流和信息流等在内的各种基础设施建设。如果缺乏这些现代化基础设施，这个地方就难以与外部世界进行沟通联系。基础设施决定了田园综合体的存在和发展，而及时地提供一些基础设施又会对后续产生持续的影响。

第五，以体验为价值。田园综合体是生产、生活、生态及生命的综合体。在经济高度发达的现代，人们对"从哪里来"的哲学命题已经无从体悟，田园综合体通过把农业和乡村作为绿色发展的代表，让人们从中感知生命的过程，感受生命的意义，感悟生命的价值，分享生命的喜悦（马超，2017）。

第六，以乡村复兴为目标。田园综合体是一个将乡与城、农与工、传统与现代以及生产与生活相结合的综合体，是一个以乡村复兴和再造为目标的新生事物，通过吸引各种资源凝聚人心，给那些日渐萧条的乡村注入新的活力，重新激活人们对乡村的价值、信仰、灵感和认同的归属。

要在坚持以农为本、以保护耕地为前提的情况下开展田园综合体，以提升农业综合生产能力。同时，要保持农村原本的田园风光，保护好乡村的山水溪流，建设一个生态可持续的综合体；要确保农民参与和受益，带动农民持续稳定增收，让农民共享发展成果，使农民更有获得感，建设一个共建共治共享的综合体。改变人们以往的偏见，让人们从中感受到农业是充满希望的现代产业，农民是令人羡慕的体面职业，农村是宜居宜业的美好家园。

三、若干思考

（一）成功的经验

1. 二三产业发展并举，延伸产业链条

近几年来，广昌白莲实现了快速发展。在"接二"方面：目前，全县有白莲系列产品的企业有莲香食品、嘉新正食品、致纯食品、安正利康、连胜食品和菜单王等24家，白莲经济合作社80余家，其中，省市级农业产业化龙头企业5家。白莲系列产品的加工主要有以下几个方面：一是白莲的精深加工，主要产品有广昌通芯白莲、莲子汁、莲子露、莲子面条、莲子奶粉、莲子饼干、莲子保健品和莲子食品等。二是莲藕的精深加工，主要产品有莲藕粉、莲藕汁和藕粉面条等，其中，莲香食品研发的红枣速溶藕粉和枸杞速溶藕粉等新产品荣获了省级科研成果奖。广昌是目前我国最大的藕粉生产基地，广昌的藕粉产量占全国藕粉产量的40%左右。广昌通芯白莲、藕粉等产品已进入华润万家超市。三是荷叶的精深加工，主要产品有荷叶茶、荷叶茶饮料等，该县引进的一家企业江西安正利康生命科技有限公司正在研发莲OPC，莲OPC是一种很强的天然抗氧化剂，它对医药、美容和保健有很大的作用，能够提升莲的附加

值，有非常好的发展前景。四是莲蓬、莲壳和莲梗的加工与处理，把废弃的莲蓬、莲壳和莲梗研碎加工成食用菌的原料，可培育凤尾菇等菌类食品，全县有食用菌 2.3 亿筒。

在"连三"方面：大力发展"旅游+"模式，依托莲花的生态优势，打造以赏花、品果、娱乐和餐饮等活动为载体的乡村旅游产品体系，打造驿前莲花古镇、姚西莲花第一村、莲花科技博览园、赤水镇龙水村梯田莲花山和盱江桥头莲花港湾等全国、全省知名的莲景观旅游线、莲文化体验区、莲产品生产基地和莲文化精品地。其中，驿前镇姚西莲海 2016 年获"世界最大莲池"称号；2017 年，驿前镇姚西村被列入国家最美乡村；2018 年，广昌县荷花旅游被列入国家 4A 级景区；驿前镇还被住建部列入 2017 年全国第二批特色小镇建设试点。到 2018 年底，全县各类休闲农业经营主体超过 30 家，形成了新的消费热点，促进了莲农增收致富。据不完全统计，2018 年，全年接待游客 100 余万人次，实现营业收入 4 亿元。

2. 做好产品品牌，增强市场效应

作为"中国白莲之乡"，广昌县从 1300 多年前就开始种莲，种莲历史悠久，所产的白莲被誉为"莲中珍品"，莲子色白、粒大、味甘、清香、营养丰富、药用广泛，备受人们喜爱，因为历代被列入进贡珍品，所以古时又被称为"贡莲"。近年来，通过航天搭载培育出来的"太空莲"，因品质独特受到全国各地的广泛欢迎，种植面积和产量名列全国县级前茅，广昌县已成为全国最大的白莲科研生产中心、集散中心和价格形成中心。2004 年，广昌白莲获评"国家地理标志保护产品"，此后又获评中国地理标志产品和农产品地理标志产品，并于 2005 年被原国家工商总局核准注册为证明商标。

在白莲产业迅速发展的同时，广昌白莲的品牌价值、市场影响力、综合产值也在逐步提升。2008 年，广昌白莲获"中国名牌农产品"称号；2013 年，广昌白莲被原农业部列入全国名特优新农产品目录；2017 年，广昌白莲获评"2017 中国农产品区域公用 100 强品牌"和"2017 最受消费者喜爱的中国农产品区域公用品牌"，同年，广昌白莲成功列入全国第四批重要农业文化遗产目录（赖江媛和曾恒贵，2018）。

3. 建设现代园区，振兴乡村发展

现代农业产业园可以在一定区域范围内集聚现代生产要素和经营主体，开

发农产品全产业链。在现代园区的带动和引领下，区域乡村产业可以做大做强，农民不用背井离乡，在家门口就可以有活干、有钱挣。

当前我国的经济已由高速增长阶段转向高质量发展阶段，农业也应顺应高质量发展趋势，向前迈进。经过长期的努力，我国农业发展取得了可观的进展，但产业链条短、大而不强以及质量效益竞争力不强等问题比较突出，有的产品甚至还停留在初始、起步阶段。推动农业高质量发展，必须坚持质量、绿色和品牌三头并发，推动农业发展由增产转变为提质，增加优质绿色农产品在市场上的供给量。现代农业产业园应该是集产业园、示范园、科技园和质量园于一体的综合园区，具有向农业农村传达现代技术和理念的能力和作用，推动区域农业高质量发展，有效引领农业发展转型升级和提质增效。

产业园就是一个平台载体，一方面带动农村一二三产业融合发展，建设现代农业产业园，吸引和聚集现代生产要素，集生产、加工、流通和销售各环节于一体，打造农产品全产业链，创造更多就业岗位，带动附近农民增收致富。另一方面促进城乡融合发展，产业园连接工业和农业两头、城市与农村两端，搭建了一个重要载体，使城市人才、资金和技术等要素向农村流动；提供了一个重要平台，让返乡下乡人员有干事创业的机会；修筑了一段桥梁纽带，使联工促农、联城带乡更好地发展。建设现代产业园，就是为更好地促进城乡融合发展探路。

（二）存在的主要问题

第一，制约广昌白莲产业发展的关键技术瓶颈还有待突破。品种更新速度较慢，无法满足当今产业高速发展的需求；白莲腐败病等高发病害还没有找出有效的防治措施，影响白莲的生产水平。特别是在基础性研究方面，几乎是个空白，莲的生理、生化机制、功能特性等基础研究还有很大的提升空间。

第二，品牌集中度不高，专业化、组织化程度不高。广昌县的白莲生产以家庭为经营单位，这种生产经营方式分散、细小，专业化、社会化程度不高。在精深加工方面，龙头企业数量少、规模小，综合实力不够强，科技含量普遍偏低，辐射带动效果不够明显。虽然已经出现了深加工企业，但还处于起步阶段，拉动经济发展和带动农户增收的能力还非常有限。

第三，人才总量不足，层次较低。长期以来，广昌县的人才总量偏小，特别是产业领军人才相当匮乏，高层次人才需求缺口较大。人才引进难、留住难、培养难等问题比较突出。广昌县作为中国著名的"白莲之乡"，已经成为全国白莲生产、科研、集散和价格形成中心，白莲产业是该县的支柱产业。白莲产业的快速发展提出了新的人才需求，需要种质资源选育、种植管理、产品开发深加工、销售经营和旅游休闲等方面的各类人才，涵盖了白莲产业的全领域。

第四，产业扶持资金投入不足。由于产业基础薄弱、产业覆盖率低、产业发展需求量大，加之大部分农业企业刚刚起步，龙头企业缺少流动资金、销售流通渠道和设施设备等问题较为普遍。受信贷规模和信贷政策的影响，产业发展仍然存在贷款难的问题。

（三）对策建议

第一，协调解决子莲品种的审定登记问题。目前，国内仅对大宗作物进行审定登记，子莲不在国家、省级农产品登记目录，因无法登记成果，知识产权无法进行有效保护，品种推广及种苗市场较为混乱，建议与上级部门协调，将子莲纳入国家品种审定目录，对知识产权进行有效保护。

第二，设立国家重大专项。赣南的经济条件和科研实力较为薄弱，很难申请到国家重大专项。近几年来，赣南老区及全国各地的子莲种植面积迅速扩大，年种植面积达 40 万亩以上，成为产区的主要经济作物和农民收入的主要来源。但在国家层面，仍然是小宗作物，很难列入国家科技计划项目指南，建议设立赣南老区重大专项或国家重大专项（支撑计划等），在项目和资金上给予倾斜。

第三，加强品牌建设。支持广昌白莲申报国家驰名商标，制定优惠政策，对赣南老区地域优势产业在央视等投入广告给予减免，或直接投入免费公益广告，进一步做大做强赣南老区的优势品牌。

第四，提升蜜桔产业的专业化、组织化程度。创建白莲深加工园区，研发白莲相关产品；鼓励深加工企业入驻广昌，加大对深加工企业的扶持力度，尽快提升深加工企业的带动、辐射作用。

第五，引进高层次人才。强化中央、省、市与赣南老区的结对帮扶机制，积极引进产业发展急需的高层次人才。一是举办白莲高端人才论坛，针对白莲种植、科研、产品研发及旅游等方面的问题，邀请国内外高端人才开展学术交流。二是成立院士工作站，柔性引进专家团队，开展子莲资源、育种、栽培、土肥、植保和防控等科研活动。三是加强院企合作、校企合作，推动园区企业与科研院所和高等院校合作。目前，县内所有规模以上企业都已与省内外科研院所和高等院校达成了合作关系，如致纯食品与福建农林大学、安正利康与南昌大学以及莲香食品与东华理工大学等已开展深度合作，共同参与技术研究和产品开发，推动企业发展。

第五章

特色农业在其他老区增收致富中的作用

第一节　樟树中药材产业

一、樟树中药材产业的发展背景

（一）政策背景

樟树是一座"三县治城、四朝故郡"的历史文化名城。"中国药都"樟树市是中医药产业聚集区、江西中医药强省的核心区。樟树药业源远流长，有着1800多年的历史，素有"药不到樟树不齐，药不过樟树不灵"的美誉。樟树市是江西唯一的中药材市场，是江南最大的药材集散地。

樟树市郊外的阁皂山是一个天然药场，绵延200余里，草木丰茂，盛产各种药材，其中，动、植物药材和矿物药材达百余种。当地对药材质量的要求非常严格，药材必须纯净，饮片加工务其精细；历朝的"药王庙会"现已发展成全国的药材交流大会；樟树的药师、药工和药商走遍全国的药材产地，采集品质上乘的药材原料运回加工，使得药材品种齐全，樟树市也因此成为全国中药材生产、加工、炮制及经营中心（白洁和洪波，2007）。

1. 着力解决融资难的问题

金融政策落地，药商融资不再是难题。为了充分发挥资源优势，振兴药业，江西省、宜春市政府都把樟树药业列入重点产业发展项目，樟树市委、市政府把药业作为支柱产业进行重点培植。产业的发展离不开金融的支持，自

2010 年以来，中国人民银行樟树支行发布了《金融支持樟树药业产业发展指导意见》，建立了中药材价格波动监测机制和中药产业监测制度，编制了中药饮片价格指数，并尝试采用发放集合债券、增加支农支小再贷款等形式，引导辖内金融机构将中药产业作为金融支持重点（廖斌等，2016）。自 2011 年开始，樟树市财政每年安排专项资金对老药工及学徒工进行补贴，其中，老药工每人每月 600 元，学徒工每人每月 1000 元。接着，该市又专门组织了"樟帮"传统中药炮制药工认定技能考核大赛，加大了对"樟帮"中药饮片传统炮制技艺传承的扶持力度，扶持标准提高到老药工每人每月 1800 元，"樟帮"学徒工每人每月 1200 元。截至 2015 年末，樟树市金融机构中药产业贷款余额为 7.9 亿元，同比增长了 18%。2016 年，邮储银行樟树市支行结合地方产业特色，创新推出的特色金融产品"药商贷"获上级行批复，并顺利实现了 75 万元放款。首笔"药商贷"的"落地"，标志着该支行在助力地方特色产业发展、解决药商融资难题方面取得了新的突破和进展。"药商贷"是该支行深入药材市场进行调研，针对药商经营户在供应和销售链中出现的融资问题而设计的特色信贷产品，为符合条件的药商提供了短期大额流动资金贷款。"药商贷"的推出，进一步丰富和完善了邮储银行贷款产品体系，为地方医药产业发展注入了新鲜"血液"，有力地推动了特色优势产业的发展腾飞。多年来，邮储银行樟树市支行关心、爱护本土药商的发展，积极帮助商户解决发展中遇到的融资难、担保难、服务少等难题，带动全市医药产业提升整体竞争力，不断提高县域经济的总体实力和竞争力。

2. 积极谋求产业合作

打破传统思路，谋求产业合作。为推动医药产业转型升级，樟树市出台了《樟树市加快电子商务产业发展扶持办法》和《樟树市引进电子商务人才实施办法》等一系列扶持政策，积极引导药商、药企调整营销策略和营销模式，开启"互联网 + 医药"的发展新模式。

樟树市发挥药都的资源优势，大力推进旅游与中医药产业发展和身体康养为一体的"中医药 + 旅游"产业融合，构建观药景、吃药膳、泡药浴和养药生的大健康旅游产业链，擦亮"中国药都·养生福地"旅游城市新名片。樟树市把挖掘中医药文化、讲好樟树药业故事作为推动中医药与旅游深度融合的重要部分，让游客体验千年药都的神奇魅力。樟树市研制整理出了 100 多个品种的药膳供游客品评，拍摄了电影《樟帮》等文化旅游片，编排了大型声乐组歌《药都樟树》，向世人展现了樟树药文化的悠久历史和现实意义（《江西日报》，2019）。为此，该市先后规划编制了《中医药健康旅游专项规划》《三皇宫历史文化街区》和《丁仙湖健康旅游度假区》等旅游项目专项规划，对中医药健康旅游重点区域、重大项目、重点线路和智慧旅游建设等做出了统筹考虑和安排，引进了公式皂山道教旅游项目和中国古海养生旅游度假区等一批养生旅游项目，为樟树市今后的大健康产业发展奠定了基础。此外，还出台了《关于加速推进樟树中医药健康旅游产业赶超发展的工作意见》和《樟树市中医药健康旅游产业扶持政策》等政策文件，每年设立 6000 万元中医药健康旅游发展基金。近年来，在樟树市引进的旅游项目中，半数以上是中医药养生类项目。樟树旅游产业集群已位列全省重点旅游产业集群（宜春新闻网，2016），为了打造良好的产业发展环境，樟树市制定了《樟树市现代中医药产业中长期发展规划》，同时，为了推动中医药产业集群的发展，樟树市在完善中药材市场、福城医药园基础设施和配套服务的基础上，先后启动了药都医药物流园、医药产业孵化创业园、云健康电商产业园和电子商务创业基地等一批医药产业特色园区建设，不断提升产业的承载能力，构建起以中药材种养业为基础、以现代中药为主导、以生物医药和保健品为重点、以医疗器械和相关产业为补充的特色医药产业集群。目前，全市中药材种植面积 18 万亩，拥有医药企业 175 家，通过 GSP 认证的流通企业 30 家，医药产业集群规模达 350 亿元，荣获"中国县域产业集群竞争力百强""江西省示范产业集群"等多项殊荣。

3. 加大人才培养力度

注重人才培养，力促"中国药都"振兴。樟树市坚持人才强市战略，坚持培养中医药领域的专业人才，通过出台一系列政策，激发人才的科研动力，大力鼓励创新。同时，不断引进高端技术人才，2018 年 4 月，樟树市出台了《樟树市招才引智"新五条"实施办法（试行）》（以下简称《新五条》），鼓励和支持企业招才引智，扶持企业创新研发。市财政每年拿出 6000 万元用于人才引进；出台招才引智《新五条》政策，帮助企业引进各类人才 1757 人；持续开辟医药类人才引进绿色通道，55 名医卫人才到樟树创新创业；组织仁和、司太立和德上等医药企业到高校开展人才招聘活动，高层次人才得到了及时补充。截至目前，该市共有国家级高新技术企业 88 家，省级工程技术研究中心 6 家，省级博士后创新实践基地 2 家。在引进外来人才的基础上，该市注重扶持培育一线技能人才，最大范围地强化人才内育工作。先后出台了《樟树市新时代产业工人队伍建设改革实施方案》和《樟树市推进职业技能提升行动实施方案》等文件，通过政府补贴、企业搭台的形式，鼓励企业员工积极参加职业技能培训，提升技能水平。此外，该市不断深化与校企的合作，主动赴江西中医药大学开展医药产业人才培育对接，积极探索与江西中医药大学的合作办学模式，同时，依托辖区内的药都职业学校和农业专科学校等，推进校企对接，对产业工人进行定向培育，从根本上实现本地人才的自动"造血"。该市规划兴建江西樟树中医药职业学院，开设中医药骨伤和护理等医药类专业，着力培养和储备一批医药类紧缺人才，助力药都振兴。据了解，该项目已于 2019 年 10 月开工，预计 2021 年 9 月开始招生（陈晗和朱婷，2020）。

近年来，樟树市把弘扬中医药文化作为振兴"中国药都"的重要内容，加大对樟树药俗文化的传承和保护，通过申报非物质文化遗产，将樟树药俗列入第一批国家级非物质文化遗产扩展项目名录，扩大樟树药俗文化的对外影响力。同时，设立了"樟帮"传承人补助和中药炮制科研奖励资金，给予老药工和传承人每人每月 600~1000 元的补贴，鼓励他们举办传习班、培训班，充分发挥"樟帮"传统炮制技艺的特色，推动现代技术与传统工艺的有机融合，不断提高质量控制水平，打造全国中药饮片生产基地（宜春新闻网，2016）。2018 年，樟树市出台了《"樟帮"中药炮制传承人和老药工奖励扶持办法》，核定 3 家企业的 20 名老药工和 19 名学徒工，发放资金 37.2 万元。这是改革开放以来，该市首次奖励扶持"樟帮"中药炮制传承人。截至 2018 年，该市组织了五次"樟帮"中药炮制传承人申报，其中，2017 年核定了 17 家企业的 34 名老药工和 67 名学徒工（《江西日报》，2018）。先后邀请了 20 余名中医药领域的院士、国医大师、名老中医和中医药专家到宜春开展高峰论坛、咨询论证、现场教学和巡诊义诊等活动，宣传普及中医药文化。此外，宜春市相继出台了《关于加快中医药产业发展的实施意见》和《宜春市加快中药材种植产业发展实施方案》等系列政策文件，设立了 50 亿元的中医药产业发展引导基金，用于扶持中药材种植、中成药研发和中医药推广等（王水平，2019）。除了上述政策外，樟树市政府还出台了许多推动中医药产业发展的政策文件，如表 5-1 所示。

表 5-1 樟树市政府关于支持中医药发展的政策文件

政策文件	主要内容
《樟树市实施"中国药都"振兴工程推进中药材种植产业发展试行办法》	为贯彻落实省委、省政府提出的中药强省发展战略和宜春市提出的加快中医药产业发展的决策部署，充分发挥樟树市的中药材资源优势，全面提升中药材产业的生产规模，助推农民增收。2017 年，樟树市出台了《樟树市实施"中国药都"振兴工程推进中药材种植产业发展试行办法》，实施了"六个推进"：推进中药材种植模式创新、推进中药材苗木基地建设、推进中药材连片基地建设、推进中药材服务体系建设、推进中药材加工基地建设、推进中药材名优品牌建设，具体明确了财政资金政策扶持中药材种苗基地、种植基地建设和品牌创建的奖补标准
《樟树市现代中医药产业中长期发展规划》	2017 年，樟树市修订了《樟树市现代中医药产业中长期发展规划》和《"中国药都"振兴工程实施方案》，围绕打造中医药千亿元产业集群的目标，举全市之力推动实施中药材规范化种植工程、中医药工业升级工程和中医药健康旅游示范工程等十大工程，擦亮了"中国药都"金字招牌。为了充分发挥樟树市的中药材资源优势，全面提升中药材产业的生产规模，助推农民增收，促进中药材种苗基地、种植基地建设和品牌创建
《江西樟树"中国药都"振兴工程实施方案》	2017 年，樟树市委、市政府提出振兴"中国药都"的目标：以振兴"中国药都"为总目标，以创新升级为主线，以中药制造业为引领，大力实施中药材规范化种植工程、中药制造业升级工程、药品商贸流通中心升级工程、中医药健康旅游示范工程、"中国药都"形象提升工程、现代会展及"互联网＋药交会"促进工程、中医药科技创新引领工程、中医药人才智力支撑工程、中医药产业金融扶持工程和特色中医诊疗服务能力提升工程十大工程，全面提升中医药种植、加工和流通等行业水平，大力发展健康保健、文化旅游和医疗服务等新兴业态，打造国家级中医药产业集群。樟树市把扩大中药材种植规模作为振兴"中国药都"的基础性工程，市财政每年拿出 5000 万元专项资金大力支持规模经营，鼓励龙头企业采取"企业＋基地＋药农"和"企业＋合作社＋基地＋药农"等模式，打造集约化、规模化、标准化的中药材种植基地（金国军，2019）。自 2017 年出台了《樟树市实施"中国药都"振兴工程推进中药材种植产业发展试行办法（2017-2020 年）》以来，樟树市中药材产业种植面积迅速扩大，药材种植总面积达 39 万亩，有百亩以上基地 134 个、千亩以上基地 24 个、万亩以上基地 1 个，种植面积在全省县级市中排名第一，取得了阶段性成效（金国军，2019）。中药材种植是江西省樟树市实施"中国药都"振兴工程的基础工程，是生态产业、富民产业

资料来源：根据樟树市人民政府网及其他相关文献资料整理。

（二）产业背景

1. 樟树药材产业发展概况

（1）樟树医药产业简介。

樟树药业源远流长，发端于东汉，三国时就摆有药摊，唐代设有药墟，宋代形成药市，明清为南北川广药材总汇的"药码头"，距今已有 1800 多年的历史。2013 年 10 月，中国中药协会举行了"中国药都"授牌仪式，樟树获评"中国药都"称号。樟树药业已发展成以药品生产为龙头，集种植、加工、炮制、流通、会展、研发、文化旅游、养生保健和电子商务等于一体的综合性产业，产业特色鲜明、基础扎实、条件良好、后劲充足，完全具有发展成千亿产业聚集的实力和潜力（张卓敏和张君，2019）。樟树医药产业的具体情况如表 5-2 所示。

表 5-2　樟树市医药产业简介

特征	具体内容
药材种植 规模较大	全市拥有中药材种植面积 18 万亩，种植面积在全省的县级市排名第一，有千亩以上基地 18 个、种苗基地 6 个、基地联系农户 1 万余户，品种以"三子一壳"为主，中药材产量 5.42 万吨，产值 3.96 亿元。吴城镇庙前黄栀子种植基地为全省首个通过国家 GAP 认证的中药材种植基地；庆仁中药饮片公司制定了黄栀子种植国家技术标准，正在进行推广示范；樟树吴茱萸已成功获得国家地理标志产品保护
医药生产 企业多	全市有医药企业 108 家。其中部分企业如下： （1）药品 GMP 生产企业 7 家，药品剂型有丸剂、片剂、颗粒剂、散剂、酒剂、胶囊剂等 29 种，共计 500 多个产品，其中，有国家级新产品 9 个、中药保护品种 13 个、全国独家品种 6 个、国家专利 9 个。2007 年 3 月 29 日，仁和药业股份有限公司成功上市，在全国医药行业排名第 21 位（金国军，2013） （2）中药饮片 GMP 生产企业 5 家，有千余个品种 （3）保健食品生产企业 70 多家，通过 GMP 认证的 34 家，实际生产的品种在 180 个左右
医药流通 领域活	（1）药品 GSP 流通企业 23 家，剔除仁和医药集团内设的商业公司业绩，销售收入达到 79.9 亿元 （2）樟树中药材专业市场是全国 17 家中药材专业市场之一，也是江西省唯一的国家级中药材专业市场，经营市场占地 235 亩，现有 16 个省（市）、72 个县（市）的 300 余户药商在场内经营，年交易额 16.5 亿元 （3）樟树药交会是 1958 年经国务院批准的三个药交会之一，20 世纪 90 年代初，樟交会在全国的影响力位居前列，从 2005 年开始，樟交会由省政府主办，每年的药交会成交额均超过 15 亿元，到会厂商 5000 多家，医药企业代表 5 万余人
医药产品 品牌响	截至 2012 年，全市医药产业拥有中国驰名商标 3 个、省著名商标 40 个。其中，仁和集团的"仁和"品牌在 2009 年入选"中国最具价值品牌 500 强"，排名第 263 位，品牌价值 31.49 亿元，销售额超过 3 亿元的产品有优卡丹和妇炎洁，超 2 亿元的产品有可立克，超 1 亿元的产品有闪亮、正胃胶囊和清火胶囊。2008 年，樟树市医药产业集群荣获"中国县域产业集群竞争力百强"称号，成为江西省唯一入选的县域产业集群。2010 年，樟树吴茱萸成功获得国家地理标志产品保护
产业配套 领域全	全市有外包设计、内外包装生产的企业 30 余家，印刷包装产品的年销售收入突破 5 亿元；为医药企业提供货物配送的物流企业 50 余家；为企业提供全程服务的专业性公司 1 家

资料来源：江西新闻网。

（2）樟树中药材产业发展简析。

江西樟树是全国唯一获中国中药协会认定的"中国药都"，樟树市以药业闻名，自古就有"药不到樟树不齐，药不过樟树不灵"的美誉。从古至今，作为古文化遗产的中药业是樟树市经济发展的重要部分，也是中国中药业的宝贵资源。

樟树自古就是江南药材的集散地，樟树中药材因其质量上等、疗效显著而闻名千年，药饮片更有"薄如纸、吹得起、断面齐、造型美"的美誉。2013年7月，樟树市被中国中药协会授予"中国药都"的称号，成为全国第一个被认定的"中国药都"。樟树市的中药材种植面积达28.9万亩，是全国中药材种植基地和中药原料生产供应保障基地。樟树中药材专业市场是江西唯一的中药材市场，占地235亩，药材交易辐射范围广泛（张学玲，2016）。

近年来，樟树市始终秉承历史文脉，把推动中医药特色产业作为振兴全市经济的战略举措，通过不断壮大、延长产业链条，初步形成药地、药企、药市、药会齐头并进，生产、加工、销售、科研一体化的产业化发展格局，被评为"中国县域产业集群竞争力百强""国家中药原料生产供应保障基地""国家新型工业化中医药产业示范基地"，被认定为"中国药都"。樟树的药膳品种丰富、药材炮制过程独特、樟树药俗和药交会（见表5-3）的开展促进了樟树药业的发展，樟树药业发展至今，已成为樟树市最具发展活力和潜力的特色优势产业。

表5-3　樟树药俗、药膳、药交会简介

名称	具体内容
樟树药俗	樟树药俗包括药材交易风俗、中药炮制、药膳和药业信仰等。樟树药俗最早始于东汉。建安年间，道教灵宝派创始人葛玄入阁皂山结庐而居，采药炼丹，开樟树医药先河。南北朝时期，樟树的药业人员有了简单的分工。宋末宝祐六年（1253年），樟树镇建了第一所"药师院"，供奉药师佛，祭祀药王。明万历年间改建"药师院"，更名为"药师寺"。清康熙年间，樟树药业趋于鼎盛，享有"南北药材之总汇"的美誉。在此期间，樟树药商组建了药王会，"药师寺"改称"药王庙"，奉孙思邈为药王。清嘉庆、道光年间，樟树药帮正式形成，为全国三大药帮之一。光绪十三年（1887年），樟树药商集资公建三皇宫，供奉的神祇有伏羲、神农、扁鹊、华佗、张仲景、皇甫谧、孙思邈和李时珍等十三位医药学大师。此宫成为药商交易场所、药帮活动中心，每逢四月二十八（孙思邈的生日）和八月十五日（葛玄"白日飞升"之日）便在药王庙举行庙会，招徕四方药商交流。在此期间，各药铺的医者都到三皇宫为药王先师拜寿，群众大多祭祀葛玄。每逢除夕，药界同仁向药王礼拜辞岁，大年初一又聚三皇宫团拜

名称	具体内容
樟树药俗	樟树市的药材炮制分成鉴别、抖择、切制、炮炙、加工和贮藏等。在古代，全凭手与五官来分辨药材的真假与品质。药材抖择，即对药材进行选净、分级，俗话说"药抖千层灰"。药材切制，有洗药、润药和切制三个环节，各有讲究。洗药包括洗、浸、泡。有的药材要浸泡多时，有的草类药材则要"抢水洗"，不能浸泡。润药是为了便于切制，润药讲究润功，润功的重要之处在于不失药物的有效成分。切制是根据药材的形态和质地，将其加工成片、段、块、丝等各种样式的咀片。樟树切制饮片最讲究刀功。各店铺的最佳刀工被称作"头刀"。药材炮炙又叫修治，是樟树药业最具特色的传统工艺，主要是起到清除杂质、矫正气味、降低或消除毒性和改变药物性能的作用（樟树市人民政府，2019）。一般有水制、火制和水火共制三种方法，其中，以火制者居多。其主要价值有： （1）历史价值。 "樟树药帮"的形成与辐射，开辟了广阔的药业市场，为中华医药的发展谱写了光辉而不朽的篇章 （2）文化价值。 中医中药，在人类文化史上堪称一绝，从古到今一直保持着独领风骚和不可替代的地位。因此，中医俗和中药俗也成为最具中国本土文化特色的一个文化领域，它所承载的已远远超出了"医"与"药"的本身，折射出的文化魅力及其丰富的内涵值得我们去关注、去探讨，世代传承、发展 （3）经济价值。 樟树药业谱写了樟树古代经济繁荣发展的重要历史篇章，今天仍然是当地经济发展的支柱产业之一。樟树药俗于 2008 年列入国家级非物质文化遗产保护名录
樟树药膳	药都药膳历史悠久、源远流长，早在 1700 多年前，道教灵宝派开山鼻祖葛玄在阁皂山采药炼丹时，发明了药食两用、美食祛病的药膳。经过历代中医师、中药师和烹调师的不断探索，药都药膳逐渐发展成集中医学、中药学、营养学和烹饪学于一体，极具樟树地方特色的养生美食，被誉为"药中瑰宝、食中奇珍"。1985 年初，樟树市成立了烹饪协会，时任协会会长的熊晓鹏先生带领一班后起之秀全面地将药都药膳发展起来。后来，又单独成立了江西樟树药都药膳研究会，由中医师、中药师、烹调师及各大酒店的主要负责人专门研究、挖掘和创新药都药膳，现已有药膳菜谱近 300 道，并陆续在《中华美食药膳》杂志上发表。2008 年，樟树举办了首届"中国药都国际药膳养生文化旅游节"，邀请了美国、韩国等海内外 200 余名烹饪大师、营养专家和美食专家参与，反响热烈。在多方力量的努力下，2010 年，药都药膳入选江西省第三批非物质文化遗产名录。为了进一步传承和弘扬药膳文化，樟树市在樟树宾馆、银河大酒店、中国古海景区养生餐厅和开心饭庄等一些大型酒店推广中国药都药膳，以便南来北往的游客可以品尝到具有樟树特色的传统美食 樟树药膳品种极其丰富，药膳继承传统，科学创新，配方严格、选料严谨、注重烹艺、讲究口感，做到切配精细、配伍合理、火候到家、烹制得法，色、香、味、形俱佳，具有食疗效果。药材的选料要求炮制精细、无假、无霉变，食物原料要求无公害、新鲜，两者相配要防止食物相克，要配方合理，掌握好火候，注意细节，这样才能成为具有一定食疗效果的美味佳肴。现如今，药都药膳制品大致可分为药菜、药点、药茶、药饮（包括冷饮）和药酒等 200 余个品种

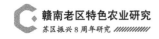

续表

名称	具体内容
樟树药交会	中华人民共和国成立后,樟树中医药业迈入振兴时期。樟树药交会是 1958 年经国务院批准的三个药交会之一,在计划经济时期,制定的药品(药材)生产计划通过这三个药交会来落实,上半年的生产计划在樟树药交会落实,下半年的在河北省安国县的安国药交会落实,河南省辉县百泉药交会主要调整每年生产计划的余缺。在这三个药交会之中,樟树药交会的到会人数、成交金额及在全国药商中的影响力历来都是三者之首。樟树药交会从 1958 年至今已成功召开了 50 届,在全国药界享有盛誉,有"中国药都"之称。樟树药交会的发展主要经历了三个时期: (1)办会初期(1958~1965 年)。 1958 年 10 月,第一次樟树全国药材交流会在清江饭店举行。到会代表 100 人,成交(订单)金额 150 万元。1958~1965 年,成交额达到 5 亿多元。随后,由于经济衰退,药交会停办了 16 年 (2)快速发展期(20 世纪 80 年代初至 21 世纪初)。 1980 年,樟树恢复举办了第 11 届全国药交会,此次成交额达 12439 万元。在这段时期,药交会在成交额、人气和影响力等方面都取得了极大的发展和提高 (3)转型发展期(2002 年至今)。 随着现代信息技术的快速发展,传统药交会的功能及作用受到了一定程度的冲击,为振兴樟树药业,省委、省政府出台了多种扶持政策,宣传"药都"樟树,不断扩大招商引资,由此给樟树带来了新的发展机遇。2018 年,第 49 届樟交会在会展规模、档次、人气及成效上再次突破,实现了会展品牌的大提升,成为了全国中医药会展规模最大、参展企业最多、最具行业影响力的盛会。仅开幕式当天,大会成交额超 60 亿元。大会期间,来自全国的参会、参展医药厂商 7600 多家,共有 10 万多名医药专业代表等参会,其中,参展厂商超 2000 家,参展品种超 2.3 万种,专业参会代表和采购商超 5000 家。大会成交额达 165 亿元,其中,中药(中成药、饮片和中药材等)成交额近 100 亿元,中药制造机械设备成交额 12 亿元,"互联网 + 药交会"交易平台成交额超 50 亿元。在"互联网 + 药交会"体验馆内,微商城、APP客户端等网上交易平台吸引了全国各地的参会代表点击浏览,在线体验"掌上药交会"的独特魅力

资料来源:樟树市人民政府网。

(3)樟树中药材产业的发展历程。

樟树这块宝地,在医药方面从悬壶施诊发展到药墟、药市、药码头,进而成为南北川广药材之总汇,形成全国最大的药帮——樟树药帮。这并非仅仅是樟树药帮会做生意,而是靠千万人的赤诚奉献、千百年的艰苦创业和千万次的反复实践才建立起的与人类生命息息相关的医药千秋大业(樟树市人民政府,2019)。樟树药业源远流长,博大精深,丰厚凝重,得天独厚的自然地理条件,勇于开拓创新的樟帮药业人员,高尚严明的药业道德规范和精益求精的中药材加工炮制技艺,形成了别具一格、独领风骚的樟树药俗,以药材交易的历史沿革为主线,代表了樟树药文化的历史渊源。樟树药业大体可分为起源、兴起、发展、鼎盛和振兴五个历史时期，具体情况如表5-4所示。

表5-4 樟树药业的发展历程

阶段	发展历程
起源时期	樟树的考古资料证明，早在原始社会晚期，樟树筑卫城、樊城堆地区的先民，已经开创了古老的原始文明，不仅学会了农织渔猎、制陶建室，而且还初步懂得并应用了原始医药卫生知识。例如，用火焙烧居室的墙壁和地面，以避湿驱寒；用烧热的泥土、石块缓解腹痛和不适；用石砖、骨针治疗人体局部的关节疼痛等（钟媛，2019）。这些原始医药卫生知识，对后来樟树的医药活动具有开源拓流的作用 进入殷商时期后，樟树吴城地区的先民对医药卫生知识有了进一步的认识。巫祝们在祭祀祈祷的同时，也用自己的医药知识为人驱邪治病，这是巫、医混同的时期。随着酿酒技术的发明和发展，人们懂得了酒既可以使人兴奋，又可以使人麻醉，进而学会了利用酒的这种特性来治疗某些疾病（钟媛，2019）。后来，又懂得了药物浸酒的方法。因而，在樟树中医药界一直流行着"酒药同源"之说
兴起时期（东汉至隋，历时400余年）	东汉时期，道教创始人张道陵曾在樟树阁皂山一带以符篆驱邪治病，布道传教，因此，张道陵被樟树医药界奉为"医道同源"的创始人（钟媛，2019）。东汉末年，道教灵宝派创始人葛玄在阁皂山采药炼丹，治病施诊，创立了葛氏道，开创了道教采药治病之先河，带动了阁皂山附近村民的采药行医活动。从唐朝廷组织苏敬等编写的我国第一部《新修草本》来看，收录的药品有844种，其中，樟树阁皂山所产的药材就有茯苓、沙参、乌药、葛根和乌首等200余种。阁皂山麓、赣江之滨的古代淦阳一带，地势低洼，常有洪水之患，水灾之后，往往流行瘟疫。到三国孙吴时期，阁皂山民或采集中药，或巡诊于村舍，或悬壶施诊，开创了樟树医药业的先河（白洁和洪波，2007）。阁皂山亦为今日之药都源地，葛玄被樟树中医药界奉为"医药同源"的奠基人
发展时期（唐、宋、元时期，历时700余年）	樟树是中药材交易、集散和加工炮制之地，奠基于唐宋。唐代"药圩"和宋代"药市"为明清时期樟树中药业的鼎盛奠定了深厚的基础。樟树"药圩"的形成始于唐代。唐开元四年（公元716年），江西通往广东的古驿路开通，它是南北交通的大动脉。处于这条"官道"中心的淦阳城（今樟树市）成为了沟通中原与岭南的交通要津。凭借袁赣二水与南通北达的驿路，或达京师，或至吴楚，或走湘桂，或通闽浙，为药材的集散和中转提供了极好的条件。樟树则成为南来北往、东临西达的药材集散、中转之地。四方药商逐渐增多，"药圩"显然不能满足日益发展的药材市场的需要。"包袱水客"迫切需要一个固定的、相互交流的场所，一时销售不了的药材也需要一个稳妥保管的地点，来往药商也需落脚之点，于是"货栈"和"药行"等应运而生。宋代，"药市"也逐渐形成，医药兼备的"药店"相继出现。北宋元丰（1078~1085年）年间，樟树所产的"商州枳壳"和枳实因质量上乘，每年作为贡品向皇宫进贡15斤左右。南宋绍兴二十四年（1154年），著名史学家、名医徐梦莘所著的《集医录》问世，是樟树最早的医学著作。元代至元十六年，南宋遗民侯逢丙，耻于仕元，举家从庐陵（今吉安市）迁至樟树，开设"侯逢丙药店"济世度人，设肆制药，所制饮片成药享誉东南，是樟树药史上首位设厂制药的著名药师。樟树在唐、宋、元三代约700余年的时间里，形成了药圩，并进一步发展为药市。药行货栈应运而生，药店药厂渐次开设，名医药师不断涌现，医学专著相继问世，为樟树中药业走向全国奠定了坚实的基础（白洁和洪波，2017）

续表

阶段	发展历程
鼎盛时期（明清时期，历时400余年）	樟树中药业在明清时期的400余年中，已进入全面发展的鼎盛时期。其主要特征是： （1）经营形式、管理办法、采购销售和药商食宿等都有它自身的特点，独树一帜的行、号、店、庄遍布全国，同时也引进外商，在樟树设立字号，形成"以我为主，主客并存"的药业体系。清道光初年（1821~1850年），樟树镇内有药材行、号、栈、庄近200家，其中，药行所占的比例大。在这200家店中，本地药商经营的药店有百数十家，外地药商以河南人和安徽人为主，开设店、栈50余家 （2）以人才和技术辐射全国，并以乡谊和亲谊为纽带，以专业技术为基础的樟树药帮逐渐形成。它虽非官方组织，但药德高尚，帮规严明，技术高超，资金雄厚，是与其他以政治为背景的帮会有区别的，它是促进中华医药事业发展、繁荣社会经济的民间组织。樟树药帮的形成，是与樟树人向外开拓分不开的。樟树药商以樟树为"大本营"，经历过三次外出经商的高潮，逐渐形成了湖南湘潭、原湖北汉口、重庆和樟树四个中心据点，各据点向四周扩展，遍及江苏、浙江、福建、安徽、河南、山西、陕西、辽宁、吉林、甘肃、广东、广西、贵州和香港等地区。樟树药帮在组织上进一步健全，促进了"樟帮"药业的发展，形成了以樟树为中心的全国药业网，与当时的京津帮和四川帮三足鼎立、互相抗衡，并以它独特的技艺、卓越的管理、众多的人员和雄厚的资金，占据着长江中下游和珠江流域一带广阔的药材市场 （3）将药、医结合，药材集散与药材加工炮制同步发展。樟树中药业发展到鼎盛时期，已不仅是药材交易、集散的场所，而是药材技术中心，它以独特的鉴别技能、科学的收藏保管、技艺精湛的加工炮制、质量上乘的成药产品，获得了"药不到樟树不齐，药不过樟树不灵"的美誉。明清时期，樟树药商在经营体制上独树一帜，在药业组织上形成樟帮，在经营性质上进行独创。由单纯的药材交易、集散和经营转变为和专业技术同步发展，促进了经济大发展，迎来了樟树药业的鼎盛时期（白洁和洪波，2007）
振兴时期（中华人民共和国成立至今）	樟树中药业在清末民国时期曾一度衰落，中华人民共和国成立后，才逐渐步入振兴之道。2001年的第32届药交会将药材交易与药材药品交流、企业形象展示、学术研讨和信息发布相结合，首次邀请了境外和国外药商赴会。2001年4月竣工的樟树中药材专业市场占地500亩，投资3亿元，可容纳2000户业主入市经营，拥有一流的现代网络设施电子报价系统和物流储运设施，是目前全国最大的中药材市场之一。为适应开放的药材大市场的需要，樟树市委、市政府瞄准国际中药产业的发展方向，大力实施"以药富民"战略，充分发挥药材种植的传统优势，把经济发展、农民增收的潜力激活在中药材产业上，全面启动抓基地、抓示范、抓种苗、抓技术和抓销售等系列工程，加快中药材种植业的产业化、标准化步伐，创造了种植面积约翻三番、产值增长逾十倍的发展速度（胡光华，2006） 2008年11月7日，在北京举行的2008年中国产业集群大会上，樟树市医药产业集群喜获"中国县域产业集群竞争力百强"称号，成为江西省唯一入选的县域产业集群

资料来源：樟树市人民政府网。

2.樟树中药材产业的发展优势

樟树是全国著名的药都，具有1800多年的药业历史，樟树药业千百年来长盛不衰，素有"药不到樟树不齐，药不过樟树不灵"之美誉（白洁和洪波，2007）。樟树市地处江西省中部，全市总面积1291平方千米，总人口54万，现辖10个镇、4个乡、5个街道办事处，1993年进入中国百强县市行列，2004年被列为江西省综合经济实力十强县市。与全国大部分县级市相比，樟树把药业作为主导产业发展，具有其他地方无法比拟的诸多优势（熊婷，2016）。

第一，地理环境十分优越。樟树市位于江西省中部，鄱阳湖平原南缘，跨赣江中游两岸，自古有"八省通衢之要冲，赣中工商之闹市"之称，水陆交通十分便利。樟树市跨赣江中游两岸，处在全省以京九铁路为主干、浙赣铁路为两翼的大十字形生产力布局的交汇点。国家主要交通干线京九铁路、浙赣铁路、沪瑞高速、赣粤高速和105国道穿境而过，赣江水道可供大型货轮通行，樟树机场位于市东隅，距省会城市南昌仅88千米，距昌北机场100千米，处在南昌1小时经济圈内，交通极为便利，具有对接长珠闽、连接港澳台的区位优势。

第二，气候条件好，适宜中药材种植。樟树地处亚热带季风区，气候温和，雨水充足。年均气温17.5℃，年均日照总时数1522.7小时，年均降水量1564.9毫米，年均无霜期272天，适宜枳壳、黄栀子和车前子等江西道地药材的生长，具有种植中药材的历史。境内有上千种野生中药材，可开发利用的有156种。出产江西道地药材，如枳壳、前仁、黄栀子、吴茱萸、泽泻、石韦、香薷、茯苓、南山楂、蔓荆子、荆芥、薄荷和土茯苓等。其中，樟树一带所产枳壳因皮青、肉厚、色白、味香、疗效好，在宋时已被医家视为珍品，并列为贡品，进入皇宫内苑（白洁和洪波，2007）。

第三，药文化底蕴深厚，具有"药都"品牌优势。樟树药业经历1800多年的传承，具有千年的历史文化沉淀。东汉末年，道教始祖葛玄在樟树东南的阁皂山上采药行医、筑灶炼丹，历经40余年，开创了樟树药业的先河。全国的道教名山很多，发展中医药产业的地方也不少，但道药一体的可能只有樟树。樟树在三国时期已有药摊，唐初发展成"药墟"，宋元时期形成"药市"，明、清臻于鼎盛，为"南北川广药材之总汇"。乾隆年间，樟树镇已有80%的人"吃药饭"，樟树人开的药店遍布全国各地，成为药界名声大噪的樟帮，在云南、四川等地，至今还有樟帮药店的痕迹和文化元素。樟树人热情好客，心胸开阔，注重沟通思想，创造和谐气氛，增进彼此友情，具有很强的包容性，既能"走出去"，又能"引进来"，使樟树成为全国乃至东南亚地区久负盛名的"国药之都"。樟树药企共享"药都"这块金字招牌，无偿获得了巨大的无形资产，极大地提高了企业的市场竞争力。

第四，政府重视，政策宽松，具有良好的产业发展环境。江西省、宜春市政府把樟树药业列入重点产业发展项目，樟树市委、市政府把药业作为支柱产业进行重点培植，明确提出了打造"中国药都"的战略发展目标，全市上下已达成大力发展樟树药业的共识（白洁和洪波，2007）。自 2017 年以来，樟树市大力推进实施"中国药都"振兴工程，全速加快中医药产业的发展步伐，取得了阶段性成效。市委、市政府提出的药都振兴"六个一"工程基本完成。《江西樟树"中国药都"振兴工程实施方案》和《樟树"中国药都"振兴工程中医药产业发展规划》以省政府办公厅和省中医药产业发展领导小组名义先后正式印发了。研究出台了《推进中药材种植产业发展试行办法》《医药流通产业扶持办法》《招才引智"新五条"实施办法》和《关于促进机器智能化应用推动产业转型升级的实施意见》等一系列扶持政策。在一系列利好政策的引导下，樟树市相继引进了樟树岐黄小镇、国家中药第三方中药检验检测中心、江西樟树中医药职业学院和必康大健康产业园等一批重大项目，这些项目的落地，必将为药都振兴奠定坚实的基础。

第五，樟树药企发展迅猛，已形成产业发展的群聚效应。目前，全行业拥有 1 家国家创新型示范企业、3 家省级创新型企业和 4 家高新技术企业，有国家级示范生产力促进中心 1 个、省级企业技术中心 3 个、省级工程技术研究中心 2 个（下设实验室两个）和专业研发服务机构 3 个，有专业技术人员 2000 余人，拥有国家专利 400 余个。其中，高级技术人员近 300 人，生产企业主要以中成药、中药饮片及保健品为主，中成药有丸剂、片剂、颗粒剂和胶囊剂等 29 种大剂型，共计 500 多个产品；有中药饮片千余个品种（杨晨宇，2013）；全市医药行业现有中国驰名商标 5 个、省著名商标 58 个。"仁和"品牌连续十年入选中国 500 最具价值品牌排行榜。凭借强劲的创新能力和强大的发展后劲，樟树市医药产业集群被确立为全省二十个示范产业集群之一。

第六，中药材基地规模大，已成为江西道地中药材的主产区。目前，樟树药业已形成包括中药材种植、研发生产和医药流通等在内的比较完整的产业链条。全市中药材种植面积达 39 万亩，有百亩以上基地 134 个，千亩以上基地 24 个，万亩以上基地 1 个，种植面积在全省县级市中排名第一（丁锐和罗玉蓉，2019）。全市有医药企业 245 家，规模以上工业企业 69 家，其中，中西成药及原料药生产企业 13 家，中药饮片生产企业 24 家，中药保健品（食品）、消杀、器械生产企业 109 家，中药材初加工企业 3 家，药品流通企业 38 家，中药保健品、器械销售企业 34 家，中药材种植、销售企业及合作社 17 家，医药研发、包装等企业（机构）7 家。2018 年，全市医药产业的经济总量突破 800 亿元，规模以上工业企业的产值达 156 亿元，医药商业流通企业的销售收入超 100 亿元。2019 年上半年，全市医药产业集群的营业收入为 410 亿元，其中，规模以上企业实现产值 72.46 亿元；新增中药材种植面积 8.79 万亩；引进中医药项目 8 个，签约资金超百亿元，其中，包括投资百亿元的中国药都必康大健康产业园和投资约 60 亿元的绿色低碳大健康产业基地等一批重大项目。吴城镇的汇仁黄栀子基地已通过国家 GAP 认证，成为江西省首个通过国家 GAP 认证的基地。全市中药材生产已形成规模化、规范化、高品质的发展模式，可为中药饮片企业和植物药提取深加工企业提供充足的原药材。

第七，资源优势明显，产业交易平台好。近年来，为推进优质资源加速聚集，樟树市在平台的专业化、规模化上持续发力，集群效应不断凸显。樟树市充分发挥"中国药都"的产业、平台和资源优势，积极开展中医药产业跑项争资、招大引强工作。一方面，在完善中药材市场、福城医药园基础设施和配套服务的基础上，高位推进樟树药都科技产业园医药区、电子商务创业基地等特色园区建设，为医药项目落户搭建广阔平台（丁锐和罗玉蓉，2019）。另一方面，抽调专人组建中医药产业招商小分队，常年在外招商，充分发挥异地樟树商会、协会的作用，鼓励在外发展的樟树籍优秀企业家回乡发展，先后引进江枳壳种植基地、仁翔药业第三方医药物流中心等一批大项目、好项目，为樟树医药产业发展注入源源不断的活力。福城医药园被评为省级医药工业园和全省现代服务业聚集区。药都医药物流园规划面积 4000 亩，总投资 100 亿元，目前已落户项目 41 个。医药产业孵化创业园规划面积 1000 亩，总投资 50 亿元，目前已落户企业 80 多家。樟树药交会是 1958 年经国务院批准的三个药交会之一，至今已成功举办了 49 届。从 2005 年开始，樟交会为省政府主办，规格更高，影响更广，对宣传中国药都樟树、扩大招商引资具有显著效果，已成为江西省不可多得的一块金字招牌。

第八，具有较强的销售网络，逐步构建起了医药物流体系。全市现已拥有康力、九州、仁翔、永通、弘源、同心和康成等 24 家医药流通企业（刘涓，

2011），并且拥有江西省唯一的国家级中药材专业市场——樟树中药材专业市场，具有销售药材、药品、保健品和医疗器械的强大营销网。

樟树药业已经形成药企、药会等多头并进的产业格局，已经进入了飞速发展的快车道。樟树特有的药业发展优势，为众多客商投资药业提供了一个不可多得的发展平台，为增强樟树药业实力、打造中国药都奠定了良好的基础。

二、樟树中药材产业在致富中的作用

（一）樟树市借力森林药材，助力致富增收

近年来，樟树市把发展森林药材产业作为主导产业，通过实施"一个扶贫工程"、主推"二条参与途径"、构建"三大联结模式"，助力群众投身到森林药材产业中来，2019 年，樟树市森林药材种植面积 13577 亩，直接受益农户1319 户，极大地带动了群众增收致富，成效显著。樟树市通过森林药材产业致富的做法主要为：

第一，实施"一个扶贫工程"。把森林药材产业作为全市的产业富民工程，创新实施森林药材"54321"扶贫工程，即樟树财政每年安排产业发展专项资金 5000 万元，利用四年的时间，确保全市种植面积稳定在 30 万亩以上，每年通过土地入股、资金入股和返聘务工等方式带动群众参与森林药材发展，力促贫困户的年人均增收在 1000 元以上。

第二，主推"二条参与途径"。一是"五个一"参与路径，通过引进一个老板、流转一片土地、组建一个专业合作社、培育一个产业、带动一批贫困户，把各方面的积极性和利益捆在一起，打造集约化、规模化、标准化的森林药材种植基地。二是"五统一分"参与路径，鼓励以村、组为单位，由村委会或能人牵头，组建专业合作社，按照统一规划、统一整地、统一标准、统一苗木、统一种植、分户管理的"五统一分"经营方式，整合现有的林地、耕地和滩涂地等资源，连片发展森林药材产业（尹斌和谢永刚，2019）。

第三，构建"三大联结模式"。一是"土地流转＋劳务用工"模式，鼓励、支持龙头企业、专业合作社和种植大户等新型经营主体通过流转土地吸纳群众务工，实现"一块土地两份收入"。二是"股权量化＋保底分红"模式，鼓励、支持龙头企业、专业合作社和种植大户等新型经营主体通过吸纳群众带资入股、土地入股和财政补助资金入股，吸纳集体资产、土地和森林入股等模式参与到森林药材产业中来，新型农业经营主体要与农户签订股权量化、入股分红

协议，入股农户持股获保底分红。三是"结对扶持+自主创业"模式，鼓励、支持龙头企业、专业合作社和种植大户等新型经营主体与有意愿创业的群众展开结对帮扶，为他们提供免费种苗、技术培训、生产指导和订单收购等服务，依托财政贴息扶贫小额信贷为他们提供免担保、无抵押的小额信贷，助力群众投身到森林药材产业中来，自主创业致富（尹斌和谢永刚，2019）。

（二）"药乡"吴城的致富路

樟树是"中国药都"。地处樟树西部的"古邑药乡"吴城，下辖16个村（居）委、160个自然村、190个村小组，总面积133.8平方千米，现有人口2.2万人（其中，农业人口1.8万人）。该地生态秀美，资源丰富，气候宜人，十分适合药材的生长，因此，该乡也被称为"药乡"，辖区山塘水库星罗棋布，小型以上的水库18座，水面面积1200公顷，特色产业生产具有得天独厚的优势，有利于樟树药业的发展。近年来，该乡通过模式创新助增收、产业升级促发展、药旅融合带致富，走出了一条独特的药材致富路。目前，该乡有大大小小的中药材基地40多个，种植面积达2.4万余亩，带动1600多户农民增收致富，每户年均增收2万余元。

第一，舍弃单一生产，创新产业发展模式。过去，吴城的中药材种植主要以家庭式生产为主，基本是单打独斗、小打小闹，虽有些规模效益但却不明显。为此，该乡创新产业发展模式，培育农业龙头企业和中药材种植大户（向斌和熊攀，2018），把引进医药项目、壮大基地规模作为推动中药材产业转型发展的重要途径，专门成立了医药产业招商小分队，着力引进一批产业发展前景好、支撑带动能力强的医药龙头项目，以带动全乡中药材产业大发展、大跨越。推行"公司+基地+农户"和"种植大户+合作社+农户"等合作模式，不断提升中药材的种植效益。例如，吴城镇塘下村以前主要种植花生和水稻，人均年收入只有6000余元，经济状况相对落后（向斌和熊攀，2018）。该乡鼓励民间资本进入中药材种植产业，大力推行"公司+合作社+农户"和"合作社+农户"的合作模式，按照统一规划、统一资金、统一管理、统一技术、统一销售、比例分配的"五统一分"运作方式，在做大做强中药材种植产业的同时，帮助药农有效规避市场风险，保证种植收益。2016年，塘下村引入医药龙头企业江西梦达公司兴建中药材种植基地，还成立了中药材种植合作社，采取"公司+合作社+农户"的运作模式，经过公司、村委会和村民三方的磋商，找到了一条合作共赢的发展模式：公司负责育苗、种植、管理和销售；

合作社负责土地流转、劳务用工及相关协调服务；农户将土地入股给合作社，平时可以优先在基地务工，待基地产生收益后，公司、合作社和农户三方再按 4：1：5 的比例分红，让村民共享产业发展的成果。目前，全村 476 户农户均以土地入股合作社，挂果后每户每亩年均可分红 2000 元以上（向斌和甘强，2019）。

该乡还整合涉农项目资金，提高种植补助金额，创新开展中药材种植保险，确保药农保底收益，提高农户的种植积极性。同时，该乡邀请市内外中药材种植专家深入田间地头，以举办培训班的形式送技下乡，成批次、分重点地传授黄栀子、吴茱萸、车前子和枳壳等道地药材的科学种植技术，不断提升全乡药农的整体种植水平。

第二，注重企业引领，走出独特的产业升级之路。该乡注重发挥沧海、仁浩、梦达和天齐堂等中药材种植企业的领头羊作用，鼓励它们通过建设中药材加工基地，对中药材原料进行绿色加工，生产出质优、可追溯的成品，走出一条精深化、品牌化的产业升级之路，提升中药材产业的整体经济效益。"引进了枳壳深加工生产线后，我们开始利用枳花、枳果和枳壳制作枳花蜜、枳果酱和枳壳干，这些产品现在都成了市场上的畅销货。"仁浩医药有限公司总经理鲁鹏程介绍说。通过对采摘下来的部分枳壳进行深加工，不仅能有效规避因行情波动造成的枳壳积压、损坏、变质的风险，而且还能提升产品的附加值，公司每年加工枳壳的净增收达上百万元。目前，全乡有 10 余家企业建立中药材加工生产线，主要加工枳壳、黄栀子和其他中药材，年加工能力 2000 余吨（向斌和熊攀，2018）。

第三，巧种药材，荒山变群众致富的"金山"和"靠山"。吴城镇有旱地4.8 万余亩，适合种植黄栀子、吴茱萸、车前子和金银花等中药材。早在 20 世纪 90 年代初，该乡就有农户种植中药材，但由于多数是分散种植，存在产品质量不一、种植标准不一和市场信息把握不准等问题，种植效益不高。为此，吴城镇鼓励药农通过土地流转或土地入股的形式，将分散的药地集中在种植大户手中，创办大大小小的中药材种植基地 41 个，推动全乡的中药材种植实现连片规模种植，形成中药材种植基地，目前，共有枳壳 2600 亩、吴茱萸 200亩，农户还套种了菊花和车前子等作物（聂清如，2018）。原来的荒山变成了群众增收致富的"金山"和"靠山"。目前，全乡有中药材加工厂 2 个，主要加工枳壳、黄栀子和其他中药材，年加工能力近 2000 吨。该乡还将依托"药材之乡"的声誉，打造属于自己的药材品牌。枳壳、吴茱萸和黄栀子先后获得国家地理标志产品保护，庙前黄栀子种植基地成为全省首个通过国家GAP认证的中药材种植基地（向斌和梁龙，2017）。

第四，立足优势资源，带动百姓致富。吴城镇立足中药文化和生态优势，打造生态美、百姓富的增收致富路。首先，将吴城的商代遗址作为游客参观的基础，吸引游客；其次，先后引进薰衣草和茶梅等多种样式的新品种，供游客观赏；最后，不断完善周围的景观配套设施，将吴城遗址和塘下中药材观光基地串连成线，开发山地自行车休闲旅游和药膳农家乐等，打造独具特色的药旅融合休闲旅游新境地。"古邑药乡"的金字招牌，让越来越多的游客闻"药香"而动，每年慕名而来的游客达千余人，带动周边的休闲和餐饮行业每年增收超百万元（向斌和熊攀，2018）。目前，该乡年均旅游收入超过300万元，共有400多户农民吃上了"旅游饭"（向斌和甘强，2019）。

第五，"党建+中药材种植"，走出增收致富之路。近年来，樟树市吴城镇把深入开展"支部建基地，党员带农户"的活动，作为农村基层组织建设的"总抓手"，以中药材种植为平台，以致富、带富为手段，以共同富裕为目的，促进了农民增收，加快了农村经济发展，走出了一条以中药材种植为主的特色"党建+"之路。一方面，樟树市吴城镇积极发挥党员的模范带头作用，采取"支部建基地，党员带农户"的方式，以党员为核心，组织党员带头引领村民发展产业，钻研技术。截至2019年，参与该组织的党员超过80人，带动就业群众超过2700人。另一方面，充分利用网络职能，搭建党员干部带富平台。吴城镇充分利用网络，积极举办各种培训，积极组织"走出去，请进来"等活动，对党员干部进行培训，培养"土专家"和"田秀才"，不断提高党员干部的专业能力，以更加专业的方式和理念带动群众增收致富。

三、若干思考

（一）樟树中药材产业发展面临的问题

经过多年的发展，樟树药材产业取得了极大的成效，但与其他药业发展先进的地区相比，还存在一些差距，主要表现在以下三个方面：

第一，企业规模参差不齐，产业机构有待完善。樟树市位于江西省的中部，自古以来就有"药不到樟树不齐，药不过樟树不灵"的美誉。樟树市独有的"樟帮炮制"技艺，让樟帮中药传承千年。全市中药材种植面积18万亩，在江西省县级市排名第一。随着产业的发展壮大，樟树市逐渐形成了种植、生产、加工、集散和销售链式发展的完整产业格局。在全产业链的带动下，2015年，樟树市的医药经济总量突破300亿元，医药产业实现税收4.69亿元。然而，医药大市并不等于中药强市。樟树市的医药工业产值34%来自一家企业，余下的66%来自100多家中小型医药企业，而以中小企业为主的中药产业贡献度更低（廖斌等，2016）。樟树市医药产业缺乏高水准的科学规划，产业布局不够合理，仁和一家独大，各项经济指标占全市医药产业的75%以上，二线企业太少。

第二，人才缺乏，产品研发能力不强。大多数企业的关键生产岗位缺少专业技术人才，中药药性分析和药物提取方面涉及不深。在药品创新方面积极性不高，技术研发投入不足，企业无心研发新药，药材品质难以保证。从2014年国家批复大黄仲仁类新药到2018年没有再拿到新药批文。省工信厅医药工业处负责人认为，主要原因在于药品创新成本高、周期长，且90%以上的新药研发最终都以失败告终（林雍，2018）。此外，由于机械化生产的快速发展，传统炮制工艺逐渐消失，加之部分炮制方法受到政策的制约，导致炮制技术传承受到一定的威胁，尤其是独特的加工炮制技术，目前，继承这一衣钵的只有极少数年事已高的技术工人。

第三，从产业结构上看，樟树市中药发展呈现出重加工流通、轻种植的态势（廖斌，2016）。俗话说，"药材好，药才好"。不只是樟树市面临这样的问题，江西省总体的中药种植面积都较少，药食同源的中药材种植面积约80万亩，排在全国20名之后。从行业特性上看，药品销售的最大终端是医院，约占销售额的80%以上。江西省医疗服务水平还较落后，知名中医诊疗机构和知名医师少，导致中药销量少。省内的许多中药产品主要销往省外。例如，"金水宝"在全国的年销量接近40亿元，而在江西本地只有不到5000万元的销量，占比只有1.25%。业内专家认为，要做强江西的中医药产业，必须解决上游种植数量少和不适销对路的问题，通过优化升级，增强下游医疗服务的质量，做强全产业链（林雍，2018）。

（二）樟树中药材产业发展的对策建议

第一，着力抓产业规划，完善产业结构。重点打造医药工业基地，大力鼓励中小医药企业合股联营，优化生产力要素，培育大型重点企业，建立起各具特色的医药产业，组建医药产业链，同时，充分发挥二线企业的积极性，提高它们的生产率及贡献率。

第二，加强人才引进，激发创新动力。一是着力提高医药行业人才的待遇，为医药行业人才的职称评定创造条件，使企业人才与行政事业单位人员享有同等待遇。二是依托南昌理工学院和江西农业职业技术学院等高校的资源优势，多开设几个对应专业，提高补贴，签定向培养协议，进行人才储备。三是通过建立人才工作体系，打造人才集散整合和创新发展平台，实施人才活力激发等机制，加强人才成长和发展环境的全面优化，为各类优秀人才脱颖而出营造条件。

第三，着力抓品牌建设，增强下游医疗服务质量。一是加大药材种植面积，确保药材的质量。同时，加大对个别以仿制、假冒生产为主的医药企业的监管查处力度，确保"药都"名誉不受影响。二是优化升级，做强全产业链。在保证药材质量的基础上，加强药材产业的发展，通过产业升级，转换营销思路，着力抓品牌建设，不断增强医疗服务质量。

第二节　弋阳雷竹产业

一、弋阳雷竹产业的发展背景

（一）政策背景

雷竹是林下经济的重要组成部分，雷竹适应性强、效益好。弋阳是山区县，农民有种植雷竹的传统，为把雷竹培育成农业主导产业，促进农民增收和农村经济繁荣，省委、市政府及县领导对产业进行科学布局，不断扩张基地规模，出台了一系列扶持政策。

弋阳县的雷竹种植历史悠久，江西省极其关注林下经济。作为"江西省十大林下经济发展重点县"之一的弋阳，把雷竹发展放在农业发展的主要位置，县委、县政府高度重视，目标明确，规划有序，措施有效，按照"政府推动、科技支撑、大户带动、全民参与"的发展思路，提高竞争力，发挥优势，增加农民收入。为此，县委、县政府先后出台了《中共弋阳县委、弋阳县人民政府关于推进雷竹产业发展的实施意见》《县委办公室、县政府办公室关于成立弋阳县雷竹产业发展工作领导小组的通知》和《弋阳县雷竹产业发展规划

（2012-2015 年）》等政策文件。创办年加工 2 万吨、产值 1.5 亿元的龙头加工企业 2 家以上。该县财政每年安排 300 万元扶持雷竹产业发展，资金用于种苗补助，雷竹新技术的引进、试验、示范，技术人员聘请，产地认证补贴及产业发展奖励等。自 2012 年起，新增的雷竹集中连片面积达 5 亩，亩均种植雷竹苗 40 株，成活率在 85% 以上的，经雷竹产业办工作人员验收合格后，县财政一次性给予每亩 200 元的补助。对于种植雷竹的企业或大户，除享受规定的苗木补助外，视其种植规模，另行给予奖励（黄国爱和詹培丰，2014）。

自"中国雷竹之乡"申报成功后，弋阳县对雷竹产业的发展十分重视，每亩补助 200 元种苗经费，对集中连片面积达到 200 亩的，每亩奖励 100 元，有力地调动了竹农的积极性。截至 2013 年 11 月 20 日，全县已完成雷竹造林整地 5000 亩，种植雷竹 1100 亩，涌现出了一批雷竹合作社，红土地雷竹合作社完成雷竹造林 300 亩，有雷竹林 520 亩；金土地雷竹合作社由过去不到 50 亩发展到 670 亩；笋农雷竹合作社原有造林 200 亩，现已完成雷竹造林整地 800 亩。全县雷竹专业合作社已发展到 30 家，会员近 3000 人，经营雷竹面积达 4 万余亩。

弋阳县实招频出，在财政、工商和税务等方面出台了一系列有利政策。同时，实施"百万雷竹新进村"战略，为此财政每年划拨 300 万元专项资金，打造曹溪、葛溪、三县岭和湾里四个万亩雷竹基地；以县艺林农业开发有限公司基地为依托，建立起万亩雷竹笋绿色高产栽培及精加工产业集群示范基地。截至 2014 年底，全县共有雷竹林面积 6.8 万亩，涉及林农 5700 余户，年产雷竹笋 4800 余万公斤，总产值 4.7 亿元，纯收入 2.3 亿元，林农户年均增收 4 万余元（吕玉玺和揭剑华，2015）。

弋阳县出台了一系列雷竹发展扶持政策，大力推进雷竹产业发展壮大，培养雷竹产业人才，技术培训小组定期组织技术培训，切实解决竹农的问题。为做好雷竹深加工，该县成立雷竹研究所，研制出多种新产品。2015 年，全县共有 53 名从事雷竹种植加工经营技术服务的乡土人才。

（二）产业背景

1. 弋阳雷竹产业的发展概况

（1）弋阳雷竹产业简介。

雷竹是一种优良的食用竹，雷竹种植是一项周期短、见效快的林业发展项目。雷竹具有出笋早、笋期长、笋味美、产量高、效益好和适应性强等特点，种栏技术和管理要求不高，十分容易被农民接受。加之，雷竹是一种绿色食品，随着人民生活水平的提高，人们对食用竹的需求量也在不断增加，弋阳在2012年成功获得"中国雷竹之乡"称号。在省委、市政府和县领导的帮扶下，雷竹产业自2012年起产量不断上升，具体情况如表5-5所示。

表5-5　2012~2019年弋阳雷竹产量简介

年份	产量
2012	春雷竹种植面积已达5万亩，年产鲜笋约5000万斤，年产值2.5亿元，纯收入1.8亿元，农户人均年收入增收600元。该县计划在现有雷竹林的基础上，创办年加工2万吨、年产值1.5亿元的龙头加工企业2家以上。已经完成雷竹造林整地6000亩，栽植雷竹3800亩
2013	截至2013年11月20日，全县已完成雷竹造林整地5000亩，栽植雷竹1100亩，涌现出一批雷竹合作社，红土地雷竹合作社完成雷竹造林300亩，有雷竹林520亩；金土地雷竹合作社由过去不到50亩发展到670亩；笋农雷竹合作社原有造林200亩，现已完成雷竹造林整地800亩。全县雷竹专业合作社已发展到30家，会员近3000人，经营雷竹面积达4万余亩
2014	截至2014年底，全县共有雷竹林面积6.8万亩，涉及林农5700余户，年产雷竹笋4800余万公斤，总产值4.7亿元，纯收入2.3亿元，林农户年均增收4万余元
2016	弋阳县推进雷竹产业发展，从资金和技术上给予支持和扶持，增加了收入，激发了竹农种植雷竹的积极性，雷竹种植面积年均增加5000亩以上。近期，该县雷竹笋产销两旺，全县日均鲜笋产量3万斤，日均销售额达50万元
2018	该县雷竹种植面积达8.1万亩，年产鲜笋6万余吨，年产值可达12亿元；筹建400多平方米的雷竹电子商务中心；全县有111家雷竹合作社，带动了2900余户农户增收致富（刘阳洋，2020）
2019	弋阳县以"村村有扶贫产业、户户有增收门路"为目标，探索产业扶贫新模式，带动了一大批农户增收致富

资料来源：弋阳县人民政府官网。

春雷一声响后，雷竹笋开始冒出地面，这"雨后春笋"生长速度快，导致大量产品集中上市，价格没有优势。为了保证雷竹笋早出笋、高产量，在长笋期，弋阳县采取鸡粪、稻草和谷壳三层覆盖的方法，提升地表温度、湿度和土壤肥沃度。如今，雷竹笋的采摘期从上年的十月就开始，直到第二年的四月。

（2）弋阳雷竹产业的发展情况。

弋阳县集聚人才助力雷竹产业发展，先后荣获"中国雷竹之乡""全国林下经济示范基地县""全国互联网＋竹产品示范样板县"和"全国经济林产业区域特色品牌建设试点单位"等荣誉称号，目前，正在申报"第二批中国特色农产品优势区"（大江网，2018）。弋阳雷竹是理想的健康绿色食品，具有良好的生态价值和经济价值，弋阳雷竹的具体情况如表 5-6 所示。好的雷竹需要好的种植栽培技术，雷竹的种植栽培需要一定的技巧，才能产出好的产量，雷竹栽培技术要点如表 5-7 所示。

表 5-6 弋阳雷竹的具体情况

项目	主要内容
形态特征	（1）竿高 8~10 米，粗 4~6 厘米，幼竿深绿色，密被白粉，无毛，节暗紫色，老竿绿色、黄绿色或灰绿色；中部节间长 15~25 厘米，节间并非向分枝的另一侧微膨大，而是向中部微变细，有时隐约有黄色纵条纹，壁厚约 3 毫米；竿节最初为紫褐色，竿环与箨环均中度隆起 （2）箨鞘褐绿色或淡黑褐色，初时多少有白粉，无毛，有不规则分散的大小不等的斑点，还有紫色纵条纹；无箨耳及鞘口繸毛；箨舌褐绿色或紫褐色，拱形，两侧明显下延或稍下延，箨舌两侧露出甚多，边缘生细纤毛；箨片窄带状披针形，强烈皱曲或竿上部者平直，外翻，绿色或紫褐色。末级小枝具 2 叶或 3 叶，稀可 5 叶或 6 叶；无叶耳及鞘口繸毛；叶片带状披针形，长 6~18 厘米，宽 0.8~2.2 厘米 （3）花枝呈穗状，长 4~5 厘米，基部托以 4~6 片逐渐增大的鳞片状苞片；佛焰苞 5~7 片，无毛或疏生短柔毛，无叶耳及鞘口繸毛，缩小叶小形，狭披针形至锥状，每片佛焰苞内生有 2 枚假小穗；侧生假小穗常不发育，顶生假小穗常含 2 朵小花，一般仅下方的 1 朵发育；颖 1 片，被短柔毛；外稃长 2.5~2.8 厘米，背部有短柔毛疏生；内稃长 2~2.5 厘米，背部 1/2 以上疏生短柔毛；鳞被仅见到 1 片，长约 3 毫米；花药 12~13 毫米；柱头仅见有 2 枚。笋期从 3 月开始，花期在 4~5 月
出笋情况	雷竹会在每年的 2 月底或者 3 月初开始产笋，一直持续到同年的 4 月底。到了 5 月，气温开始变得潮热，雷竹的新竹就会开始快速生长。需要注意的是，在雷竹的生长阶段，对水分的需求度比较大，到了每年的 6 月左右，新生长出的雷竹的根部会快速生长，也就是"地下鞭生长"。雷竹一般在 10 月左右就会有部分秋笋出土，且年年出笋，出笋量十分可观，经济效益良好（程莉和陈学东，2018）
营养价值	雷竹是优良笋用竹种，其笋粗壮洁白，甘甜鲜嫩，味美可口，营养价值高。雷竹笋即为雷竹的幼苗，雷竹笋营养丰富，是一种绿色食品、健康食品。其富含的粗纤维可预防肠癌，雷竹笋这一健康绿色食品的功效已被广大群众知晓。其食用功效包括以下几个方面： （1）开胃健脾：具有开胃、促进消化和增强食欲的作用，可用于治疗消化不良 （2）宽胸利膈、通肠排便：促进肠胃蠕动，降低肠内压力，减少粪便黏度，使粪便变软利排出，用于治疗便秘，可预防肠癌 （3）开膈消痰：竹笋具有低糖、低脂的特点，富含植物纤维，可降低体内多余的脂肪，消痰化瘀滞，治疗高血压、高血脂和高血糖，且对消化道癌肿及乳腺癌有一定的预防作用 （4）增强机体免疫力：竹笋中植物蛋白、维生素及微量元素的含量均很高，有助于增强机体的免疫功能，提高防病抗病的能力（李惠明，2009）

项目	主要内容
生态价值	雷竹林还会产生丰富的负氧离子，极大地改善生态环境的质量，同时，发展休闲乡村旅游业，带来生态效益和经济效益。弋阳县村民说，现在雷竹还没有成林，可套种一些花生、红薯和西瓜等鲜果，将来还可以利用大片竹林，养殖土鸡、土鸭和土鹅，发展林下养殖经济

资料来源：笔者根据知网相关期刊整理得出。

表5-7　雷竹的栽培技术要点

名称	方法
林地选择	雷竹林地要选择坡度低于15度、光照充足、水源充足的丘陵低缓地带。土壤要选择沙质壤土或者黄壤土、红土壤，土壤pH值保持在4.5~7.0，土层深度至少达50厘米，要求土壤疏松，排水性好，不积水
林地整理	全垦深翻整地30~40厘米，农田种竹挖破犁底层，每隔10米开一条排水沟，沟深30厘米。挖穴规格：60厘米×60厘米×50厘米。有条件的话每穴用枯饼肥0.5千克，或15~25千克土杂肥、厩肥和土拌匀，回填穴内（黄国爱和詹培丰，2014）
品种选择	雷竹通常有宽叶和细叶两种，细叶雷竹出笋期比宽叶雷竹早10~15天，口感鲜甜，利润高于宽叶雷竹。因此，较多农户优先选细叶雷竹进行栽植
母竹选择	选择出笋早、产量高、不开花的优良栽培类型。母竹生长健壮，1~2年生，无病虫害；留来鞭10~15厘米，去鞭15~20厘米，保留健壮芽5个以上；带土，5~10千克；留枝4~7档（黄国爱和詹培丰，2014）
栽植方法	雷竹要选择在雨季种植，栽植密度为40~60株/亩。栽植过程中，母竹的竹鞭要注意平置，深入土壤20~25厘米，鞭土密接，适当浅栽，下紧上松，浇水保湿，打桩固定
笋园的管理	（1）注意及时补植。造林当年，对枯死母竹及时进行补植。每年留养定量的新竹，伐去等量老竹，保证每亩立竹数为800~1000株 　　（2）除草松土。通过除草松土，清除杂草对水肥的竞争，改善土壤性能，促进竹笋生长 　　（3）科学施肥。根据雷竹在长鞭期、笋芽分化期、孕笋期和长笋期四个生长期的特点，进行科学施肥，促进竹笋的生长。笋园施肥一般每年四次，施肥量随立竹量的增多逐年适当增加 　　（4）增温保湿。一般在竹林投产后的每年11月底至12月，用杂草、稻草和谷壳等（或在盖物上再盖一层农用薄膜）覆盖笋10~30厘米厚，将竹林地表温度控制在15℃~17℃（超过20℃以上，及时揭开盖物，不然不利于发笋，甚至会灼伤竹鞭根），笋期可提早20~45天 　　（5）竹林密度与结构。通过合理调节竹林密度和结构，保持林内有适当空间，改善竹林通风和光照条件，保持留养竹有旺盛的发笋、发鞭能力，为竹林丰产提供基础条件 　　（6）新竹截梢。当年留养的新竹生长幼嫩，应在7~9月截除竹梢1/4~1/3，留枝12~15盘，这样可促进新竹木质化，增强和提高新竹对霜冻和雪压的防御能力（周玉珍和金岩方，2009）

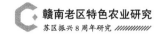

续表

名称	方法
病虫防治	（1）丛枝病。新栽母竹出现丛枝病或开花现象时，要及时剪除花枝和病枝 （2）煤污病。可用多菌灵或托布津500倍液高压喷雾防治。若对蚜虫和介壳虫进行了防治，煤污病也会得到控制 （3）竹螟。用氧化乐果或甲胺磷，兑1~2倍的水进行竹腔注射，每株1~2毫升。也可用赤眼蜂进行生物防治 （4）蚜虫。在5月下旬，用50%乐果乳剂1000倍液喷杀；笋期可用尿洗合剂（0.5千克尿素、1.25千克洗衣粉、50千克水）进行喷杀 （5）介壳虫。可人捕抹杀、或用敌敌畏乳剂1000倍液，在幼虫期进行喷杀（章运动，2008） （6）竹小蜂。第1，3月下旬至5月下旬是成虫羽化高峰期，在重度发生区安装杀虫灯，诱杀成虫，降低虫口密度。第二，4月是成虫羽化高峰期，用敌马烟剂每竹500克在清晨或阴雨无风条件下人工流动放烟，或用20%速灭杀丁乳油1：1500倍液喷杀，都有较好效果。第三，4月下旬至5月上旬，用5%吡虫啉乳油1：3~1：5倍在竹竿基部竹腔注射，每株竹注射2毫升剂量

资料来源：中国知网。

（3）弋阳雷竹发展历程。

弋阳县雷竹产业大致可以分为四个发展历程，具体情况如表5-8所示。

表5-8 弋阳雷竹产业的发展历程

阶段	发展历程
萌芽阶段	20世纪70年代，一些从江浙来的移民，或者活动在江浙一带的老百姓，在房前屋后移栽雷竹（鞭），这是江西雷竹种植的开端。此期间，由于种植量极少，未进行相关情况统计
初级阶段	20世纪90年代，由于浙江的雷竹种植效益优势凸显，为促进农村经济发展，经相关部门推动，江西鹰潭和吉安等地进行了一次较大规模的雷竹引种栽培，种植面积近200公顷。成林后，受当时交通运输条件的限制，产出的笋难以输送到江浙市场，导致损失惨重（王海霞等，2017）
积累阶段	进入21世纪，在经济、信息和技术等快速发展的背景下，以贵溪、万年和弋阳等为代表的赣东北地区充分借助市场和区位优势，在吸取前一阶段发展经验的基础上，第二次进行了雷竹种植，部分县、市出台了相关扶持政策，栽植面积缓慢增加。据不完全统计，截至2008年，江西全省的种植面积发展到近1333.3公顷
快速发展阶段	自2010年开始，江西部分县市出台了一系列鼓励政策，如新造雷竹林经验收合格后给予约600元/亩的补助等，开启了全省竹产业快速发展的模式，种植大户、种植企业和合作社等如雨后春笋般涌现，种植面积、产量和产值飙升。2016年底，江西省雷竹面积达1万公顷，2016~2017年，鲜笋产量近6万吨，如此可观的经济效益，使得群众经营雷竹的积极性空前高涨，政府发展雷竹的信心和决心与日俱增，产业发展取得了可喜的成绩（许晶晶，2019）

资料来源：中国知网。

2. 弋阳雷竹产业的发展环境

（1）弋阳雷竹的生长环境。

第一，湿度。雷竹具有喜湿热、怕涝的特点，喜欢在潮湿的地方生长，充分的水分是雷竹生长的必要条件，要求降水量在1250~1800毫米。一般来说，6~8月是雷竹补水的关键期，11~12月是雷竹的孕笋期，只有水分充足了，才能促进笋芽分化、成长。但是雷竹又害怕洪涝灾害，在生长过程中一旦遭遇洪涝灾害，会对雷竹的生长态势和产笋情况产生严重的影响（程莉和陈学东，2018）。江西省弋阳县具有得天独厚的种植条件，江西省属于亚热带季风气候，温暖湿润、四季分明、雨量充足，年降水量1800毫米，相对湿度86%，气候温和，光照充足，对于种植雷竹有着很好的优势，同时也要注意防洪涝。

第二，温度。雷竹喜湿热，在其生长过程中，对于温度的要求比较严格，温度最好在27℃左右（程莉和陈学东，2018），年平均温度在14.5℃~17℃为最佳，即常说的亚热带气候。通常来说一月的平均气温要在-5.2℃~2.2℃，可承受的最低气温为-13.1℃。雷竹在出笋期的温度也有一定的要求，一般要求气温在10℃，地表温度达10℃~12℃，如果温度过低，将不利于雷竹的生长，甚至影响到当年的出笋量，导致雷竹直接被冻坏，次年难以吐芽、产笋。弋阳的年平均气温在15.4℃左右，光热资源丰富，纬度较低，有条件一年三熟，作物生产潜力大，十分适合雷竹的生长。

第三，土壤和光照。相对于温度和湿度，雷竹的生长对于光照和土壤的要求相对较低。雷竹在生长过程中，光照时间只要每天大于6小时就可以，雷竹喜光，良好的光照有利于雷竹的生长发育。弋阳县的大部分地区均光照充足，光照条件可以满足雷竹的生长需求。在土壤方面，雷竹适宜生长在排水和通透性良好、pH值为4.5~7的微酸性或疏松沙质土壤中，且土壤水分条件良好，具备良好的灌溉条件。弋阳土壤肥沃，气候适宜，非常适合雷竹的生长。地形地貌较为平坦，林道发达，便于雷竹规模化种植，林地面积大，进一步提升了雷竹的种植潜力。

（2）弋阳雷竹产业的发展优势。

第一，政府帮扶有力。2007年，弋阳县成立了雷竹建设指挥部，由县委书记、县长亲自担任指挥长，县四大班子分管领导任副指挥长，成员由相关部门主要领导、各乡（镇）党委书记组成，负责组织、协调建设的各项工作；县林业局成立了雷竹产业发展建设工作领导小组，科学编制了全县雷竹林建设规

划，协调解决了有关重大问题。县委、县政府高度重视竹产业的发展，出台了
《关于大力推进雷竹产业发展的实施意见》和《弋阳县关于大力推进雷竹产业
发展方案》等一系列政策，分别从雷竹产业发展、种植补贴和产业扶持等方面
推动雷竹产业发展，政府不仅出台了一系列政策扶持，还在实际中处处关注雷
竹产业的发展，如 2020 年突发的疫情期，正是雷竹生产和销售的旺季。为了
减轻疫情对林农的影响，该县在高速收费站设置了雷竹鲜笋临时转运点，并派
林业干部现场协调转运工作，保证了雷竹鲜笋的有序运出，十天时间为林农销
售了 1000 多万元的雷竹鲜笋。为帮助创业者渡过难关，该县积极创新创贷审
批模式，推行"不见面"线上审批，大大简化了经办和审批流程，审批结束后
直接推送到经办金融机构进行放款。截至目前，通过"不见面"审批，已为五
名创业者发放贷款 85 万元，带动 200 余户农民在家门口就业（康仁辉和苏水
英，2020）。

第二，人才输送给力。弋阳县积极与江西省林科院等研究院合作，研发生
产了多种新产品，市场反应良好，并邀请了不同科研院所的学者前来培训，为
林农提高技术水平和管理水平提供了科学基础。

第三，品质保障到位。雷竹即雷竹笋，由于早春打雷即出笋，故称为"雷
竹"。弋阳县有着悠久的竹子种植历史，其特产雷竹笋洁白如玉、鲜嫩爽口。
据专家确认，雷竹笋的纤维素能促进肠道蠕动，有利于消化和排泄。弋阳县为
了切实提高当地雷竹的种植水平，专门邀请了浙江省竹子研究所、江西省农业
大学和江西省林科院的专家教授进行培训 30 余次，参与培训人员达 1800 余人。
弋阳县与江西省林科院等科研单位合作研发的"黄泥巴雷竹笋"罐头获国家注
册商标、绿色食品认证。雷竹笋饮料、膳食纤维、雷竹笋功能性饮料及咀嚼片
等一系列产品，均已成功申报国家专利，并顺利通过了江西省林产品食品质量
认证（汪凌云和刘阳洋，2018）。2012 年，弋阳与掌握八大批发市场、占有上
海 80% 蔬菜供应份额的上海市场集团对接，竹笋立即受到了对方的高度认可，
弋阳县成功成为上海蔬菜的优质农产品基地，雷竹笋在上海打开了市场，为上
海群众提供了除浙江雷竹笋以外的优质新品种。

第四，产品销售势头好。发展初期，弋阳县雷竹产品以零散销售为主，未
形成合力，价格受制于外地批发商。为了打破被动的销售困境，弋阳县大胆
引进外埠营销精英，吸纳浙江销售代理商 210 余人，使当地雷竹产品远销浙
江、上海和江苏等地。与此同时，弋阳县建立了"互联网 +"雷竹产品电商平
台，筹建了 400 多平方米的雷竹电子商务中心，有效地整合了信息资源，减少

了中间环节，促进了产品流通，实现了当地雷竹产品线上线下同步交易的崭新局面。截至目前，弋阳县先后荣获"中国雷竹之乡""全国林下经济示范基地县""全国互联网＋竹产品示范样板县"和"全国经济林产业区域特色品牌建设试点单位"等称号。全县雷竹种植面积达8.1万亩，年产鲜笋6万余吨，年产值达12亿元，实际带动2900余户农户增收致富（汪凌云和刘阳洋，2018）。

第五，资金支持到位。该县财政每年安排300万元扶持雷竹产业发展，用于种苗补助。江西省规定，弋阳县新增雷竹集中连片达0.33公顷，亩均种植雷竹苗40株，成活率在85%以上的，经该县雷竹产业办工作人员验收合格后，除了享受600元/亩的江西省级财政奖补资金外，县财政还一次性补助苗木费补助标准为200元/亩（黄国爱和詹培丰，2014）。

第六，交通运输便利。弋阳地处赣东北地区，与浙江接壤，境内有高铁、高速，能够快速把鲜笋运送至江、浙、沪等主要消费市场。

二、弋阳雷竹产业在致富中的作用

弋阳县的雷竹产业扶贫成效显著，通过大力发展林下经济，推进雷竹产业发展。按照"产业到村、扶贫到户"的原则，把培育和壮大竹笋产业作为扶持重点，大力推进"雷竹脱贫"战略。当地政府把雷竹作为长期扶贫的产业之一，提出了"要脱贫，种雷竹"的口号。自2012年以来，通过发展雷竹，带动了2900余户农户增收致富。弋阳县结合"企业＋基地＋农户"和"合作社＋基地＋农户"等模式，创新出"五统一分"的发展方式，即统一租地、统一整山、统一调苗、统一栽植、统一管理和适时分户经营。在当地，雷竹产业被农民认为是发家致富的好路子。截至2018年，弋阳县聘请贫困劳动力超过8100人，每人平均可增收10000元左右。

三、若干思考

（一）弋阳雷竹产业发展面临的问题

第一，雷竹整体市场体系不健全，农林权益无法得到保障。弋阳虽然有着"中国雷竹之乡"的称号，但是相比于浙江等地区，雷竹笋的收购市场尚属买方市场，并没有占据很大的优势，弋阳雷竹笋的收购价格大部分控制在浙江收购商的手中，价格并非由市场决定，加之，雷竹笋收购、终端批发价格不够透明，价格存在一定的悬殊，因此，林农的利益会受到很大程度的损伤，这也会一定程度上打击了林农的生产积极性。

第二，雷竹的精加工技术有待提高。虽然雷竹的高产技术已经有了一定的基础，但是技术难度较大，操作相对比较复杂，在弋阳县能够熟练掌握这些技术的种植户还不够多，导致雷竹精加工产量跟不上，产品供不应求。此外，由于雷竹笋的出笋期短，会导致一段时间的销售价格偏低。弋阳目前的精深加工产业链不够完善，精加工技术有待提高，导致雷竹笋低价竞争现象严重，给一些种植户带来了较为严重的经济损失。

（二）弋阳雷竹产业发展的对策建议

第一，建立健全雷竹笋市场流通体系。一是在弋阳县和雷竹发展重点地建立多个雷竹笋交易批发市场，以此为平台，吸引农户和客商入驻，进一步实现雷竹笋收购、销售价格的公开化，强化雷竹价格销售调节机制。二是组建弋阳雷竹笋产品销售公司，积极主动地融入沿海地区的竹木综合交易市场，通过举办展销会等多种形式扩张营销渠道。三是积极推动雷竹产业龙头企业与江、浙、沪等地区的大型农副产品批发市场协作，加强信息交流，以产业种植面积、产品销售为基础，建立信息交流中心，加强信息互动。四是成立多个雷竹产业协会，形成协会集群，充分发挥其在信息交流、业务培训价格协调等方面的作用，为农户提供一定的便利。

第二，加大科研投入。一是加快建成多个雷竹技术示范基地，为高效、规范化的幼苗培育提供一定的保障。二是加大对雷竹产品精深加工技术的研究力度，努力提升雷竹产品的附加值，尤其要注意春笋这种出笋迅速、产量大的精深加工，打造特色品牌。三是要定期召开有质量的培训班，邀请技术熟练、经验丰富的种植大户分享经验，对农户进行定期技术培训。同时，经常向雷竹种植户免费发放技术手册，组织技术人员下乡镇开展服务，推动雷竹产业的技术进步。

参考文献

［1］白贺兰，张继，张东伟等.甘肃省特色农业产业化发展现状与对策分析［J］.甘肃农业科技，2019（12）：61-66.

［2］白洁，洪波.千年美誉：药不到樟树不齐，药不过樟树不灵［N］.世界报，2007-02-28.

［3］毛思远，帅筠.吉安市井冈蜜柚产业朝着"6611"进发［N］.井冈山报，2017-01-25.

［4］曾友平.吉安市井冈蜜柚生产现状与发展对策［J］.现代园艺，2011（6）：25-27.

［5］陈晗，余佩清."药都"振兴正当时［EB/OL］.［2016-10-21］.宜春新闻网，http：//www.newsyc.comxwzx/sjxw/content/2016-10-21/content_2260151.htm.

［6］陈晗，朱婷.樟树人才强市谱写药都振兴新篇章［EB/OL］.［2020-04-07］.http：//www.newsyc.com/xwzx/ycxw/zs/content2020-04/07/content_2578773.htm.

［7］程莉，陈学东.隆昌地区雷竹生长的气候适应性分析［J］.农家参谋，2018（17）：81.

［8］丁锐，罗玉蓉.重振药都雄风［EB/OL］.［2019-10-17］.http：//www.newsyc.com/xwzx/ycxw/zs/content/2019-10/17/content_2543605.htm.

［9］范玉庆，罗嗣红，陈听冲.发挥泰和乌鸡资源优势 激发产业发展新动能［J］.江西农业，2017（24）：36-38.

［10］龚琛虎，罗永平：乌鸡变身"金凤凰"［N］.中国质量报，2019-07-22.

［11］洪学.乌骨鸡的"十全"特征与类型［J］.当代畜禽养殖业，2010（12）：53.

［12］胡光华，向斌.樟树药旅融合擦亮城市新名片［N］.江西日报，2019-05-30.

［13］胡光华.樟树中药材种植实现"撑杆跳"［N］.江西日报，2006-12-19.

［14］黄国爱，詹培丰.林下经济雷竹产业发展研究分析——以弋阳县为例［J］.江西林业科技，2014，42（1）：52-53.

［15］黄连贵.推进农业产业化经营体制机制创新［J］.农村经营管理，2009（2）：10-12.

［16］黄扬海.泰和乌鸡养殖系统入选全国重要农业文化遗产［N］.井冈山报，2017-01-03.

［17］黄梓倩.邓大庆的"橙"色脱贫路［EB/OL］.［2019-04-23］.http：//www.ganzhou.gov.cn/c100022/2019-04/23/content_739f26f4ee594a2fab1752b1112eebf7.shtml.

［18］吉安市人民政府.吉安市人民政府关于印发吉安市2007-2010年特色农业发展规划的通知［EB/OL］.http：//www.jian.gov.cn/.

［19］关于发展壮大泰和乌鸡产业的调查与思考［EB/OL］.［2012-09-13］.http：//www jian. gov. cn/news-show-24922. html.

［20］吉安市人民政府.乌鸡白凤［EB/OL］.［2018-08-18］.http：//www.jian.gov.cn/news-show-11178.html.

［21］雨润红土花更妍——中央国家机关及有关单位对口支援赣南苏区振兴发展纪实［EB/OL］.http：//www. xinhuanet. com/politics/2015-12/02/c_1117334903. htm.

［22］江西省人民政府办公厅关于推进全省茶叶品牌整合的实施意见［J］.江西省人民政府公报，2015（10）：38-40.

［23］金国军.樟交会担当责任与使命：弘扬中医药文化，振兴中国药都［N］.中国工业报，2019-10-24.

［24］康仁辉，苏水英.弋阳"不见面"贷款让创业者不差钱［N］.上饶日报，2020-03-09.

［25］赖江媛，曾恒贵.广昌白莲惊艳亮相2018年中国国际商标品牌节［N］.抚州日报，2018-09-05.

［26］黎丽.遂川县狗牯脑茶生长气候条件分析［J］.现代农业科技，2016（11）：277.

［27］李惠明.春吃竹笋正当时［J］.老年人，2009（4）：55.

［28］李耀文.由盛而衰 衰而再兴——南丰龟鳖产业供给侧改革前后之变

[N].江西日报，2019-08-28.

[29] 李招红.遂川狗牯脑茶 香溢八方 沁人心田 [J].江西农业，2017（6）：42-43.

[30] 梁生斌，谢子洋.脱贫路上白凤展翅——泰和激发乌鸡产业助力扶贫新活力 [EB/OL]. [2018-03-05].http：//www.jgsdaily.com/.

[31] 廖斌.补"短板"金融该如何定位？对樟树市中药产业发展现状的调查与思考 [N].金融时报，2016-06-04（005）.

[32] 林雍.寻求突破之路 [N].江西日报，2018-10-08.

[33] 刘慧娜.小柚子闯出大市场 [N].江西日报，2019-11-04（007）.

[34] 刘晓云，王海英.盐津乌骨鸡养殖管理技术浅谈 [J].山东畜牧兽医，2011，32（9）：12-13.

[35] 刘阳洋."能人"带老乡 致富奔小康 [N].上饶日报，2020-06-08.

[36] 刘祖刚，曾国华，遂川"狗牯脑"的品牌整合之路 [J].江西农业，2016（2）：84-85.

[37] 罗善平，周霞，吴建军.泰和县大力提升现代畜牧业发展水平 [J].基层农技推广，2018，6（10）：105-106.

[38] 吕玉玺，揭剑华.弋阳雷竹产业绿意盎然 [N].江西日报，2015-03-05.

[39] 马超."田园综合体"怎么看，怎么建？[J].现代营销（创富信息版），2017（6）：32-33.

[40] 农业部农产品加工局农村一二三产业融合发展推进工作方案 [J].农村实用技术，2018（2）：11-13.

[41] 农业农村部启动 2019 年农业产业强镇示范建设 [EB/OL].http：/xczx. hebnws cn/2019-03-27/content/7373328.htm,2019.

[42] 全国军.走特色发展之路 江西樟树为药都喝彩 [N].中国工业报，2013-10-09.

[43] 首届中国"白凤乌鸡杯"书画大赛征稿启事 [EB/OL].中国书法家论坛，http：//bbs.china-shufajia.com /.

[44] 帅筠，邱烨.农行赣州分行支持赣南蔬菜产业发展 [EB/OL]. [2017-04-20].http：//jx. people. com. cn/n2/2017/0420/c186330-30065480. html.

[45] 司马天明.一处美变一片美 一时美成持续美 泰和旅游跑出高质量发展"加速度"[N].井冈山报，2019-12-09.

［46］苏宏富.弋阳雷竹产业发展势头强劲［EB/OL］.［2015-03-12］.http://jxly.gov.cn/id_402848b75629b73701565313cl02603b1/new.shtml.

［47］泰海峰.奋力塑造"中医药·世界看中国,中国看宜春、看樟树"品牌［EB/OL］.［2019-03-14］.http：//jx.people.com.cn/n2/2019/0314/c190260-32735916.html.

［48］黄扬海.泰和乌鸡养殖系统入选全国重要农业文化遗产［N］.井冈山报,2017-01-03.

［49］汪凌云,刘阳洋.江西弋阳:集聚人才助力发展 雷竹产业形势喜人［J］.祖国,2018（24）：41.

［50］王芳飞.吉安市井冈蜜柚产业发展现状及建议［J］.现代农业科技,2020（8）：94-95.

［51］王海霞,曾庆南,程平等.江西省雷竹产业发展现状与对策［J］.世界竹藤通讯,2017,15（4）：54-58.

［52］王侃,余芳.邮储银行樟树市支行"药商贷"支持地方特色产业发展［EB/OL］.［2016-08-18］.http：//www.newsyc.com/xwzx/ycxw/content/2016-08-18/content_2242647.htm.

［53］向斌,甘强.吴城乡以"药"医"贫"拓宽致富路［EB/OL］.［2019-06-04］.http：//www.newsyc.com/xwzx/ycxw/zs/content/2019-06-04/content_2508414.htm.

［54］向斌,梁龙.樟树吴城:因地制宜谋发展中药材产业铺就脱贫路［N］.宜春日报,2017-05-16.

［55］向斌,熊攀.党建引领聚合力 乡村振兴正当时——樟树市吴城乡"党建+"奏响乡村振兴新乐章［EB/OL］.［2018-07-17］.http：//www.newsyc.com/xwzx/ycxw/zs/content/2018-07-17/content_2414339.htm.

［56］向斌,熊攀.吴城擦亮"药乡"招牌唱响振兴之歌［EB/OL］.［2018-11-17］.http：//www.newsyc.com/xwzx/ycxw/zs/content/2018-11-17/content_2452725.htm.

［57］向斌.全产业链并进 振兴"中国药都"——樟树市中医药产业发展透视［EB/OL］.［2018-12-06］.http：//www.newsyc.com/xwzx/ycxw/zs/content/2018-12-06/content__2458042.htm.

［58］肖祖堡,郑芹,黄从周等.红土青山鏖战急——泰和县脱贫攻坚工作纪实［J］.老区建设,2018（7）：24-31.

［59］熊婷.“把关人理论”视角下的《樟树市城市介绍》英译实践报告
［D］.南昌：江西师范大学硕士学位论文，2016.

［60］许晶晶.乡村振兴背景下雷竹产业创新发展对策——以江西省弋阳
县为例［J］.江西农业学报，2019，31（11）：127-131.

［61］以白莲产业链延伸乡村人才链［J］.当代江西，2020（2）：56-57.

［62］孔祥智.以农民为主体建设田园综合体［J］.山西农经，2017（11）：3.

［63］弋宜.弋阳：集聚三方面人才 培育八万亩雷竹［N］.上饶日报，2018-
12-15.

［64］尹斌，谢永刚.樟树市实施七大工程 推进中药材产业高质量发展
［J］.江西农业，2019（13）：10-13.

［65］张晓松，朱基钗，黄玥.习近平在河南考察调研［EB/OL］.http：//www.
xinhuanet.com/nzzt/110/.

［66］张卓敏，张君.医药产业助推江西经济弯道超车［N］.国际商报，
2019-10-22.

［67］章运动.雷竹的栽培与管理［J］.安徽林业，2008（3）：40.

［68］樟树市药业局2019年预算公开［EB/OL］.http：//www.zhangshu.
gov.cn.

［69］樟树市人民政府.药文化发展史［EB/OL］.［2019-05-16］.http：//www.
zhangshu.gov.cn/yzs/002006/002006001/20190516/2472040c-68da-4b98-929a-
32f09b3420e8.html.

［70］樟树市人民政府.樟树“掌上药交会”刷爆网络人气［EB/OL］.
［2016-10-17］.http：//www.zhangshu.gov.cn/lyw/001001/20161017/0496f94b-
278f-47c4-be18-de727dd5boob.html.

［71］樟树市人民政府.樟树药俗［EB/OL］.［2019-04-25］.http：//www.
zhangshu.gov.cn/yzs/002005/00200500120190425/7b427958-41ef-4111-bebc-
9592523840l90.html.

［72］樟树市人民政府.中国药都——樟树药文化知识，你需要知道这几
点！［EB/OL］.［2019-05-10］.http：//www.zhangshu.gov.cn/yzs/002006/
00200600/20190510/54a63456-1655-47ac-9a31-1cle93afo2340.html.

［73］樟树市药业发展情况简介［EB/OL］.［2019-09-19］.http：//jx. sina.
com. cn/city/csyw/2014-10-16/164194113.html.

［74］赣州于都：富硒蔬菜托起富民经济［EB/OL］.［2020-05-23］.http：//

www.newskj.com/news/system/2020/05/21/030176261.shtml.

［75］赵晓东. 吉安市井冈蜜柚产业发展现状与展望［J］. 现代园艺，2016（7）：39-40.

［76］钟媛. 基于药俗文化传承的品牌形象设计研究与推广［D］. 湘潭：湘潭大学硕士学位论文，2019.

［77］周小红. 世界珍禽：泰和乌鸡——访江西省泰和鸡原种场［J］. 农村百事通，2016（11）：6-9.

［78］周玉珍，金岩方. 雷竹栽培技术［J］. 安徽农学通报（下半月刊），2009，15（14）：220，229.

［79］朱华兴，严荼明. 泰和县找准产业发展路径 完善扶贫体系机制［J］. 江西农业，2019（3）：42-44.